PUHUA BOOKS

我们一起解决问题

企业合规管理实战丛书

企业
合规管理
全流程

周鋐 ◎ 著

政策讲解+热点解析+操作实务

THE ENTIRE PROCESS OF
ENTERPRISE COMPLIANCE MANAGEMENT

人 民 邮 电 出 版 社
北 京

图书在版编目（CIP）数据

企业合规管理全流程 : 政策讲解+热点解析+操作实务 / 周鎗著. -- 北京 : 人民邮电出版社, 2023.5
（企业合规管理实战丛书）
ISBN 978-7-115-61564-0

Ⅰ. ①企… Ⅱ. ①周… Ⅲ. ①企业管理 Ⅳ. ①F272

中国国家版本馆CIP数据核字(2023)第057566号

内 容 提 要

随着法律法规的日益健全和企业制度的日益完善，合规管理越来越受到各级管理者的重视。然而对于如何做好合规管理，很多管理者和从业者仍旧不得其法。

本书作者立足于其在企业中的合规工作经验，以及在央企、外企、民营企业的合规管理实践，结合合规管理实际工作中所关注的具体事项，以图表、模板、示例为主要形式，概述了合规管理基础，介绍了合规人员的相关内容、合规职能部门的建设要素及绩效方案、合规制度体系建设工作指引、合规文化建设工作指引、合规风险评估工作指引、合规尽职调查工作指引、合规审批工作指引、合规检查工作指引、合规举报与调查工作指引等重要内容，对重点合规主题包括反贿赂与反腐败、反垄断、数据安全、商业伙伴管理、境外合规管理、突击检查、其他合规管理的重点领域进行了阐述。

本书适合各大企事业单位、政府机构、非政府组织，合规从业人员、企业管理人员阅读和使用。

◆ 著 周 鎗
责任编辑 贾淑艳
责任印制 彭志环
◆人民邮电出版社出版发行 北京市丰台区成寿寺路 11 号
邮编 100164 电子邮件 315@ptpress.com.cn
网址 https://www.ptpress.com.cn
北京虎彩文化传播有限公司印刷
◆开本：787×1092 1/16
印张：21 2023 年 5 月第 1 版
字数：420 千字 2025 年11月北京第 8 次印刷

定 价：118.00 元

读者服务热线：（010） 81055656 印装质量热线：（010） 81055316
反盗版热线：（010） 81055315

推荐序一

合规管理是企业走出去的重要保障，是提升企业竞争力的有力支撑，更是企业履行社会责任的重要组成部分。党的二十大报告指出，坚持高水平对外开放，加快构建以国内大循环为主体、国内国际双循环相互促进的新发展格局。随着“一带一路”倡议与高质量发展向纵深推进，越来越多的国内企业将加快国际化战略布局，有效提升我国企业合规管理水平将成为提高我国企业国际竞争力的重要保障。当前，全球营商环境复杂多变，我国企业在“走出去”的过程中遭遇的合规挑战逐渐增多，如何有效强化我国企业的应对机制，构建并提升我国企业在合规管理层面的治理能力与治理水平，已经成为构建中国特色社会主义现代企业制度的重要内容。

加强企业合规管理正逐步成为我国政府、企业与社会的重要共识。近年来，有关部门相继出台了《中央企业合规管理指引（试行）》《企业境外经营合规管理指引》《中央企业合规管理办法》等多项规定，为引导企业提升合规管理能力提出了具体的要求和方向。2022 年更是被确定为中央企业“合规管理强化年”。从大型央企首席合规官制度的实行到地方企业合规文化建设的广泛展开，企业合规管理工作正在逐步成为构建现代企业制度、完善企业内部风险控制、提升企业综合竞争力的重要组成部分。此外，强化合规管理也是营造、构建法治化营商环境的要素之一。企业合规管理从方式上而言更强调沟通式、预防性监管策略，而过往的监管模式侧重于事后严监管，理念的重大变革对于构建企业与社会的良性互动，提升营商环境具有重要促进作用。

作为国内最早成立的高校廉政研究机构，清华大学廉政与治理研究中心（现为清华大学纪检监察研究院）从廉洁的角度破题合规管理研究。近年来，我院围绕该主题举办了多场主题论坛、开展了一系列课题研究，系列主题论坛的举办及课题的研究加快了企业合规研究的理论总结，有效推动了各方在更高水平凝聚对合规的社会共识，对于促进企业加强合规建设具有重要的理论及现实意义。系列主题论坛的举办也得到了光曦国际咨询公司周鈴女士的大力支持。光曦国际咨询公司在企业合规管理与建设方面积累了丰富的实践素材与国际经验，为指导企业开展合规管理制度设计及完善合规管理体系提供了有力的支撑。此外，光曦国际咨询公司积极通过自媒体平台分享合规管理知识，为普及合规管理基本知识框架做出了诸多努力。

路漫漫其修远兮，吾将上下而求索。对企业合规管理建设而言，我们的征程才刚刚开始。对于企业合规管理，不少国内企业还停留在了解与认知的阶段，如何将企业已有的监督手段、风险控制部门的力量与合规的新要求、新形势结合起来是当前我国企业尤其是大中型企业面临的重大理论与实践课题。因此，推出一本能够从操作层面指导企业有效开展合规管理工作的指导性图书显得尤为必要。《企业合规管理全流程》通过系统总结合规管理基础、合规管理方法和重点合规主题等内容，为希望了解企业合规管理实务，不清楚如何开展企业合规管理业务的人员提供了方式和方法。我希望随着本书的出版，越来越多的有志之士能够加入到企业合规管理的研究、推广与实践中来。

宋　伟
教授
北京廉政建设研究基地副主任
2023 年 3 月

推荐序二

周鎝女士是我的学生，曾以合规为题写过 MBA 毕业论文，曾以合规业务为创业项目创业；现在，她又写出这本有关合规的书，总结经验和体会，十分难得。

她向我索序，我想，最好和之以案例。马里奥·普佐所著《教父》中云：

“在下达命令的家族首领唐·柯里昂和执行命令的人之间还有三层组织，说是缓冲也行。这样的话，底下无论出什么事情都没法追查到上面。除非顾问叛变。

“星期天上午，唐·柯里昂对如何处理那两个殴打亚美利哥·邦纳塞拉女儿的年轻人，下达了明确的指示，但命令是关起门下达给汤姆·黑根的。当天晚些时候，黑根同样私下里向克莱门扎下达命令，当时也没有其他人在场。反过来，克莱门扎吩咐保利·加图执行任务。保利·加图召集人手，执行命令。

“保利·加图和他的人不知道任务的起因，也不知道最初是谁下达了命令。要把唐卷进去，链条上的每一环都必须背叛，尽管这种事尚无先例，但并非完全不可能。预防之道众所周知：让链条上的某个环节消失。”

若读者足够细心，便可以断定，这是违规控制的样板之一。但是，这和合规有什么关系？若有关系，是什么关系？

无论回答哪一个问题，都需要看这本书。开始吧，请翻到第 1 页……

金勇军

清华大学经济管理学院副教授

2023 年 3 月 9 日

自 序

做更有特色的企业合规管理

合规管理最近几年热度不减，而且有持续升温的态势。

“合规”这个词很有意思，是人们都认识，但是很多人不知道具体含义的词。所以这些年来，合规被冠上了不少定语，如刑事合规、行政合规、海外合规等，更有从经营角度分类的财务合规、人力合规、市场拓展合规等。细究起来，刑事合规是什么？行政合规是什么？人力合规是什么？合规和合法又有什么区别？法律工作者能否一手托两家，既搞法律工作又兼职做一些合规工作？这些都尚无定论。

合规管理（Compliance Management）发源于欧美，以美国最为盛行。美国的《反海外腐败法》曾有力地推动了合规管理的发展，几件大案进一步促进了合规管理在企业中生根发芽。一些欧美企业，尤其是处在美国执法环境下的企业纷纷成立合规部门，以求预防风险。随着国内执法力度的加大，市场愈加规范，合规管理也逐渐被引入现代企业管理当中。我国企业的合规管理还需要在哪些方面进行提升呢？什么是更有中国特色的合规管理呢？

1. 我国企业要更注重非成文的合规要求

先说说合规与合法的关系。很遗憾，目前很多学者把合规与合法混同起来。合规确实应当主要从合法的角度进行设计，但是不能仅仅局限于合法。我们可以将“合规”这个词进行以下拆解。

合规 = 合（符合）+ 规（法律 + 规范 + 行业 / 当地交易习惯 + 当地风俗 + 对外承诺 + 普遍认知的商业道德准则 + 其他）

再说得通俗一点，合规里的“合”= 符合，即管理动作；合规里的“规”= 规则，包括：

- 法律；
- 规范；
- 行业 / 当地交易习惯；
- 当地风俗；
- 对外承诺；
- 普遍认知的商业道德准则；
- 其他。

总之，合规就是企业采取管理的方法让自己符合适用的“规”。我们可以将“规”中的法律、规范界定为“成文的、书面的合规要求”，而将行业 / 当地交易习惯、当地风俗、对外承诺及普遍认知的商业道德准则粗略界定为“非成文的合规要求”。

那么，如何确定“规”的内容呢？首先，要确定成文的“规”，法律、规范是很清晰明了的，打开网页搜索一下均能获得。而且，对于那些明显可能导致违法犯罪的行为，大多数职场人士都有一定的认知。其次，要确定非成文的合规要求，这就考验企业合规人员的功力了。说白了，企业合规人员捕捉这些不成文的规则的功力，往往是决定业务成败的关键。各个国家、各个地方不成文的规则均有各自的特点，更重要的是，这些规则还是时时变化的。目前，对国内企业来说，合规管理的主要目标依然是对法律、规范等成文要求的遵守，但是随着企业对管理需求的逐步提升，国内企业势必将在一些非成文的合规要求中逐步加大管理力度。

同时要注意，在不同地区、不同国家，成文或非成文的合规要求都是不同的。随着合规环境的变化，有些“规”在国内看似是通行的方式，到了国外就被认定为严重违规了。有些企业曾经拿着借用的资质去投标，未被查处并赢得了项目。企业就以为这种行为是能一直行得通的。有些企业到了国外也按这个“惯例”去做，但是很遗憾，企业没有意识到这是严重违规的行为，给企业带来了极大的危害。以世界银行（下称“世行”）为例，前几年被发禁令的企业，很多都是违反了世行的“反欺诈”原则。其中的主要原因就是“串资质”，也就是拿了母公司或其他关联企业的资质去投标而被认定为欺诈。被发禁令之后，好多项目的贷款就停了，世行的项目就不再给企业贷款了；更麻烦的是，和世行有协议的其他多边银行如亚洲开发银行也认可世行的禁令，因此企业在受到交叉禁止的背景下，连亚洲开发银行等的项目也不能参与了。所以，一些行业 / 当地交易习惯、当地风俗，在不同环境下的判定标准是大不相同的，企业要及时认清外部这些“规”所带来的风险。

那么，作为一个合规人员，单就合规环境的把控而言，你的工作做到位了吗？

除了上述提到的“规”，肯定还会有人提出问题：你怎么落下了企业的内部规定呢？内部规定当然要遵守！但为什么在提到企业适用的“规”的时候，没有提到内部规定呢？

诚然，国内外一些理论认为内部规定是合规管理要求的重要组成部分。这确实没错，但是，就国内企业的大多数实践案例来看，内部规定更多的是对外部合规要求的一种解读和诠释，使外部的那些要求更适合企业来执行；内部规定是外部要求在企业管理上的映射，而不是企业从无到有凭空创造出来的东西。而合规人员非常重要的工作恰恰就是对合规要求进行诠释，诠释得越准确、越适用、越有效，就越能体现合规人员的水平。

合规管理的内涵如图 1 所示。

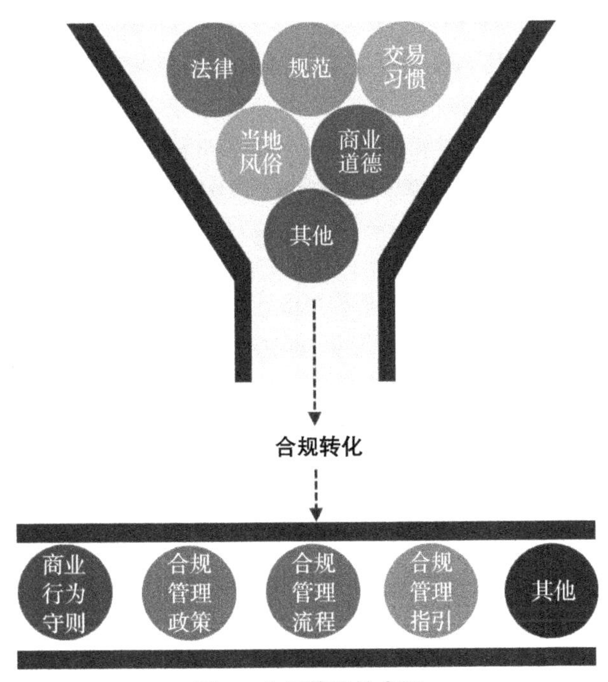

图 1　合规管理的内涵

2. 我国企业要更注重合规管理的预防功能

我们再比较一下合规与合法。

法律是很清晰明了的，有据可查。一个行为是否违法甚至犯罪，一般人大多会有个模糊的判断。也就是说，对于法律的边界，大家多少都有认知和感受。但是合规这件事，如果没有专业的合规人员辅助，大多数人很可能是感知不到的。下面举例说明。

> 你要出口一批物资到A国，往常都是正常进行贸易，顺利得很。可是你不知道，B国刚刚对A国实施了制裁，但是很巧，你运送的产品又含有B国的元件。这一趟出去，不光贸易没做成，还被B国盯上，可能要接受处理。

如果你的合规人员尽责，他会及时关注国际局势，利用专业合规工具取得制裁名单，然后把外部的变化及时生成风险提示单告知于你，使你在进行贸易前有所准备。

看到这里，大家可能有点感觉了。合规人员的重要工作是预防风险，是对诱发风险的预警信号进行管控，而非对已发风险进行处理。合规工作不应局限于某部法律、某个政策、某个职能部门，而是应当通过管理手段做出评估后，对诱发违规风险的预警信号进行管理，甚至消除。所以，合规更多针对的不是风险本身，而是风险的预警信号。

下面以请客吃饭为例。什么是请客吃饭的风险预警信号呢？我们可以把请客吃饭这个行为简单分解如表1所示。

表1　请客吃饭行为分解

时间的风险信号	地点的风险信号	花费的风险信号
（1）招投标前后敏感时间段（具体是几天、几个月要依靠合规人员对外部规范和内部管理的认知水平来决定） （2）官员或负责人上任前后的时间段 （3）合同续签之前的时间段 （4）请客频率高 （5）其他	（1）奢侈的地点，如某高尔夫会所、某风景区或某高奢定制馆 （2）不恰当的地点，如过远的地点 （3）有特色的地点，如某政府官员关联人的住宅、机构等 （4）其他	（1）人均花费越高，风险就越高 （2）为不恰当的人花费 （3）拆解型花费，如一笔大额花费拆解成数笔小额花费 （4）其他

对请客吃饭做简单的分析后发现，如果有的风险过高，很有可能引发违规风险，那么要在吃饭前对该行为进行管控。当合规人员预判无大碍了，才可以继续这个行为。但是，如果在发生行为的过程中有什么突发情况，就要及时与合规人员进行沟通，而且要针对变化元素进行二次处理。

3. 我国企业要更注重合规管理的成本与效益

确实，合规管理是需要付出成本的事情，企业毕竟是以营利为目标的。能否在控制成本的同时发挥合规管理的作用？还是以实践来说话吧。

以“人”为例。

在做一件事之前，起码要有人。但是现在用人的成本越来越高，尤其像合规管理这件事，想找一位有资历有经验、能帮助企业进行主动管理的合规人员，势必要花大价钱，更别说组建全套的合规管理部门了。只有很少的企业会下定决心组建一个全链条的合规管理部门。

那么，如何解决合规管理中人的问题呢？合规管理一定要绑定管理。“绑定管理”的意思就是要深入企业管理的细枝末节。谁是最熟悉企业管理细节的人？肯定是企业自己的人。所以，企业要充分利用现有的人力资源，如在关键岗位上有丰富经验的员工、见证过案件或违规事件的员工等，利用他们的宝贵经验促进合规管理在企业管理中的植入。

那么，这些员工不懂合规怎么办呢？他们可能只看到了一些领域的风险。在这些风险点中，哪些是可能触发违规的预警信号？哪些是需要和“规”连接起来的？怎么连接？怎么处理预警信号？怎么验证处理结果？这时，就需要请专业的合规人员来协助了，合规人员可以通过专业的方式方法并运用自己的工作经验对各个领域的风险信号进行梳理，从而进行管理。所以，专业合规人员也可以不用太多，如果条件有限，聘请一两位就够了。如果不想长期设置全职的合规管理岗位，临时聘请专业的咨询机构协助也可以。但是一定要保证，合规人员或咨询机构足够专业，能够把合规与管理连接起来。

综上，以人为例，若想做经济有效的合规管理，人员配备可以采取以下模式。

合规专职人士 + 业务兼职人士

这样既节省成本，又能达到一定的效果。而且在一些国内企业，通常是老员工、核心员工的话对其他员工更有说服力，更有以身作则的效果，更能增强合规文化的植入与宣传。

除了人之外，如何稳、准、狠地找到合规管理中的关键点？合规文化建设如何与廉洁管理宣传相辅相成？如何以更低的成本实现更好的工作效果？合规管理中还有太多的实践经验可谈，在此就不赘述了。

我国企业的合规管理与国外不同，其所涉及的管理范围更广阔、管理内容更复杂。这就需要合规人员对企业管理有更深入的认知。而且，国内的大型企业大多已经有了比较完善的内控体系，因此最好以合规管理为出发点，借鉴内控的方式方法，做事半功倍的工作。

一千个人心中有一千个哈姆雷特。

一千家企业也有一千种合规管理的方式。

适合我国企业的合规管理绝不是照搬国外标准、硬性要求中所规定的生硬文字，它一定是扎根于企业、作用于实践的。我们要做更有特色的企业合规管理！为了让更多的合规人员、企业管理者和有识之士了解合规管理，我将近年来在企业中的合规工作经验，以及创业后接触的大量央企、外企、民营企业的合规管理实践汇集成本书与大家分享。本书更像一本工具书，通过对大量实践操作和典型案例的描述，希望能够让大家对合规管理有更加清晰、明确的认识。

本书分为三个部分：合规管理基础、合规管理方法及重点合规主题（见图 2）。其中，合规管理基础的主要内容是在合规管理中很可能遇到的一些常见问题，是阅读后两个部分的基础，需要读者深入地理解。合规管理方法是在合规管理工作中通用的具体的方式方法，无论何种类型的企业均可以使用，是合规人员必须掌握的内容。重点合规主题以当前合规管理中的一些重点内容为阐述对象，若企业对该重点内容有管理需求，则可以仔细阅读。三个部分的内容层层递进，逐步深入，读者了解了合规管理基础后就可以学习合规管理方法，学习了合规管理方法后即可将这些方法应用于重点合规主题的管理。

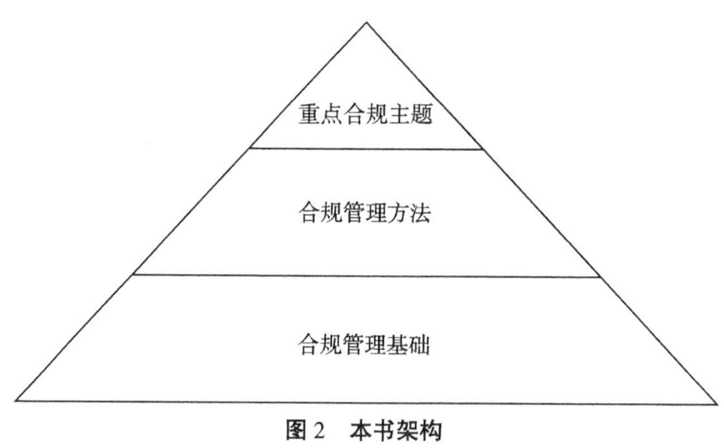

图 2　本书架构

当然，受水平所限，而且合规管理工作中尚有大量未知领域等待我们去探索，本书难免有不足之处，请各位读者海涵，也欢迎与我讨论。让我们一起把合规管理工作落到实处！

周　鋊

2023 年年初于北京

目录

第一部分 合规管理基础

第 1 章　合规管理基础概述

1.1　合规管理工作中的基本内容

1.1.1　合规管理的定义与对象

ISO 37301：2021《合规管理体系 要求及使用指南》对于合规的定义是：合规就是履行组织的全部合规义务。

合规的含义很广，从广义上说，一家企业进行正常经营，各个方面都要符合“规范、规定”。是否各个方面都有可能触及合规？从这个意义上来说，可能。但是如此广泛的范围给合规工作的界定带来了很大的难度，合规工作很容易因分工不清造成与其他部门的工作重复或产生管理真空的现象。比如，财务工作，也是一种风险管控的工作，自然也涉及合规相关的财务规定，若合规界定不明，就分不清是该由合规部来负责把控财务的合规风险还是财务部自己进行管理。

从合规各个管控主题（如财务、市场、经营等）来界定合规的工作似乎颇有难度。

换个角度，从风险管理的角度给合规工作进行界限的划定。

合规工作，即对违规风险发生的可能性和影响力的管理。换言之，合规工作是对可能发生违规风险的预警信号的管理。

预警信号是合规管理的重点对象。

一、预警信号

预警信号是产生违规后果的可能性前兆。预警信号可以根据以往总结的规律或专业性观测得到。预警信号并不意味着违规风险一定发生，但是它的出现表示风险有较大的发生的可能性，或一旦发生会酿成较大的损失。在合规管理中，预警信号常用以下符号表示，如图 1-1 所示。

图 1-1　预警信号

预警信号的英文可以用 Red Flag、Danger Sign 等词语表示。

在合规管理工作中，预警信号会出现在合规义务的各个范畴之中，如表 1-1 所示。

表 1-1　合规义务分类

因法律环境产生的义务	因规范环境产生的义务	因道德环境产生的义务	其他义务
法律法规	（1）与非政府企业的承诺或协议 （2）与主管部门的协议	企业对外的商业道德承诺	其他义务
许可、执照或其他形式的授权	与客户的协议	对客户和利益相关方的承诺	
监管机构发布的命令、条例或指南	企业自身要求：制度、流程等	可持续发展要求	
法院或行政法庭的裁决书	企业自愿行为	企业对员工的商业道德要求	
条约、惯例和协议	其他行业标准	其他因道德环境产生的义务	

从经营管理的角度来说，预警信号常出现在业务流程的操作中。比如，在常见的礼品与招待的合规管控中，预警信号可能出现在对外赠送大额礼品时，在不恰当的地点进行宴请时，在合同洽谈的敏感期进行往来时。这些预警信号的出现并不一定导致违规的后果，但是会增大违规后果发生的概率，这就是合规所要进行重点管理的部分。

二、影响力与可能性

影响力与可能性是对风险管理的两个衡量指标，常见于风险管理之中。此处对其定义不做赘述。

影响力与可能性这两个对合规风险程度的衡量指标直接将合规工作前置到了违规行为发生之前，突出了合规管理的预防性属性。虽然预警信号可能出现在各个管理的模块和流程之中，但是这并不意味着要对全部预警信号进行合规防控。这时，就需要用“影响力与可能性”在已知的全部预警信号中进行筛选，筛选出紧急且必要的预警信号进行管理。

同样地，对预警信号的影响力与可能性的判定也可以说明合规管理如何与其他部门进行协同。比如，以财务风险为例，虽然发现了相关的预警信号，但是由于企业本身对财务管理已经非常成熟，那么预警信号造成违规后果的可能性很小，合规人员就不再需要对相关财务风险进行过多管控。但是如果企业内部对财务风险的管控弱，那么发生违规的可能性很高，一旦酿成损失对企业的影响重大，合规人员就需要对此进行介入。

我们可以利用九宫格的模型，对预警信号进行分类。将影响力作为横轴，可能性作为纵轴，从这两个维度对预警信号进行判定，之后在九宫格中标记出来就可以得到清晰的结果。对那些可能性和影响力均为“高”的预警信号，合规人员需要进行重点管控；对可能性和影响力均为“低”的预警信号，合规人员尽到日常的监督职责即可。较难处理的可能是处于中间位置的预警信号。其中，如果可能性和影响力有一项是“高”的，那么合规人员应当保持对该预警信号的密切关注和工作上的大力支持。如果预警信号处于“中间位置”，那么合规人员需要与责任部门进行协作，商讨分工与职责，合并管理。比如，“投标中出现滥用他人资质”这一预警信号对企业的影响力大但是发生的可能性小，合规人员可以与投标部门商议如何对该预警信号进行管理及其管理深度，例如：是否需要在每次投标前增设合规人员对资质的审核；是否使用抽查的方式就足够；是否补充对相应人员的培训就可以。具体要配合企业内部的管理职责及制度流程设置来进行。图 1-2 所示为预警信号判定九宫格模型。

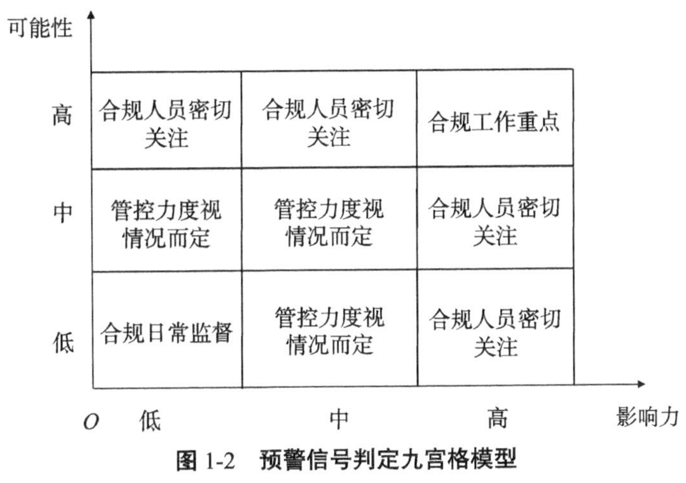

图 1-2　预警信号判定九宫格模型

由此看来，要对预警信号的影响力和可能性进行深入的理解和熟练运用，才能在合规管理中厘清思路与抓住重点。

练习

请区分以下描述是预警信号还是违规行为。[①]

① 答案：（1）违规行为；（2）预警信号；（3）违规行为；（4）预警信号。

（1）某员工被发现侵占企业资产 20 万元。

（2）某员工宴请客户，人均 1000 元。

（3）某员工在外部网站发布企业的机密信息。

（4）在行业协会上，市场经理与同行聊起企业今年的产品产量。

1.1.2 合规管理的目标

合规管理是一种通过体系化操作方式管控主体运行中违规风险的综合管理方法。合规管理以最大限度平衡企业经营与违规风险为目标。合规管理的目标可以从三个层次进行拆解：① 培育根基——培养道德与合规价值观；② 树立主干——打造合规管理体系；③ 延伸枝杈——符合法律规范等具体条款。

一、培育根基——培养道德与合规价值观

主体的道德与合规价值观的树立，是合规管理的基本目标。主体成员是否与高层的引导目标相一致，主体是否持续对价值观进行完善与更新，等等，都是影响主体的道德与合规价值观能否正向树立的关键。没有正确和坚定的文化土壤，合规管理极难展开。即使采取了一系列看似完善的管理措施，也根基不稳，极易出现问题。

二、树立主干——打造合规管理体系

合规管理体系基于价值观的土壤，是支撑主体合规管理的主干，是合规管理目标的第二个层次。

合规管理体系的搭建更专注于可操作性，从合规风险的评估、合规专业人员的选用、制度与流程的搭建、监督与审计的操作、案件举报与处理等方面进行。依据主体的不同需求，对不同程度的风险点采取对应程度的管控。体系建设不宜过度或不足，即作为合规管理的树干不宜过粗或过细。过粗，吸取根基养分过多，导致根基不稳，企业员工产生对价值观的怀疑；过细，导致枝杈无法延伸生长，脱离实际，使合规管理变得虚无缥缈、纸上谈兵。主体在进行合规管理体系的建设时，应以适用性为标准，找到恰当的建设方式。

三、延伸枝杈——符合法律规范等具体条款

在培育根基、树立主干的基础上，合规管理延伸出各个由专业法律规范内容构成的枝杈，对主体的合规义务进行保障。

依照企业管理的习惯，各枝杈可延伸出对“规”的细分，如国内管辖内容、国际管辖内容、行业规范、主体内部规范、合同履行、党风党纪等。按主体适用性勾画出符合合规

要求的轮廓，在轮廓内采取专业手段进行具体操作和指导。同样，要在各枝杈中继续延伸出不同内容和数量的叶片，可就单独的法律法规，乃至个别条款的适用性对主体进行具体操作的调整和管理。图 1-3 所示为合规管理体系示意图。

图 1-3　合规管理体系示意图

根基、主干和枝杈完整勾勒出了合规管理的目标。只有明确了其中的层级关系，在管理中才能有的放矢，抓住核心。依照此目标进行合规建设的优势为，即使在采用个别规范条款的管理中出现问题，只要根基和主干稳固，对主体来讲就仅仅是枝叶的损失而非根基的动摇，只要稍加培育，个别枝杈仍会再次长出新芽；但倘若舍本逐末，过分追逐对枝杈中个别规范条款的管理而忽略根基和主干，一旦出现问题，根基不稳导致主体无法承受。故在合规管理的目标中，对于基础——道德与合规价值观的培养是重中之重，是根本。合规管理好比栽培树木，强壮根基才能强壮树干继而枝繁叶茂。

1.1.3　合规管理工作的分类

合规管理工作如何分类是合规管理工作中的难点。

通常，可以根据合规管理的重点主题进行分类，如反贿赂、反腐败、反垄断、信息安全、商业伙伴、境外合规等。此种分类方式的好处是明确了企业当下的合规管理重点，便于企业有针对性地进行合规管理。

由于合规与管理密切连接的属性，推荐采用“1+2”的合规管理工作分类方式，即一个合规管理框架加合规主题领域与经营管理领域的双向分类方式，如图 1-4 所示。这样做的目的是在尽可能大的范围内对合规管理的工作内容进行穷举，不放过任何一个合规管理中的风险。

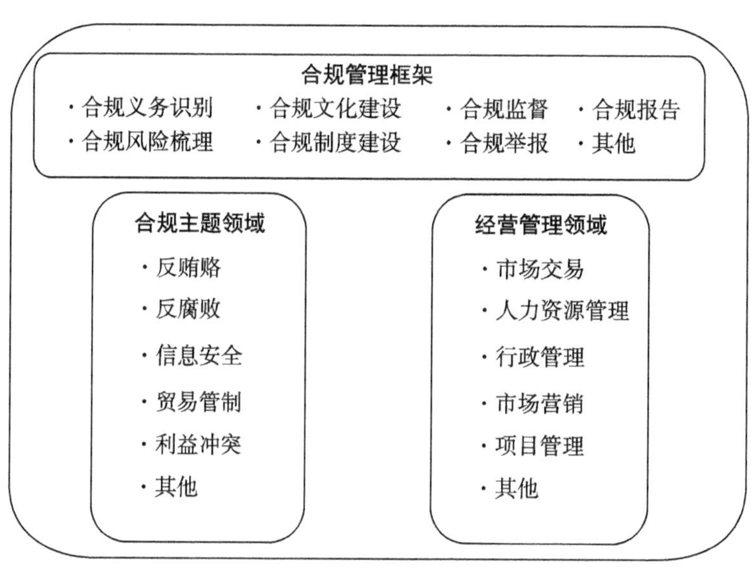

图 1-4 合规管理工作的分类

我们可以将合规管理看成“1+2”的结构，即一个框架 + 两个纵深。

一个框架指的是合规管理的顶层架构及关于合规管理的方法，如合规义务识别、合规风险梳理、合规文化建设、合规制度建设、合规监督、合规举报及合规报告等。

两个纵深指的是合规主题领域的纵深与经营管理领域的纵深。其中合规主题领域的纵深是合规管理的核心，即使从经营管理领域的角度出发进行合规管理，其管控要点也是由合规主题构成的，如市场营销中的反贿赂、反腐败、信息安全等。当然，纵深中也可以分出区域、子公司、控股公司等领域，其也由合规主题与经营管理组成，本书不再单独列示。

框架覆盖两个纵深，两个纵深的建设依托于框架。

一、合规主题领域的分类（纵向分类）

合规主题领域聚焦于某一类合规风险，是依照不同的风险内容对合规工作进行的分类，其基本是对某一类违规行为的管控的体现，名称也是对某一类主题描述的集合。表 1-2 所示为合规主题领域的分类。

表 1-2　合规主题领域的分类

合规主题领域的分类
反贿赂
反腐败
反垄断
反欺诈
反洗钱
利益冲突
信息安全
出口管制
其他

合规主题的运用方法是：当企业确定了对某一重点合规主题进行管控后，以该主题为出发点，排查企业在各个经营环节和操作环节中涉及该主题的风险点，从而进行以该合规主题为目标的管控。

二、经营管理领域的分类（横向分类）

经营管理领域的分类遵循企业的通常分类标准，可按照企业已有的各业务部门来进行。表 1-3 所示为经营管理领域的分类。

表 1-3　经营管理领域的分类

经营管理领域的分类
市场交易
安全环保
劳动用工
行政管理
人力资源管理
生产运营
项目管理
其他

既然企业的日常经营管理都离不开规定、规范，那么就从已有的管理操作中提取与规定、规范相关的流程和环节，汇总至合规管理工作处，进行统一管控。

合规主题领域的分类与经营管理领域的分类相互作用，相辅相成，勾勒出在合规管理框架下的本企业合规管理的完整范围，二者缺一不可。

三、对合规管理工作分类的运用

将合规管理工作的分类用三维图像来进行说明，以经营管理领域为横轴，合规主题领域为纵轴，合规管理框架为竖轴，如图 1-5 所示。图中的每个点均有关联，可互相联系。

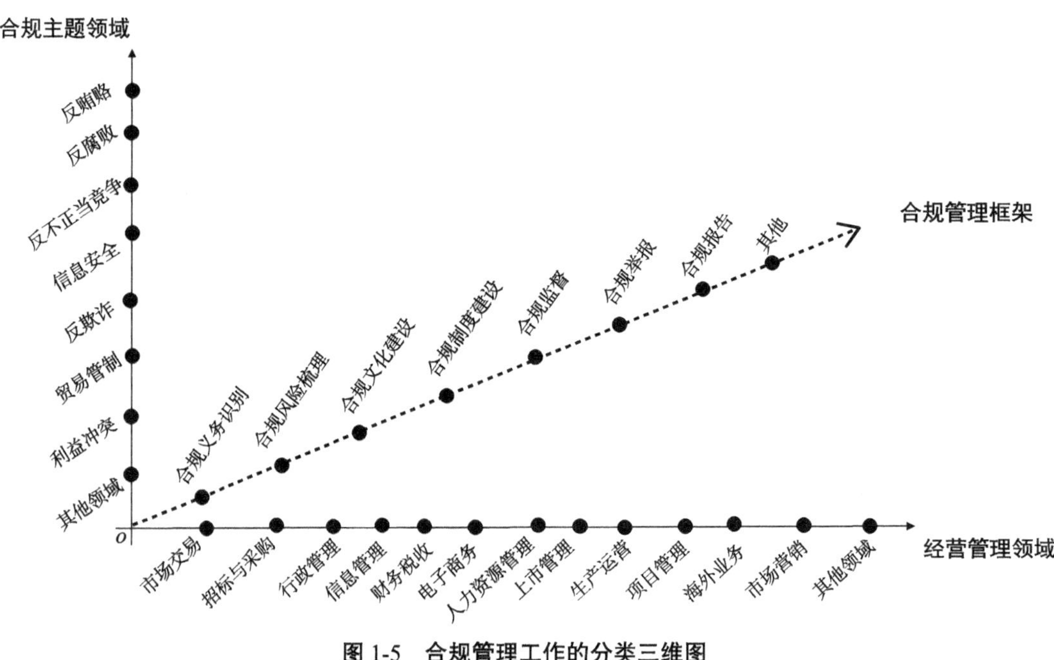

图 1-5　合规管理工作的分类三维图

可以看到，无论从合规管理框架、合规主题领域还是经营管理领域中的哪一点，都可以发起相对于另外两轴的合规管理工作。比如，某企业经过梳理，认为对市场交易的合规管理较弱，则可以以市场交易为起点，建设市场运营合规管理框架，同时将与市场交易有关的合规领域进行梳理，将市场交易的具体环节与流程嵌套至各合规管理领域，之后得到市场交易合规管理工作结构，如图 1-6 所示。

又比如，某企业经过梳理，发现当前与反贿赂相关的合规管理较弱，存在着较大的风险，则可以以反贿赂为起点，对相关合规管理工作进行拆解。首先企业要构建反贿赂合规管理框架，其次将反贿赂管理的要求嵌套至各经营管理领域，之后得到反贿赂合规管理工作结构，如图 1-7 所示。

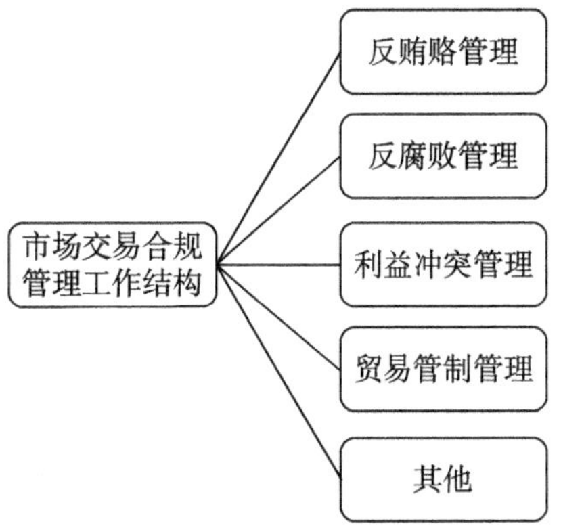

图 1-6　市场交易合规管理工作结构

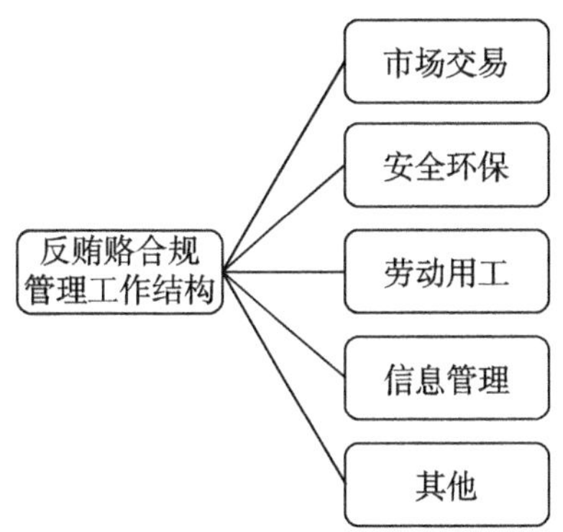

图 1-7　反贿赂合规管理工作结构

在此三维分类中，合规管理框架是基础、是指引，指导合规主题领域与经营管理领域的具体工作，同时也是方法论。方法论要作用在具体的工作主题中，合规主题便是承接方法论的载体，所以对合规主题的管控是合规管理工作的核心。通常，经营管理领域应当聚焦重点的合规主题进行管控。换言之，若企业在经营管理领域中已有成熟的管理模式，则合规人员的工作仅仅起到监督的作用；若经营管理领域中缺失相关合规工作的内容，则合规人员要积极主动地与管理人员进行共同管理，甚至要起到主要的管理作用。

企业运用此三维分类方式可以达到部门互相协同的作用，将合规工作独立于企业的其他经营管理活动之外，更有针对性地进行合规管控。同时，企业运用此三维分类方式，使合规管理更贴合日常运营，保证合规与经营的相互协作。

练习

请区分以下领域是属于合规主题领域、经营管理领域还是合规管理框架。①

① 答案：（1）合规主题领域；（2）经营管理领域；（3）合规管理框架；（4）经营管理领域。

（1）贸易管制。

（2）市场交易。

（3）合规制度与流程。

（4）信息管理。

1.1.4 合规管理工作的闭环

合规属于风险管控的一部分，合规管理工作的方法同样遵循风险管理的模式，即发现问题、解决问题。合规管理工作的闭环可以细分为三大模块——预防、监控、应对，如图 1-8 所示。

这三大模块与 PDCA 管理方法是一致的，即计划（Plan）、实施（Do）、检查（Check）、行动（Action）。

我们以预防、监控、应对为管理闭环对合规管理的工作进行拆解，当风险点出现后，首先要对其采取预防措施，其次在商业活动中针对此风险点进行监察，最后一旦发现执行中的问题要及时纠错，进行进一步的应对。预防、监控与应对三者无缝连接，形成有机的合规管理体系，保证企业在商业活动中对相应的风险无管控盲点。

图 1-8　合规管理工作的闭环

一、预防阶段

企业应在预防阶段即违规风险发生前采取一系列防范措施。采取措施的目的在于及时发现预警信号，并提前防控。通常，预防的行为可以发生在业务决策前。常见的在预防阶段所进行的合规管理框架类工作有：合规义务的识别、合规风险的梳理、合规制度和流程的制定、合规文化的建设和合规培训等。进行此类工作的目的在于防患于未然。预防阶段的合规管理工作是合规工作中十分重要的部分，合规人员应当多花精力和时间。若在预防阶段做好防范工作，所达到的效果是不错的，企业可以花最少的成本获取最大的收益。

二、监控阶段

预防阶段之后是监控阶段。监控行为发生在临近决策和决策后。通常，在做出正确的决策前需要对支持决策的信息进行收集，同时分析其中相应的预警信号并做出处理。决策后，在执行阶段，要对执行的过程进行监控，监控执行是否依照决策做出，以及若执行发生变化，则需要及时进行重新或额外决策。在监控阶段，常见的合规工作有：合规举报、合规监督、合规审查、合规调查等。

三、应对阶段

最后一个阶段是应对阶段。在应对阶段，应对前两步（预防与监控）所遗漏的问题进行处理。常见的应对阶段的合规工作有：合规问题处理、合规的持续改进等。

案例分享

思思是新上任的负责销售领域的合规人员，到任已经有两周了。除了了解业务的情况外，思思不知道有关销售领域的合规工作应该怎么开展，于是思思向其领导——合规人员李明求助。

李明帮助思思进行了思路上的梳理。

- 销售领域属于经营管理领域，应当先对销售领域的合规管理工作进行细分，然后聚焦合规主题。
- 聚焦合规主题后，应当对相应的预警信号进行分析，看其对应的可能性与影响力的程度，按程度的不同进行分区管理。
- 确定了对哪些风险进行管控后，就要从预防、监控、应对三个阶段设计合规管理工作；依照风险程度的高低，三个阶段的工作量也应当有所区别。要明确对每个风险的管控是以预防为主、监控为主还是应对为主，之后再对每个阶段的工作进行拆解，比如，预防阶段是以培训为主还是以制度建设为主，监控阶段是以合规举报为主还是以合规审查为主。
- 将工作要点画成合规工作地图，要有全局观，做到心中有数。

经过了李明的梳理之后，思思的工作思路清晰了。

练习

1. 以下工作分别属于合规管理工作的哪个阶段？[①]

（1）合规培训。

（2）合规调查。

（3）合规问题处理。

（4）合规制度和流程的制定。

2. 试着画出你所管辖领域的合规工作地图。

1.1.5 中国企业合规管理与国外企业的合规管理

中国企业的运营有别于国外企业，中国企业有自己的行为特点和管理模式，中国社会也有独特的社会政策、经济政策等。合规管理作为中国企业的新课题，需要扎根于中国本土进行实践与应用。

一、使用本地语言进行管理

合规管理中有效性的一个判定指标就是：企业内部制度、文件是否以当地的语言呈现，合规的政策能否让当地的员工读得懂、看得明白。中国企业的合规管理切忌照搬国外企业的相关内容，如照搬国外企业的《商业行为守则》《管理制度》等文件；不可把外来文件直接翻译成中文，不可直接照搬其他企业的合规文件，更不可从网上下载模板直接使用。中国企业应该形成以本国语言文字和文化背景为基础的个性化文件和制度，保证员工能够理解。

此外，合规管理应当由当地人员负责，即自己的人做自己的事情，保证文化背景、认知水平的统一。作为一个依托于人文社会科学的工种，合规管理极大地考验了合规人员对企业、当地风土人情、国家文化等的理解和运用程度。此处的“合规管理应当由当地人员负责”既指境外企业在境内应当雇佣熟悉中国情况的人员进行合规管理，也指境内企业在境外应当雇佣熟悉当地情况的人员进行合规管理。

二、将合规与反腐倡廉进行有效区分

国外企业的合规管理工作内容近半数甚至超过半数都聚焦于反贿赂、反腐败工作上，尤其是一些外资医药行业企业，其合规管理的工作以反贿赂、反腐败为主。中国企业则不同，中国很多企业内部都设有纪检、党群、监察等部门，更有一系列党内专属的规制指导

① 答案：（1）预防阶段；（2）监控阶段；（3）应对阶段；（4）预防阶段。

企业进行专门的反腐工作。

所以，一般中国企业的合规与廉洁工作是分别进行的。当提到中国企业的合规工作时，一般指的是以外法内规与商业道德和承诺为出发点进行的相关合规管理工作，而不一定包含反贿赂、反腐败的内容。在中国企业，举报的管理工作也多由纪检等部门承担，只是纪检部门多聚焦于与贪污腐败相关的举报上。

合规与廉洁虽然管控的角度不同，但是工作中采用的方式方法均可相互借鉴。在一些高度重合的管控领域，如商业伙伴管理、高管责任管控等，可以综合运用二者，使之互相配合形成完整的管控链条，增强防控。

三、与内控管理进行结合

中国的大型企业一般已经拥有比较完整的内部控制体系，而合规管理的具体管控方式需要借鉴内部控制的方式方法。要考虑企业内部控制的已有模型，参考相关流程链条，避免独立进行合规管理流程设计，这样可以给企业减少额外的管理成本。对于合规管理流程设计的工作应当做加法，即在企业已有的、已运营的内部控制流程中直接增设合规管控的模块，既方便又省时省力。

例如，企业内部已经有了对于供应商的审核流程，此时就不要再另设一个供应商合规审核流程的分支了，而是应当对已有的内控流程查漏补缺，增加合规控制的模块，以及增加合规审核的责任人。

1.1.6　境内合规管理与境外合规管理

中国企业在境内和境外开展业务有较大的不同，合规管理工作在进行相关设定时也有较大的差异。

在境内业务的合规管理工作中，企业应当密切关注境内的执法趋势、行业案例及自身的管理薄弱环节，与企业本身的情况相结合，进行有针对性的合规管理工作。境内的合规政策发展速度快，近几年多次颁布相关指导和指引文件，随着合规不起诉政策的出台，企业更需要及时学习外部政策，了解合规管理的大方向，制定出更有针对性的合规管理方针。除国资委颁布的《中央企业合规管理办法》外，各省市也颁布了合规管理指引。表 1-4 所示为相关合规管理指引文件。

表 1-4　相关合规管理指引文件

文件名称
中央企业合规管理办法
企业境外经营合规管理指引

（续表）

文件名称
浙江省省属企业合规管理指引（试行）
云南省省属企业合规管理指引（试行）
四川省省属企业合规管理指引（试行）
江苏省省属企业合规管理指引（试行）
贵州省国资委监管企业合规经营管理指引
山东省省属企业合规管理指引
广东省省属企业合规管理指引（试行）
陕西省省属企业合规管理指引（试行）
河北省国资委监管企业合规管理指引（试行）
湖北省省出资企业合规管理指引（试行）
内蒙古国资委关于建立企业合规管理体系的指导意见
北京市市管企业合规管理工作实施方案
上海市国资委监管企业合规管理指引（试行）
天津市国资委监管企业合规管理指引（试行）
重庆市市属国有企业合规管理指引（试行）
苏州市市属国有企业合规管理指引（试行）
青岛市国资委监管企业合规管理指引（试行）
广州市市属企业合规管理指引（试行）
广东梅州市市属企业合规管理指引（试行）
成都市属国有企业合规管理指引
威海市市属国有企业合规管理指引
……

境外业务与境内业务在合规管理上差异较大，国外的合规管理有地域性的特点，这给中国企业带来了较大的管理难度。

一、他国因素

当前，制裁是一种常见的国家或地区间相互制衡的手段。企业进行境外业务时，不得不将他国对企业的制裁行为考虑在内，以免因不知情或管控不到位而发生相应的违规风险。

以美国为例，美国以其“长臂管辖”策略对全球许多经济活动进行触及，利用其“最小联系原则”尽可能对所有触及美国的元素进行管控，即美国合作方、美国金融支付体系等。企业在境外进行业务活动时，要对其管控方式有所了解，并且进行相应的规划。譬如，在业务流程中梳理与“美国”有关的元素，一旦发现连接点，可将其视为预警信号，对其进行管控甚至消除。

除美国外，欧洲相关国家及全球范围内的其他国家也有类似的制裁措施。若有企业在进行境外业务时对相关国家有较强的业务依赖性，则要加强对此类合规风险的管理工作。

二、地域因素

企业进行境外业务时，要对当地的风俗文化、法律环境等进行深入了解与分析。由于各地区的情况差异巨大，由此可能产生具有地区特色的预警信号，该预警信号可能与当地政治环境、人文地理息息相关。所以企业进行境外业务时，除了考虑一些通行的因素外，势必要有定制化的、符合当地特色的合规义务产生。

案例分享

思思是负责销售领域的合规人员，在咨询了合规部的领导李明后，思思开始开展合规管理工作。

工作开展了一段时间后，思思发现：销售领域的合规管理工作在中国境内开展得很顺利，所有员工都非常配合；但是在东南亚地区总是进行得不顺利，要么是培训时员工不参加，要么是制度贯彻的力度欠佳。

思思又找到了李明。

经分析，李明给思思总结了以下“病症”，并找出了“病因”：没有将中国情况和他国情况进行有效的区分。

1. 销售领域日常的制度和推广邮件、宣传品等均是由中文制作的，对于东南亚员工来说难以理解，自然达不到效果。

2. 思思的合规培训也是用中文进行的，虽然配了英文字幕，但是效果不佳。

3. 对于一些制度，思思在制定时没有考虑到东南亚当地的特色，一味地根据中国情况进行制度的制定，制度和流程上出现了很多在东南亚当地国家无法执行的情况。

思思恍然大悟，立刻纠正了之前工作中不恰当的地方。

练习

请判断以下合规义务属于境内合规义务还是境外合规义务。[①]

（1）上海市出台了《上海市国资委监管企业合规管理指引（试行）》文件。

（2）国家对互联网行业的反垄断行为进行管控。

（3）马来西亚当地的文化风俗。

（4）美国的出口管制与经济制裁。

1.2 合规管理与其他风险管理工作的协同

在了解合规管理与其他风险管理工作的关系前，首先要明确一点：没有所谓的合规管理与其他管理的明确的界限。究其原因，合规管理也好，其他风险管理也好，都是企业管理的有机组成部分，既然称为有机组成，就意味着要互相协作，清晰划清职责的边界并不是协作的目的，最终的目的应当是共同努力达到企业有效管理的效果。所以，在实践中，切不可纠结合规管理与其他管理的边界。将两者协同起来，才是良性的管理方式。

从管理协作的角度来说，合规管理工作与其他风险管理工作有何差异和关联呢?

（1）差异

以管控内容来说，廉洁意识与商业道德是企业管理的文化核心，也是合规管理的文化核心。

法律管理是红线，是硬性指标，法律风险是合规管理中首先要进行防控的风险。

与法律管理相比，合规管理的目标则包含了外法内规与道德规范。

（2）关联

合规管理是内控的管理目标之一。

内部控制又是企业整体风险管理的有机组成部分。

风险管理还是企业整体管理的一部分。

以上一系列的工作内容可以由审计进行检查和验证。

图 1-9 所示为合规管理与其他管理的关系。

① 答案：（1）境内合规义务；（2）境内合规义务；（3）境外合规义务；（4）境外合规义务。

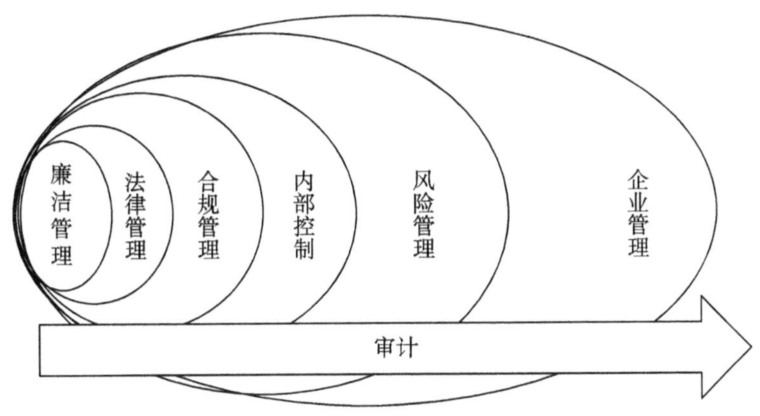

图 1-9　合规管理与其他管理的关系

1.2.1　合规管理与法务管理

合规管理，即对违规风险发生的可能性和影响力的管理，是对可能导致违规风险的预警信号的管理。合规管理也指以有效防控合规风险为目的，以企业和员工经营管理行为为对象，开展包括制度制定、风险识别、合规审查、风险应对、责任追究、考核评价、合规培训等有体系、有计划的管理活动。

法务管理，即以企业必须遵循的法律法规为基础，处理企业涉及的各项法律及法律相关事务，包括：建立健全规章制度，起草、审查合同及其他法律文件，办理诉讼及非诉讼案件，法律知识培训，对企业的经营管理决策从法律方面提供可行性、合法性及风险性分析，等等。

从以上描述可以看出：合规管理更侧重于与管理行为的连接，更强调以管理的视角审视与应对风险；而法务管理则更侧重于与法律规范的连接，主要以法律视角去分析与解决问题。

下面来对比一下合规管理工作与法务管理工作，如表 1-5 所示。

表 1-5　合规管理工作与法务管理工作

合规管理工作	法务管理工作
合规目标设定	合同谈判、起草、修订等
合规义务识别	出具法律意见书
合规风险梳理	涉法问题咨询
合规制度与流程设定	企业法律文件的起草、审核
合规文化宣贯	知识产权注册等
合规审查	财税法规的建议
合规检查	合并分立过程的法律程序
合规绩效设定	招投标中的法律管理

（续表）

合规管理工作	法务管理工作
合规举报渠道管理	资产重组中的法律管理
合规案件调查	投融资法律管理
合规报告	案件管理
其他	其他

从表 1-5 来看，法务管理更具有法律特色，更侧重于依照现行适用的法律法规规定，对已知的相关方主体地位与法律关系进行梳理，如主体资格、客体对象、具体权利义务、约束限制与处罚等；合规管理则更侧重于从管理角度，通过对企业经营环节的参与和监控，对未发生但可能发生的违规风险进行管理。

合规管理工作与法务管理工作的结合更多地发生在合规主题领域，即工作内容中带有明确的与法律规定有关的目的。当企业明确地对于某项重点合规主题进行防范时，法务管理工作可以与合规管理工作进行深度结合，双管齐下，防范风险。合规管理是法务管理的扩充与延伸，是法务管理与业务部门紧密合作的桥梁，是对风险进行前置防范的工具。合规管理要与法务管理互相配合，尤其在涉及对合规主题领域预警信号的处理时，二者需要发挥协同的作用。

案例分享

乐乐是负责反贿赂合规主题的合规人员，在进行反贿赂合规工作时经常要与负责反贿赂法务工作的律师伍薇进行合作。乐乐今天又要去找伍律师了。

“伍律师您好，我今天接到一个举报，我认为可能需要移送司法，我们一起研究下吧。”

“乐乐，这个案件涉及的金额很大。如果查实，势必要入刑，我们直接报案吧。”

“好的。”

“伍律师，今天的审批收到了一个对当地机构的捐赠申请，请您看一下我标出来的预警信号是否可能违反慈善法。”

“好的，我确认一下。”

“伍律师，今天要举行一个就钱某某违规行为的听证会，请您一起参加，把控一下听证会中的流程，保证咱们听证会流程的合法性。”

目前，很多企业将合规与法务的职能合并，统一将法务部的名称改为法务合规部。其中一个原因是当前国内企业的合规工作还多以符合强制性规定为目标，其工作目的和法律管理有一定的重合性。随着合规管理工作的开展，其会逐渐由符合强制性规定延伸至道德约束层面的管控，到那个阶段，国内合规与法务的工作分工会更加清晰。另一个原因是合规工作与法务工作确实在工作方式、工作思路上有一定的相似性，一些工作是可以紧密配合甚至并行的。

除相似性之外，合规工作与法务工作也有一定的差异性，主要体现在管理范围的差异、任职人员背景的差异、管理侧重点的差异及认知上的差异。

一、管理范围的差异

法务管理主要以法律法规的具体条款规定为纲要；合规管理除重点关注法律法规中的禁止性规定外，还需要使企业符合行业规定、交易习惯、客户要求、企业自身合规管理要求，以及商业道德。即合规管理的内容涵盖量大，包含法律规范及商业道德。

在合规管理中，合规人员需要通过制度制定、风险识别、合规审查、风险应对、责任追究、考核评价、合规培训等有组织、有计划的管理活动降低可能发生的合规风险。这就更强调合规中的管理内容及合规人员的管理能力。

通常，合规人员会在综合考量各方面的要求后，建立适用于企业的合规管理系统，一家企业不可能完全照搬另一家企业的合规管理系统。如果东施效颦，把不适用的东西强加于己，在消耗成本的同时也难以达到有效合规管理的目的。

二、任职人员背景的差异

从任职人员来看，合规人员的背景可以更加多元化。

在法务管理人员的任职资格方面，任职人员必须拥有专业的法律背景，且鲜少有其他行业跨界担任法务管理人员的情形；即使有，该人员也需要拥有法律职业资格才有可能进行相关的工作。合规管理由于与企业日常运营有高度结合性，任职人员不仅需要具有风险意识、管理能力，还需要对企业业务有深刻的认识及具备良好的沟通能力。所以，除了法律背景的人员之外，一些企业的合规团队中也有财务背景、运营背景等其他背景的人员。

三、管理侧重点的差异

法务管理工作需要严格依照既定的法律法规进行，其工作的目标非常清晰。合规管理工作中的内容更多需要通过对预警信号进行捕捉，从而对风险进行防控，需要合规人员对企业的业务非常熟悉；而且，合规管理工作更侧重于风险发生前的预防和风险进行中的监察，而非风险发生后的补救与处理。合规管理工作的重要内容之一就是在事前对违规高发点进行排查并规划出具体的管理方案，在企业运营期间始终保持监控和审查，争取最大限度地将预警信号扼杀在萌芽中。

法务工作更多以国家发布的相关法律规定为基准；而合规工作除了需要参考国家发布的相关要求，更需要合规人员对企业内部的相关要求进行解读和适用，是一个自己制定标准、执行标准的过程。

四、认知上的差异

对于法务管理，大多数企业或员工都或多或少对其有所了解，比如，绝大多数人员都知晓在企业注册时需要准备必要的法律文件，或在企业涉及诉讼时需要找律师帮忙等。但是对于合规管理中的预警信号，相当一部分的企业和人员还存在认识不足的情况，甚至把预警信号错当成“机会”，武断处理，给企业造成风险与损失。

练习

请判断以下工作哪些属于合规管理，哪些属于法务管理。[①]

（1）合规文化宣贯。

（2）合同谈判与起草。

（3）案件管理。

（4）合规案件调查。

1.2.2 合规工作与风险管理工作

美国反虚假财务报告委员会下属的发起人委员会（The Committee of Sponsoring Organizations of the Treadway Commission）的英文简称是 COSO。2004 年 9 月，COSO 正式颁布了《企业风险管理：整合框架》（COSO-ERM）。之后，COSO 在 2014 年启动了首次对风险管理框架的修订工作，并于 2017 年 9 月发布了最新修订版《企业风险管理：整合框架》（COSO-ERM）。

《企业风险管理框架》对企业的风险管理工作做出了重要指导。从某种角度看，风险管理更像是合规管理的上层建筑，在风险管理的目标中，除了战略、经营、报告外，合规作为四个目标之一被列入其中[②]。合规管理可以看作风险管理中对合规风险的延伸。既然合规风险是风险的一种，那么显然，风险管理中的一些通行方式方法是可以被直接运用在合

① 答案：（1）合规管理；（2）法务管理；（3）法务管理；（4）合规管理。

② COSO 制定发布 . 企业风险管理：整合框架［M］. 方红星，王宏，译 . 2 版 . 大连：东北财经大学出版社，2017：4.

规管理之中的。

企业风险管理包括八个相互关联的要素。

- 内部环境（包括风险管理理念、诚信和道德、价值观，以及所处的经营环境）。
- 目标设定。
- 事项识别（影响主体目标实现的内部和外部事项，区分其是风险还是机会）。
- 风险评估。
- 风险应对。
- 控制活动（制定、执行政策和流程）。
- 信息与沟通。
- 监控。

可以看到，当前国内外通行的合规管理工作的内容大多可以嵌套至以上风险管理的八大要素之中，所以企业在进行风险管理的同时，若能将合规管理工作并行，可以起到事半功倍的效果。比如，在进行风险识别的工作中，可以将风险的识别与合规风险的识别工作同步推进。在进行风险管理与合规管理双体系并行的工作前，需要对合规管理工作与风险管理工作做出清晰的界定，比如，哪些工作属于合规管理的范畴，哪些工作属于风险管理的范畴。具体来说，要划清两者管控的目标，像一些外部市场供货类风险、全球货币波动类风险等，更多属于风险管理的范畴，与合规管理关联性较弱，在合规管理体系中应当弱化对其的管理。

练习

以下哪些属于合规管理中所要管控的合规风险？[①]

（1）外部原材料价格上涨。

（2）政府新出台了影响企业采购行为的政策。

（3）在内部制度建设工作中发现的疏漏。

（4）汇率波动。

1.2.3　合规工作与招投标工作

合规工作与招投标工作的交集经常发生在对供应商（投标方）的管理上。尤其在涉及

① 答案：（2）（3）。

供应商的准入考察、合同签署后的监控及出现预警信号后的排查这几项工作中，合规部门应当与招投标部门进行密切的合作。图 1-10 所示为合规与业务的双向审查。

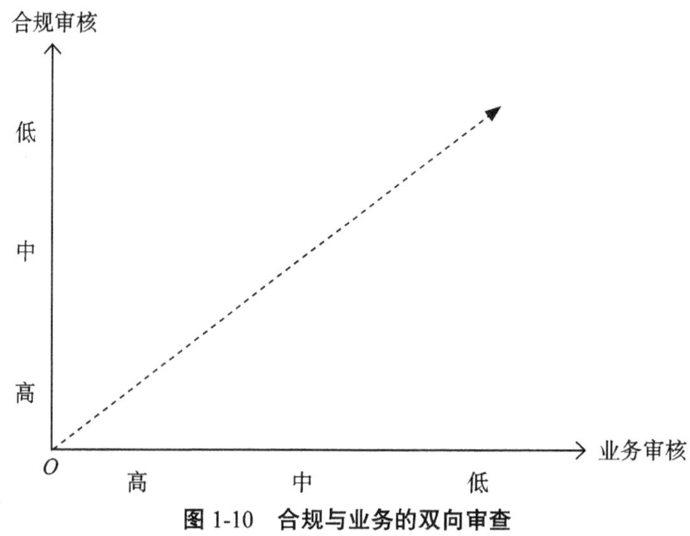

图 1-10　合规与业务的双向审查

当前，招投标部门会对包括企业供应商在内的合作方进行以业务能力为主的审查，同时辅以合作方的基本情况审查，如证照、资质、财务情况等。显然，若要使合作方满足企业合规管理的要求，仅审查业务能力和基本情况是远远不够的。在对合作方的合规审查中，合规人员应当更多关注预警信号的审核与排查。发现合作方的潜在违规风险是合规审查在招投标工作中体现的价值。除了基本的证照、资质之外，其他可能导致违规风险的相关信息，如付款账号情况、法定代表人既往合规表现情况、政府背景情况、企业经营中的违规情况等都应当被纳入合规审查的范畴。在审查中若发现预警信号，要及时予以处理，才能保证招投标工作的顺利进行。

比如，某投标方的资料显示，其曾经陷入行贿受贿的案件之中。后该投标方虽然未遭到判罚，但合规人员在合规审查中仍应当把此既往表现列为预警信号，并对该事件进行深入剖析，找出该事件的真实原因。若该事件不是由投标方的违规行为引起的，则该预警信号可以被消除；若该违规案件确实是投标方原因引起的，则合规部门需要与业务部门一起判断该既往事件的风险程度，判断其是否可能会对未来的合作产生影响，或给企业带来损失。

除了准入前对合作方的合规审查之外，确定合作关系后也应当对合作方进行持续的合规监督，一旦发现预警信号，需要第一时间进行处理。

在合规工作与招投标工作的协同开展中，除对合作方的审查之外，招投标流程的合规性也是常见的合规工作与招投标工作的结合点。

练习

请指出以下审查点更偏向于业务审查还是合规审查。[①]

（1）供应商的产量。

（2）供应商管理团队的合规既往表现。

（3）合作方既往合作的客户。

（4）合作方既往合作的客户的评价。

1.2.4　合规工作与人力资源工作

合规工作与人力资源工作的结合经常发生在对利益冲突的管理中。

利益冲突指的是存在于员工和雇主间的、两家以上的企业间的、个人和企业间的矛盾或相抵触的利益。图 1-11 所示为利益冲突示意。

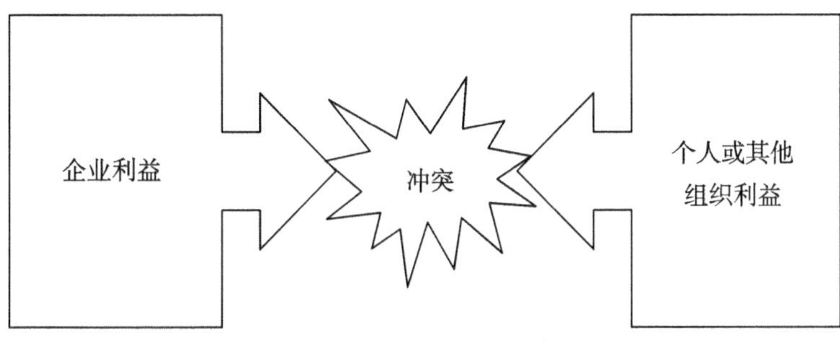

图 1-11　利益冲突示意

无论所谓的“利益”的表象是什么，都可能引起“冲突”。

我们可以将冲突分为两类：一类是本企业员工与企业的利益冲突；另一类是企业之外的个人和组织与本企业的利益冲突。

一、本企业员工与企业的利益冲突

本企业员工与企业的利益冲突常见于以下情形。

- 员工或员工亲属自营或非自营与企业竞争。
- 员工兼职。
- 员工亲属经营或受雇于与企业有业务往来的公司。
- 员工或其亲属直接或间接持有企业竞争公司的权益且达到一定额度。

① 答案：（1）业务审查；（2）合规审查；（3）业务审查；（4）合规审查与业务审查。

- 员工或员工亲属直接或间接持有企业关联公司或附属公司权益且达到一定额度。
- 员工或员工亲属直接或间接持有与企业有业务往来公司的权益且达到一定额度。
- 员工与员工亲属在同一企业工作或员工亲属在其他关联公司工作。
- 员工个人利益可能影响工作决策的其他情形。

由于以上冲突大多发生在本企业内，一般可以利用人力资源管理的相关方式方法进行管控，同时配合合规管理同步进行。对于潜在的利益冲突风险，企业除了在造成危害时尽早处理之外，关键在于使合规部门与人力资源部门密切配合，共同对此类风险进行前期预防、中期监控及后期应对。

以前期预防为例，如在员工入职时或面试时，应当将有关利益冲突的问题进行澄清，保证其相关利益关系人被企业第一时间知晓；之后，若相关利益关系人与该员工恰好处于同一条供应链的上下游或二人的岗位不相容，则需要第一时间对相关员工的职位进行分离以保证潜在风险不会转化为对企业利益的损害。

二、企业之外的个人和组织与本企业的利益冲突

此行为常发生在对方决策人可以给本企业或本人带来额外好处或可以进行额外决策的情况下，多见于利用企业资源变相给予客户决策人好处，如客户的子女非正规入职本企业，客户其他关联人非正规入职本企业，等等。

此类行为多与变相行贿相联系，将给企业带来严重的违规后果。人力资源部门应当在招聘初期联合合规部门对候选人员的背景进行细致调查，如既往履历是否与候选职位相关、候选人是否与企业相关的政府人员或政府客户有关联关系等。同时招聘流程也要遵循企业正常流程，不可“特批录取”。

除上述情况外，合规工作与人力资源工作的结合也常发生在：对招聘中可能涉及的反不正当预警信号的排查、企业对于相关人员或组织的内部调查工作等。

1.2.5 合规工作与纪检工作

合规工作与纪检工作的结合一般发生在对反腐败的管理中。

首先，反贿赂工作与反腐败工作是有差异的。

贿赂更多指的是主动的、向外的以财物或有价物进行行贿的行为；腐败多偏向本身的、已经败坏的，主动的如套取或者收取财物或有价物的行为。

在合规管理的实践中，反贿赂合规管理主要适用于可能发生内部人员对外行贿的风险场景中，相关管控制度有《对外礼品招待管控》《对外捐献管控》《对外赞助管控》等。

反腐败则侧重于对内部人员或内外牵连可能引发的腐败行为的管控，相关管控制度有

《利益冲突管控》《商业伙伴合规管控》《公司固定资产管控》等。

除企业的境内业务外，反贿赂合规管控可重点被用于有境外业务、受到境外法律管辖的企业，如受到美国《反海外腐败法》管辖的企业；反腐败合规管控多被用于国内国央企的管理中，特别是需要遵守党内纪律相关规范的企业。

当然，贿赂常以行贿和受贿两种形式出现，其中对行贿的管控是反贿赂中所要管控的重点内容，而对受贿的管控更多可与反腐败相关管控并行。

反腐败管控中如制度宣贯、案件举报调查等工作，国内企业多由纪检部门进行；关于除反腐败之外的内容的合规管理由合规部门进行。表 1-6 所示为合规工作与纪检工作。

表 1-6　合规工作与纪检工作

项目	贿赂	腐败
名称	反贿赂、反腐败管理	廉洁管理、反腐败管理
定义	主动的、向外的以财物或有价物进行行贿的行为	本身的、已经败坏的，主动的如套取或者收取财物或有价物的行为
管控重点	内部人员对外部进行行贿	内部人员或内外牵连可能引发的腐败行为
相关制度	《对外礼品招待管控》《对外捐献管控》《对外赞助管控》	《利益冲突管控》《商业伙伴合规管控》《公司固定资产管控》
适用范围	境内业务；境外业务、受到境外法律管辖的	国央企、需遵守党内纪律相关规范的
管控类型	行贿和受贿	腐败
管控部门	合规部门	纪检部门

相较于反腐败，反贿赂合规工作是当前企业应当加强的合规管理重点。反贿赂通常指的是反商业贿赂。商业贿赂行为是指经营者采用财物或者其他手段进行贿赂以谋取交易机会或者竞争优势。传统的纪检监察工作和以合规管理为目标的反商业贿赂管理工作主要有三点差异：相关要求的差异、管理侧重的差异及对于行贿与受贿管理的差异。

一、相关要求的差异

在合规管理中，对商业贿赂的管控明确以各国对于商业贿赂的法律法规作为硬性要求，企业需要为符合相关合规义务的要求而设计配套的管理措施。

在廉洁管理中，纪检监察部门的工作主要参考党内的相关规定，以及法律法规中与廉洁管理相关的条款。当前，纪检监察部门的工作主要聚焦于中国企业在中国境内的廉洁管理工作，对于中国企业在境外发生的、需要符合当地反贿赂、反腐败要求的管控则相对涉及较少。

二、管理侧重的差异

在合规管理工作中，对商业贿赂的管控更多强调对相关风险的预防和监控。比如，对于交易行为发生前的针对商业贿赂预警信号的审查与批准，以及在交易行为发生后的与实际发生情况的比对审查等；又比如，在与外部合作方合作前对于其商业贿赂合规性的尽职调查等。强调将对于商业贿赂的管控前置到业务流程的发起阶段，目的是尽早、尽快地发现有关商业贿赂行为的预警信号。

在廉洁管理中，纪检监察部门的工作同样强调预防，但是在预防中所占比重较大的是宣传类和调查类工作。以宣传工作为例，有类似党建宣传、开讲座、开学习班等工作，其重点在于对人员意识的培养和教育，以及对党内要求的传达和讲解。

三、对于行贿与受贿管理的差异

在合规管理中，对于商业贿赂的管理不光要管控企业人员内部的贪腐行为，还要管控内部人员或商业伙伴（如渠道商、会议承接商等）对最终用户、客户及其他相关人员的行贿行为。所以，诸如对外礼品招待、赞助捐赠、商业伙伴廉洁管理等均为管控的重点。

在廉洁管理中，纪检监察部门更多关注的是个人行为，如企业内部人员是否有贪腐行为，强调个人的廉洁性、自律性。

合规管理和廉洁管理应当在工作中相互配合，不可武断切割。每一次商业行为都是一个连贯的、综合的经营管理行为，呈现的风险往往是多变的、丰富的。尤其在涉及反贿赂、反腐败的合规主题领域，面临的情况是复杂多样的。廉洁风险管理也好，其他合规风险管理也好，其遵从的管理法则及方式方法都应当是统一的，不同的仅仅是管理方法上的内容和目标。统一的管理不但能综合性地发现问题和解决问题，还能节省相应的成本。

练习

请找出以下与纪检部门工作强相关的工作内容。①

（1）党宣工作。

（2）企业员工在境外行贿当地政府官员。

（3）反腐败案件调查。

（4）信息安全案件调查。

① 答案：（1）（3）。

1.3　合规管理体系的七大要素

合规管理，国际通行的全称是“道德与合规管理体系”，英文全称是 Ethics & Compliance，简称为 E&C。

一、体系中的“道德”

此处的道德指的是企业经营中的商业道德，即在商业活动中涉及的道德准则及行为标准。一些社会道德问题如个人作风问题等，如果并没有在商业领域中有明确的体现，那么不应当是合规管理关注的重点领域。换言之，如果这些社会道德问题与企业运营相关联，甚至如果一旦失控，会对企业运营产生一定程度的影响，如业绩下降、信用与声誉受损等，那么合规管理是有责任对其进行管辖的。

二、合规指的是什么

ISO 37301：2021《合规管理体系 要求及使用指南》对于合规的定义是：合规就是履行组织的全部合规义务。之前，我们从风险角度对合规进行了定义，即，对于违规风险发生的可能性和影响力的管理。换言之，合规是对于可能发生违规风险的预警信号的管理。

从合规的管辖范围来说，我们可以对合规的管理内容再次进行定义。

合规指：合（符合）+ 规（法律规范等）。

1.“规”指的是什么

其中的“规”即合规义务，ISO 37301：2021《合规管理体系 要求及使用指南》中描述的合规义务指的是组织（3.1）必须遵守的要求（3.14），以及组织（3.1）自愿遵守的要求（3.14）。合规义务涵盖：法律类义务、规范类义务及道德与承诺类义务。

其中企业规章制度大多由外法转化而来，同时也可包含企业对相关方的承诺。

2.“合”指的是什么

“合”指的是企业对外法内规的符合，多指企业采取管理手段对合规风险进行管控，是一种管理的行为，通常也被称为合规管理的方法。合规管理的方法与企业整体管理的方法类似，可通用。

企业建立合规管理体系的最低指标是什么呢？即在各个国家的法规要求，以及各个国际组织对于合规的要求中，有哪些基本要素是可以体现合规管理有效性的呢？

当前，国内外通行的合规管理体系七大要素（The Seven Essential Elements①）可以被视为合规管理的七大基本架构。在这七大要素的作用下，企业将自身的价值观及适用的合规

① 资料来源：International Compliance 101 –SCCE。

义务进行整合，形成每家企业独特的合规管理体系。企业合规管理体系七大要素包括：

- 行为规范 / 制度与流程；
- 合规官与合规委员会；
- 教育与培训；
- 监控与审计；
- 举报与调查；
- 执行与惩处；
- 应对与预防。

不难看出，当前以良好合规管理体系管理著称的大部分企业都遵循这七大要素。这七大要素相互作用，形成合规管理闭环，如图 1-12 所示。

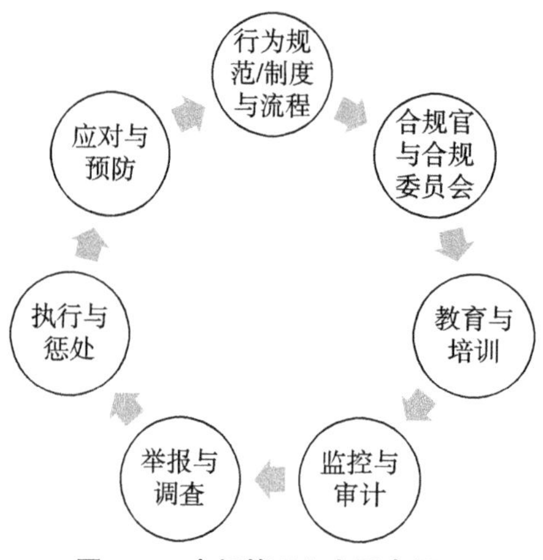

图 1-12　合规管理七大要素闭环

当企业发现预警信号，就需要设立有效的政策和流程，由专业人员把控，进行培训，且时时监控与排查风险，畅通举报通道和进行调查，加强违规管理，最后做出有效的总结和预防措施。

1.3.1　行为规范 / 制度与流程

行为规范 / 制度与流程的英文全称为 Standards of Conduct/Policies and Procedures。

行为规范可以指企业的《商业行为准则》等准则类文件；制度与流程，通常在企业管理中体现为制度类文件、流程类文件、指引类文件及办法类文件等。一般情况下，企业会依据自己的管理要求制定相应的管理文件，这都可以归类到制度与流程中。

准则类文件一般是对制度与流程中的重点内容进行援引和解释。

制度与流程类文件要与其合规义务和合规风险紧密结合，且通俗易懂。同时，保证各语言地区有适用于该地区的语言版本。制度与流程类文件不可通篇以法律法规的条文作为文件的内容，即使需要引用，也应当对法律法规做出解释，甚至做出案例分析，保证阅读者对于文件的理解程度。

通常，制度与流程的相关文件除了对本企业的员工适用之外，也可能适用于供应链当中的上下游供应商，所以在制定相应的内容时要同时考虑到文件对于外部合作方的适用度。

制度类文件一般可依照如下大纲进行编写，如图 1-13 所示。

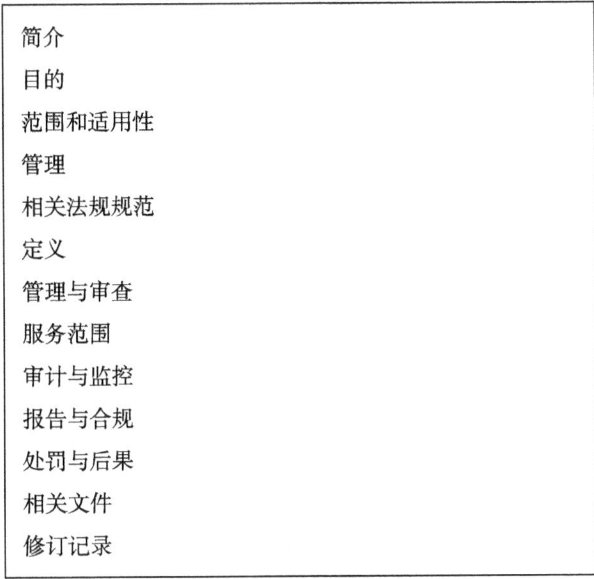

图 1-13　制度类文件的框架

流程是对于制度如何执行、如何落地的描述。通常，很多企业在制度制定方面已经比较完善，但是在流程的匹配方面存在缺失，这就可能产生有了制度但无法执行的问题。通过流程的设计将制度嵌入企业经营的具体操作之中，是保证制度有效执行的关键。

流程类文件通常可依照如下大纲进行编写，如图 1-14 所示。

简介与目的
流程概览
流程要求
沟通与宣贯
涉及制度的相关操作
年度审核
其他指导
附录1——操作表格
附录2——操作支持性文件1
附录3——操作支持性文件2
附录4——其他支持性文件

图 1-14　流程类文件的框架

练习

请指出以下内容是属于制度类文件还是流程类文件。①

（1）范围和适用性。

（2）涉及制度的相关操作。

（3）年度审核。

（4）相关法律规范。

1.3.2　合规官与合规委员会

合规官与合规委员会的英文全称为 Compliance Officer and Compliance Committee。

通常，企业会指定至少一名合规官担任合规工作的协调人，且可以由各关键部门的负责人（如 CEO、CFO、HRD、COO 等高级管理人员）组成合规委员会，担任常任委员，共同商议重大合规事项。

企业领导层要授予合规官充分的资源。首先，领导层应授予组织内的特定个人承担道德与合规管理体系日常运行的责任；其次，为履行该运行责任，领导层应给予上述个人充分的资源、适当的权力，以及可直接联系管理层或管理范围内适当群体的权限。

① 答案：（1）制度类文件；（2）流程类文件；（3）流程类文件；（4）制度类文件。

一、合规官的汇报线

合规官必须具有独立向企业最高决策层，如董事会等汇报的途径。目前，许多企业在设置合规官汇报线时会让合规官向总法律顾问、首席财务官等管理层进行汇报。这种汇报途径可能存在一定的风险。因为，这种汇报形式在监督上有一定的疏漏，如对于总法律顾问、首席财务官等的合规监督出现了真空，一般较难要求下属对上级的合规行为进行客观的监督。比较推荐的做法是尽可能地将合规与法律、合规与财务等职能进行分离，此种分离有助于确保法律审查和财务分析的独立性和客观性。因此，由合规官直接向组织的首席执行官和 / 或董事会（最高决策层）汇报是理想的汇报方式。组织的规模和环境将影响合规官的汇报线，即使很难安排合规官与最高决策层之间的直线汇报，也建议在董事会或合规委员会与合规官之间至少设有虚线式或间接的汇报关系。

二、首席合规官与合规委员会

首席合规官当然属于合规委员会的成员，甚至在有些企业的首席合规官可担任合规委员会的主席。首席合规官应当牵头合规委员会处理相关的重大合规管理事务，如负责安排会议、准备议程、记录和分发会议记录及协调后续工作等。

合规委员会的职能除协助和支持合规部门的工作外，还应包括以下内容：

- 分析合规管理的需求；
- 了解具体合规风险管理的领域；
- 定期审查和评估政策和程序的准确性和执行情况；
- 协助制定行为标准、制度和流程；
- 监督标准、制度和流程相关的内部体系的运行；
- 定期审查外部合规环境，并将其纳入合规管理体系的管控中；
- 确定适当的合规战略；
- 制定投诉和问题征求、评估和应对制度；
- 其他工作。

合规委员会是企业对于合规管理态度的重要体现，是对合规管理重大事件进行决策的重要机构，是各核心部门对于合规管理参与程度的映射。合规委员会的成员必须由企业内有积极合规态度的高级管理者担任，一是他们代表着企业最高的管理水平，二是他们可以给企业的合规文化做出正向的引领和表率。此外，企业各部门的骨干或关键人员也可以按需求参加合规委员会的讨论，发表个人见解，并将合规委员会形成的相关决议传达至其所在的部门。对合规官和企业的其他部门而言，合规委员会既是合规管理水平的标杆，也是合规信息的重要来源。

练习

以下哪些人员可以成为合规委员会的常任委员？①

（1）CEO。

（2）CFO。

（3）人事专员。

（4）合规官。

1.3.3 教育与培训

教育与培训的英文全称为 Education 或 Education and Training。

教育与培训有时被称为沟通与培训，英文全称为 Communication and Training。国内的一些企业也称之为合规宣贯、合规宣传等。教育与培训是在合规工作的预防阶段中的重要工作，甚至可以将其看作预防阶段中最重要的工作。教育与培训以其简便易行、成本低廉的优势为企业规避了大量合规风险，同时对企业的合规文化进行了持续传播。

教育与培训可以采取多种多样的形式来保证其有效性，如领导人发言、宣传图画、培训课程、日常举办的合规竞赛等。其不拘泥于形式，目的在于通过教育和培训的方式使员工和合作方了解企业所倡导的合规文化，从而以正向的意识引导自身做出正确的行为。

在各国的司法实践中已有先例将合规教育与培训的相关证明性文件作为衡量企业合规工作的指标。

练习

以下属于合规教育与培训工作内容的有：②

（1）合规在线课程；

（2）合规招贴画；

（3）企业领导人公开谈合规；

（4）向商业伙伴发放企业的合规制度。

① 答案：（1）（2）（4）。

② 答案：（1）（2）（3）（4）。

1.3.4　监控与审计

监控与审计的英文全称为 Monitoring and Auditing。

监控与审计指的是对于企业在业务过程中可能产生的合规风险进行监督与防控，以及在行为完成后利用合规审计的方法倒查风险。通常，监控行为可以指在业务行为发生前、后对于预警信号的判断和消除，在以合规管理著称的一些大型企业中，会将监控的行为嵌套至运营流程之中，即在业务行为发生前对相关合规要素进行审批和审查。审查行为是衡量合规管理体系是否有效落地的关键性指标，是区分是否是“纸面合规”的重要因素。所以把审查行为与业务流程行为进行有效的结合，是合规工作能够付之于实践的关键。

此处的审计指的是合规审计，合规审计与一般性审计工作不同，更专注于由合规义务所引起的审计行为，如对于制度设计的合理性、制度和流程执行的符合性、人员的合规意识性等的审计。传统审计工作涉及财务方面的内容大多不在合规审计的工作范围之内。

练习

以下哪些工作属于合规审计的范畴？①

（1）对于成本的审计。

（2）对于制度执行情况的审计。

（3）对于制度设计合理性的审计。

（4）对于人员合规意识的审计。

1.3.5　举报与调查

举报与调查的英文全称为 Reporting and Investigating。

举报也可被称为疑虑举报或问题反馈，英文全称为 Raising Concern；调查的全称为内部调查，英文全称为 Internal Investigation。

举报与调查是衡量合规管理体系有效性的一项重要指标。在前端预防工作正常进行的情况下，依然可能会出现一些违反合规管理要求的漏网之鱼，这时就需要发挥举报与调查的作用，对合规风险进行严密的防范。

举报工作是发动内外部人员共同对违规的预警信号进行监督的工作，内部人员多指的是内部员工，外部人员可以涵盖商业合作伙伴、第三方机构等范畴。企业倡导公开、透明的合规文化，是使举报工作发挥最大作用的关键。通常，仅仅依靠合规人员无法随时发现

① 答案：(2)(3)(4)。

业务末端的风险，发动群众才是有效的途径。通过向员工进行宣传与教育，让相关人员认识到违规后果的严重性及合规管理人人有责，使每位员工和合作伙伴都能成为合规人员的“眼睛”。

接到举报之后要展开一系列的内部调查。如果企业疏于发现问题，之后又无法通过自查行为找出问题原因和解决问题，导致相关违规问题被外部曝光，那么企业所面临的风险和损失是不可控的。所以，及时从内部发现并解决问题是企业化解风险的经济有效的方式方法，举报与调查是将风险弱化的有效方式。

练习

以下哪些人员可以成为违规预警信号的举报人？①

（1）企业员工。

（2）供应商。

（3）合规人员。

（4）高管人员。

1.3.6 执行与惩处

执行与惩处的英文全称为 Enforcement and Discipline。

执行与惩处是在企业发现违规问题，进行相关调查后对该问题进行点对点处理的方式方法。执行的标准应当遵循企业已有的制度和流程，要保障公平性、公正性和一致性。其中，应当针对相关的处理流程和违规结果对员工进行提前的宣贯，即保证员工对违规行为的惩处有一定的认知，并且该认知应当得到员工的书面确认。比如，在《员工手册》或《商业行为准则》等文件中明确规定各项违规行为所对应的处理方法，一旦发现员工涉及违规行为，按其严重性可以采取的具体措施包括口头警告、停职、取消相关权限、解聘，或酌情给予经济处罚等。针对各项违规行为的处理方法，合规人员应在相应的培训中对员工进行明确的讲解，员工在充分理解后需要签署对应的确认函。

进行涉事员工的问题处理时，合规人员要与人力资源部门的人员紧密协作，可以将人力资源部门已有的惩罚政策和程序作为处理违规行为的依据。在形成处理决议前，合规人员一定要遵守企业相应的处理流程，并且给予当事人相应的申诉权利，与人力资源部门的人员一起完成形成决议的所有步骤，并进行详尽的记录。

① 答案：（1）（2）（3）（4）。

要特别注意，合规惩罚措施不应当成为变相处理员工的工具，也不应当成为处理员工的“兜底条款”，惩罚措施一定要与相关人员违规行为的程度相匹配。若发现严重的行为，如巨额的贪污腐败等，需要立即将相关人员解聘或移送司法机关。大多数违规行为相对较轻，且大多属于非故意行为，此类问题可以通过教育或额外培训等方式处理。

练习

某企业规定，接受外部礼品无论价值大小都应当向合规部申报。员工李红因忘记申报接受的供应商价值 100 元的礼品而违规，下列哪种处理方式更合适？①

（1）开除。

（2）严重警告。

（3）口头警告且加强培训。

（4）不做任何处理。

1.3.7　应对与预防

应对与预防的英文全称为 Response and Prevention。

企业一旦通过内部调查或其他方式发现合规管理体系的管理有疏漏，需要及时采取应对措施以预防违规行为发生。对于漏网的预警信号或违规风险视而不见只会给企业带来更大的隐患，一旦涉及诉讼，则可能直接给企业合规文化的根基带来冲击。

发现合规管理的漏洞后的应对措施如下。第一步，合规人员可以集结相关部门或外部顾问共同对管理漏洞进行风险评估，评估该风险可能给企业造成的隐患。第二步，共同制定相应的改进措施，且需要依照风险的程度决定是否需要引入合规委员会进行共同决策。第三步，完成新制度和流程的制定后，针对文件的适用范围对相关人员进行教育和培训，对与新文件相关性高的部门进行深度培训。若新文件对整个企业均适用，则需要启动覆盖全体员工甚至合作方的全面合规培训。第四步，合规人员应当在企业相关的经营环节中设置符合新文件的管控节点，进行监控与审计，同时利用举报途径对新文件的执行进行再次的监督。总之，对于发现的合规管理疏漏，合规人员同样要遵循预防—监控—应对的管理方法进行管理。

① 答案：（3）。

练习

以下属于合规管理体系七大要素的是：[①]

（1）教育与培训；

（2）企业领导人对合规管理的态度；

（3）监控与审计；

（4）合规人员的一票否决原则。

① 答案：（1）（3）。

第 2 章　合规人员的相关内容

2.1　合规人员在合规管理中的角色

合规部门、合规人员是企业从事正常经营管理活动的职能部门的组成部分，其工作目标与企业的经营目标保持一致，从某种程度上来说，合规部门也是要为企业的利益服务的。此处“为企业的利益服务”不仅指通过经营活动换取经济利益，而且指帮助企业规避风险进而减少损失。合规人员应当通过自己的专业技能，以最低的成本进行最大化的违规风险防控工作。那么，如何保证合规人员能够为企业的利益服务？首先合规人员需要对自身有清晰的角色定位，找准自己在企业经营管理中的位置。

合规人员应当在企业经营中担任“合作者”的角色，处于支持业务的位置。

合作者，即在企业面临预警信号甚至违规风险时通过自身的技能为企业决策提供有效建议的人。合规人员要及时消除一些通过预防和监控就可以消除的预警信号，要及时发现高风险甚至可能转化为违规损失的信号并第一时间进行处理。

合规人员的角色并不应当是企业的“灭火队员”或是“警察”，合规人员的工作方法也不是在发现问题时一味地说“不”。合规人员的工作重心并不是时时刻刻盯着他人疑似的违规行为，找出蛛丝马迹后进行处罚。如果合规人员变成了执法者，那么可能给企业日常的经营管理带来较大的冲击，这意味着，合规工作极大可能已经站在了业务工作的对立面。这不仅会使合规监管无法正常进行，还有可能使业务人员产生抵触情绪，给合规工作带来更大的挑战。如果合规人员变成了“灭火队员”，那么意味着本应作为重要工作的预防工作没有做到位，监督工作也没有达到效果，导致企业处处“失火”，合规人员不得不应付违规后果。合规工作的重点变成了“应对和处理”，可能是因为企业本身的管理欠缺预防机制，这时，合规人员需要发挥其专业技能，重塑合规管理体系，加强管理中的预防工作。

要永远谨记：合规人员和业务人员都是企业的有机组成部分，都应当为企业的利益服务。

合规人员是业务人员的伙伴。当进行重大业务决策时，合规人员应当从专业角度对经营行为的合规性进行预判和把控，在可能的范围之内提出规避风险的有效措施，使企业能够在合规风险最小化的前提下获取最大的经济利益。合作者才是合规人员恰当的角色。

案例分享

合规官乐乐来到新公司任职，在与前任合规官交接工作时，乐乐发现公司的违规案件异常多，过去一年就达到上百起，且同样类型的案件层出不穷，多为侵占公司财产。乐乐进行了进一步的调研，她发现公司的合规管理工作在相应的预防机制方面有所欠缺，需要进行进一步完善。但是乐乐认为，仅仅因预防机制不完善也较难产生如此数量的违规案件，一定还有别的原因。

经过与前任合规官的交流，乐乐发现，问题出在合规部门的绩效设置上，合规部门人员的一条重要绩效考核标准为：每年查处的案件数量。由于绩效与年终奖金挂钩，因此合规部门打造了一个全方位的举报渠道及案件汇集渠道，深挖线索，多方发掘案件，故导致每年进行数百起案件的查处。

虽然案件的查处在初期确实起到了警示作用，但是现在明显业务部门对于合规管理有极强的抵触情绪，且公司的合规管理欠缺预防机制，可能造成更大的隐患。

从合规绩效开始，乐乐决定进行管理上的改革。

练习

以下哪个是合规人员在企业中担任的角色？[①]

（1）警察。

（2）灭火队员。

（3）合作者。

（4）教练。

① 答案：（3）。

2.2　合规人员的任职要求

法律背景不应当是合规人员的必备任职要求。

诚然，合规管理无论在管理内容、管理模式上都和法律管理工作有极大的相似之处。从政策流程的制定和执行到管理中的监督，以及风险发生后的问题处理程序等，其工作思路和方法都需要引用和借鉴法律法规的相关内容。但是合规管理并不是单纯的法务管理，二者有相似之处也有区别。

合规管理并非单纯的法务管理，合规管理更像是一门行为科学。很多企业误认为法律问责就是合规管理。[①]

合规管理是集法律、财务、运营、人力资源管理等于一体的管理体系。在众多合规管理发展多年的外国大型企业中，合规团队的组成人员的背景是多元化的，团队中除拥有法律、财务背景的两类人员外，更有业务背景、人力资源背景、审计背景等其他专业背景的合规人员。而作为合规团队的领导者，往往还需要有全局的视野及具备高水平的战略管理能力。所以，判断是否可任职合规人员、是否为高水平的合规人员不应以其是否拥有法律背景为充分必要条件。

一、对于合规团队的人员背景要求

合规团队成员的背景要多元化。一方面，多元化团队的搭建可以有效地让团队成员取长补短，全面考量风险应对方案。虽然合规工作的目的是为企业规避风险，但是规避风险的方法和判断标准不是绝对统一的，很多复杂敏感的情形需要团队成员综合探讨才能最终得出适合的解决方案。在此情况下，如果团队成员背景各异，思考方式多元化，内容全面化，那么能有效地帮助企业最大限度地做出完善的考量和决策，有助于企业找到理想的执行方案。

另一方面，合规管理的责任并不仅仅在于合规人员。真正应该承担责任的是企业的每位员工，每位员工都在商业行为中负有合规的义务。由于合规团队的沟通对象是企业每个部门的每位员工，那么有相似经历的合规人员在沟通中明显更为有效。比如，当有着业务销售背景的合规人员与企业的销售团队进行合规管理案例分析时，其能有效地将先前的销售经验与合规政策相结合，为沟通对象明确阐述企业管理层所要传达的精神和内容，让沟通对象更快接受。

① 陈永惠，尤金・索缇斯 . 为何合规管理总失败 [J]. 哈佛商业管理评论，2018，5（3）：123.

二、对于合规团队中管理者的任职要求

对于合规团队的管理者的要求，显然更不能局限在某一单一专业背景。其最初的相关专业背景往往会由于其管理者的身份而被弱化，全局的战略管理能力会被突显。

若一家企业的合规管理领导者仅仅以某一专业视角如法律视角、财务视角，来思考合规管理中的问题，那么显然，其做出的决策是有局限性的。一个高层管理者如果不能将合规管理与企业的经营现状甚至下一步的经营方向有效结合，就不能被称为一个称职的高层管理者。高层管理者需要绝对的主观能动性和观察能力，不能仅仅依赖既往经验或行业内其他企业的管理经验。

企业合规管理的领导者只有深入企业的经营管理，才能知晓当前企业所面临的真实合规风险是什么，并加以管理；只有深入了解企业的经营状况，才能知晓当下企业对合规管理的成本和收益的需求，加以平衡，从而打造出符合企业当前发展形势的合规管理体系。

合规管理因其与企业经营密切连接的特性，往往对相关人员的管理水平提出了更高的要求。

练习

以下哪些人员可以成为合规人员？①

（1）公司律师。

（2）财务经理。

（3）人力资源经理。

（4）业务经理。

2.3　合规人员的必备能力

相较于其他传统的企业管理工作如财务、人力资源、市场推广、项目管理等，合规管理仍然是一个相对较新的领域，这意味着，对合规人员的具体任职要求还亟待更多实践去摸索。因合规职业需要较强地绑定行业与企业特色，故不同企业对合规人员的能力需求也是不同的。

无论合规人员的教育背景和工作经历如何，其应当成为业务部门的合作者，并具有高

① 答案：（1）（2）（3）（4）。

超的沟通能力和专业水平。随着合规作为一种专业职业不断地发展和成熟，其势必会像其他职业一样，积累越来越多富有经验的合规人才。

经过多年的实践验证，企业对于合规人员普遍有着较高的期待和要求。合规人员应当具备多种能力，不仅应精通合规管理，还应精通企业管理。

合格的合规人员应当具备以下能力，如图 2-1 所示。

- 具备较强的沟通能力。
- 具有高水平的管理思维。
- 具有全球视野。
- 精通合规管理的专业技术。

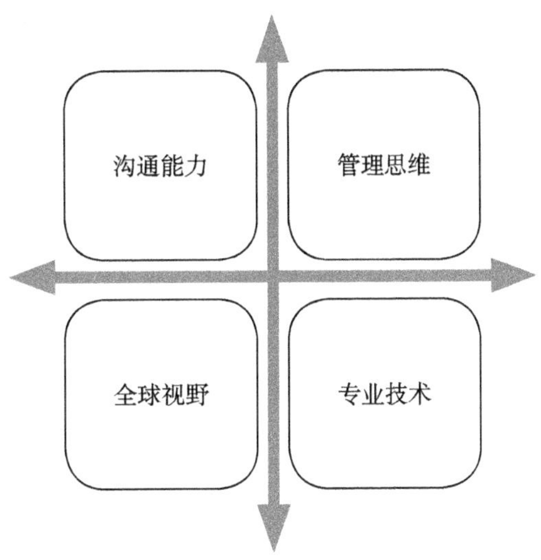

图 2-1　合规人员必备能力模型

练习

以下属于合规人员的必备能力的有：[①]

（1）沟通能力；

（2）管理思维；

（3）全球视野；

（4）专业技术。

① 答案：（1）（2）（3）（4）。

2.3.1 合规人员的沟通能力

沟通能力似乎是很平常的能力，但是对合规人员沟通能力的要求远比一般岗位的任职人员的要高。通常，合规的沟通内容不乏很多涉及敏感的、机密的，甚至可能引起他人反感的内容。这就需要合规人员有高超的沟通技巧，在不引起他人误解或抵触的情况下，将该传达的内容传达到位。

一、沟通前应当了解的背景信息

无论沟通何种合规问题，都需要对该问题产生的背景有所了解。具体有哪些背景需要提前了解呢?

首先，要了解产生该问题的部门背景，如对业务流程、操作的深刻理解。例如，合规人员在管控中发现，某渠道商经常获得企业的市场推广费用。经了解，该渠道商具备较强的销售能力且在当地有较大的影响力，所以在销售业绩排名中始终靠前，故获得了长期的市场推广费用。所以，合规人员应在了解此背景的基础上进行沟通，沟通重点是对该渠道商获取市场费用的相关佐证进行了解，而非质疑该渠道商本身是否应当获得市场推广费用。即尽量避开对市场决策的质疑，而是聚焦到合规管理的领域，对合规政策相关的符合性进行重点沟通。

其次，要了解企业的宏观战略。要注意合规工作的沟通内容不可与企业的宏观战略相悖。比如，企业当下的经营战略要符合“一带一路”倡议，则在进行合规培训和沟通时要明确：必须在企业走出去的经营战略之下设计相关沟通内容，不可以“某市场合规风险过高”为由，直接否定企业的走出去经营战略。合规人员应当在该经营战略之下，设计出符合“一带一路”沿线国家开发和经营的合规管理策略并与相关部门进行细化和沟通，配合业务经营。

最后，要了解企业员工的意愿。有的部门员工对合规管理的认知不深，不愿意进行沟通，合规人员要采取循序渐进的方式沟通，而非一蹴而就。比如，有的员工经常以没时间等理由避免与合规人员沟通，此时就可以免去一些正式的沟通，采取其他形式，如相约共进午餐或者一起喝下午茶。如果依然行不通，可以在工作时间走到其工位处闲聊几句，或者在节假日发送一些问候的短信等，先建立起互相的信任度和熟悉度，再进行合规沟通。

二、沟通中的技巧

多用第三人进行举例。比如，有的员工可能对合规管理中的反腐败问题非常敏感，那么合规人员在进行沟通时就要尽量多举远离该员工工作场景的例子，而非让员工代入自己。比如，在就礼品收受问题进行沟通时，可以虚拟某企业某销售人员的案例进行讲解，这样可以将员工抽离出当前的情景，取得更好的沟通效果。

多询问、多请教，而非一言堂。很多合规的工作是要和业务密切绑定的，合规人员要清楚地意识到业务人员比合规人员了解业务，所以很多具体的解决方案要向业务人员请教，之后合规人员再以专业度进行判断和决策。切忌以合规的角度给业务人员下定论、下决策，否则不但无法获得最优的解决方案，还可能使相关人员产生反感，无法达到解决合规问题的效果。

多尊重他人的反馈，求同也可存异。进行沟通时不可先入为主，要充分尊重他人的反馈，给予他人表达意见的机会和权利。尤其在进行敏感案件的沟通时，要给予当事人申辩权利。同样地，在与员工进行敏感问题的沟通中，也要以讨论式为主，不可一味地说“不”，或一味地搬出企业的政策说教。

练习

以下属于合规人员有效的沟通方式的有：[①]

（1）充分听取他人的反馈；

（2）沟通前充分了解业务背景；

（3）遇到问题立即说“不”，叫停业务；

（4）用第三人举例讲述敏感问题。

2.3.2　合规人员的管理思维

合规人员必须具有较高的企业管理水平及高水平的管理思维。

合规管理以管理为核心，要符合企业的经营战略。合规管理的理想状态是要能够以较低的成本使企业管控住较大的违规风险。合规人员首先应当是企业内一名合格的管理者。合规人员应当参与或知晓企业战略的制定与执行，应当熟知企业运营环节的高风险操作项；应当是一名技巧娴熟的沟通者，也是在企业遭到重大危机时可信任的风险解决受托人。

合规人员的管理思维也体现在形成具有企业特色的独立管理思维。通常，很多企业为了节省时间和人力成本，偏向于将其他企业已经验证过的合规管理经验直接套用在本企业上。当然，可以学习和借鉴其他企业的成功经验，但如果生搬硬套，不但达不到应有的效果，还可能适得其反，花费过多的管理成本。所以，合规人员在借鉴其他企业的经验后，

① 答案：（1）（2）（4）。

需要建立适用于本企业的合规管理模式。比如，某企业在反垄断的合规管理方面有良好的实践经验，但是本企业在经过合规风险梳理后发现反垄断并不是高风险的管理内容，就暂时不用对该内容进行管控。又比如，某企业的合规培训经验很充分，在合规培训上采取多角度、多模式的远程培训方式，该企业是全球化企业，其有遍布全球的分支机构，所以采取远程培训的方式是恰当的。如果将这种培训方式直接移植到一家只在本地区有业务的企业中，那么可能根本达不到培训应有的效果，还花费了额外的成本，浪费了资源。

合规人员的管理思维也体现在适时适度地给出有效的风险解决方案。通常，遇到违规风险或预警信号，直接叫停、直接说“不”是很简单的方式，也不会给合规人员带来额外的责任。但是这并不是企业所需要的，企业需要的是可以提出有建设性解决方案的专业合规人员。通常，企业遇到的预警信号不一定会转化为违规行为，但是有发生违规行为的可能性，合规人员需要利用管理思维将此种可能性降低或消除。比如，在进行宴请与招待时，某员工宴请重要客户，花费了较大的金额，此时，合规人员不应一味地从政策角度进行判定，即只要花费超过规定就是违规，需要接受处罚，而是要具体问题具体分析。比如：受邀方的级别是否匹配该金额？宴请是否并未处于敏感阶段，如合同磋商期？宴请的地点是否为正规地点？宴请前是否给对方发出了官方邀请？合规人员应通过各个细节还原事件本身的情况，用以判断其是合规还是违规。生搬硬套政策，不是高级管理思维的体现。

合格的合规人员应当综合考虑多方因素，与提案部门反复沟通和商讨、权衡利弊，并结合专业知识，最终慎重地给出可行的解决方案，而非一味地说“不”。

练习

以下属于合规人员有效的管理思维的有：①

（1）模板化管理方式；

（2）遇到问题及时说“不”；

（3）优先考虑风险，管理成本其次；

（4）给出恰当的解决方案。

2.3.3 合规人员的全球视野

全球视野的英文全称为 Global View。合规人员必须具有全球视野。

① 答案：（4）。

合规管理源于欧美，且盛行于欧美企业。欧美有大批专业从事合规管理的人员，合规管理在他们的推动下不断更新迭代，同时他们也持续在合规管理的前沿领域进行研究与探索。

首先，合规人员要汇集全球合规管理所长，消化吸收，用于更新本企业的合规管理技术。当前，有许多境外先进的经验通过网络媒体第一时间进行传播，比如，美国的合规与道德管理协会（Society of Corporate Compliance and Ethics，SCCE）经常通过其网站发布最新的合规研究成果及全球各大企业的合规管理经验。

其次，合规人员要有全球化的思维。当前，对合规管理工作有迫切需求的大多是大型的、跨国的综合类企业，这些企业的特点是业务面广、涉及地域多、面临的合规风险复杂。在进行此类企业的合规工作时，合规人员需要具备因地制宜的能力，不应以“集团总部的要求”为由将总部要求武断推广至全球分支机构。合规人员要充分理解，在不同的地域、不同的业务领域的合规环境的差异巨大。比如，在“一带一路”沿线国家的合规环境与欧美国家的合规环境是截然不同的。而一些有地区特色的风俗习惯也同样应当被考虑在合规义务中。

企业进行全球化经营时，一定要有与之匹配的全球化的合规管理体系。

案例分享

合规人员李明接手了企业在中东地区的合规管理工作。李明之前负责南美地区的合规管理事务，工作职责转换后，他应当如何开展工作呢？

首先，李明要充分了解中东地区的业务特色、人员特色、风俗习惯及法律法规特色。

其次，李明要对总部的相关合规管理要求进行分析，留下适用的，将无法匹配中东地区特色的内容转化或修订，保证相关的制度和流程与当地需求相匹配。

再次，李明应当与当地的领导层进行深度座谈，对于政策的适用进行分析和探讨。

最后，形成中东地区适用的一套合规管理政策和流程，随后李明以此为基础开展工作。

练习

合规人员的全球视野指的是：[①]

（1）信息来源的全球化；

（2）合规人员国籍的全球化；

（3）合规工作方式的因地制宜；

（4）合规工作方式的全球统一。

2.3.4 合规人员的专业技术

最后谈一谈合规人员的专业技术。将技术放在合规人员必备能力的最后是想强调：技术并不是一个合格的合规人员最重要的必备的能力。专业技术要建立在沟通能力、管理思维及全球视野之上，这样才能最大价值地发挥功效。所以，只谈技术却忽略其他，是无法成为一个合格的合规人员的。合规人员并不需要通晓所有法律规范内容和其适用场景，不需要成为法律规范的知识库和案例库，也不应当仅仅是法律规范的转述者和解释者。

合规人员的专业技术之一是及时捕捉到外部合规环境的变化。合规人员要敏锐地发觉内外部环境的变化并准确测评出该变化对内部合规管理影响的程度和紧迫性，且立即采取有效措施校准合规管理体系以应对变化。

合规人员的专业技术之二是将合规管理与企业管理密切地绑定。合规人员应当明晰合规管理的定义和目标，并熟练运用合规管理中相应的方法。风险程度把控的准确性影响企业能否做到精准管理。例如，依照风险程度的不同采取不同深度的管理方案，而该管理方案的设计同样应以平衡违规风险和经济利益为目标。

合规人员的专业技术之三是及时解决风险点。合规人员并不一定拥有完善的知识储备，也并不一定是法律规范和案例“大全”。但是合规人员要在第一时间识别出合规风险，且能迅速集结该风险涉及的相关领域专家，如人力资源专家、财务专家、出口管制专家、刑法专家、FCPA 专家等，并进行反复商讨和测评。合规人员可以通过行业专业人士的协助最终形成有效的解决方案，将潜在风险或已知风险系数降至最低。

至于合规人员的技术方法，诸如合规制度编写、合规监督、合规调查等属于基本技能层面，在此不做赘述。

① 答案：（1）（3）。

练习

下列属于合规人员应具备的专业技术的有：①

（1）法律规范的转述者和解释者；

（2）及时捕捉到外部合规环境的变化；

（3）将合规管理与企业管理密切地绑定；

（4）及时解决风险点。

① 答案：（2）（3）（4）。

第 3 章　合规职能部门的建设要素及绩效方案

3.1　合规职能部门的建设要素

合规职能部门建设的首要要求就是要保证部门的独立性。一般，独立性体现在对部门汇报线的设置上，合规部门是否直属于企业的最高治理机构，如董事会等。即使无法设置直线汇报，那么也要设置相应的虚线汇报，保证企业最高管理机构可以第一时间掌握合规管理的情况及了解突发的合规风险。在部门人员的级别设置上，合规部门的负责人应当属于企业的高级管理者。

合规部门内部的人员设置情况需要依照企业的需求而定。若企业对合规管理的需求多，则需要的合规人员数量就多；若某部门的合规风险很高，则对于管辖该部门的合规人员设置密度就要大。

当前，国内企业合规人员所进行的工作更多聚焦在企业是否符合强制性法律法规的部分，这要求合规人员对强制性的法律法规在行业内、企业内的应用非常熟悉，且具备与检察院、公安机关等外部执法机构相关人员沟通的能力，同时要准确把握内部人员可能涉及违法的风险点。随着企业管理水平的提升，企业对合规人员的工作要求除了要保证企业符合强制性法律法规外，也会逐步提高到对企业人员道德要求的引导及对道德要求符合性的管理，比如，传播企业正向的商业道德价值观，倡导企业的社会责任，对可能产生预警信号的承诺性合规义务、道德性合规义务进行管理，等等。

合规人员的设置模式可以采取业务制和主题制，或两者的混合。这与前文合规管理工作在企业管理中的分类类似。业务制设置即按企业的业务部门，如市场部、财务部、销售部、工程部等进行分类，配备诸如市场部合规人员、财务部合规人员、销售部合规人员等。其可双线汇报，既向本业务部门的负责人汇报，又向合规部门的负责人汇报，如图

3-1 所示。至于哪边的汇报线是实线，哪边是虚线，可依据企业本身情况而定。在实践中，推荐合规人员向合规部门的负责人进行实线汇报，这可以更好地保证合规工作的独立性及合规职能的专业性。

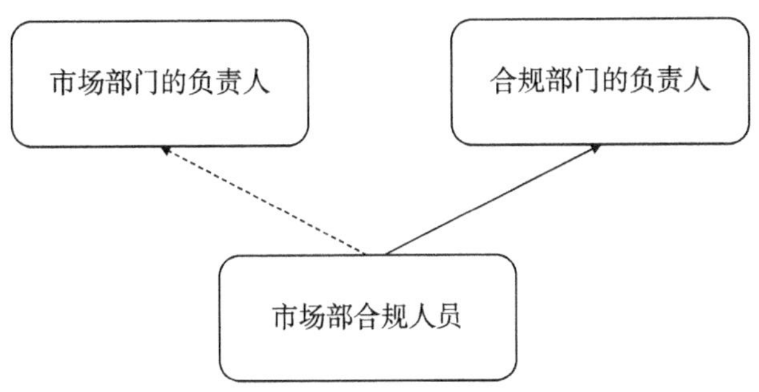

图 3-1　合规人员的双线汇报

除了按业务部门设置合规人员外，也可以按合规主题领域内容设置合规人员，如商业伙伴合规人员、反贿赂合规人员、反垄断合规人员、信息安全合规人员等。此种设置的优势在于可以突出合规管理的重点，以合规部门作为牵头单位，对企业相应的合规风险进行统一管理。

除以上两种模式外，企业也可以按自身要求建立合规职能部门，如按区域设置合规人员、按下属企业设置合规人员等，或综合以上方法建立合规职能部门。图 3-2 所示为合规职能建设架构（样例）。

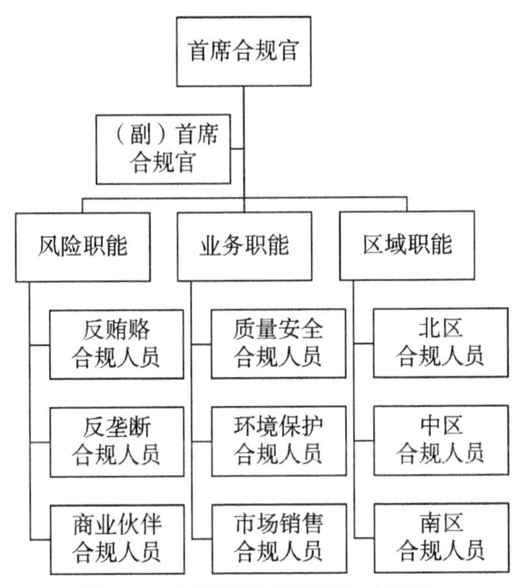

图 3-2　合规职能建设架构（样例）

除合规部门之外，企业还可以建立深入全企业的合规联络员（合规大使）队伍。选择合规联络员时，应优先考虑各部门有经验、有威信的员工，选择资深员工可以使合规工作更有说服力和影响力。联络员的主要职能在于上传下达。上传指的是联络员将本部门合规管理工作的落实度，以及在本部门发现的一些预警信号及时反馈到合规部门；下达指的是合规部门发布的相关制度和政策由联络员传达给各部门。合规联络员是合规职能的重要组成部分，是合规深入业务领域的重要特色。

练习

以下可以作为合规联络员的人员有：①

（1）部门工作五年以上、表现良好的员工；

（2）部门实习生；

（3）部门新入职人员；

（4）部门老员工，但其曾因违规受到调查。

3.2 合规部门绩效方案的设定

合规部门的绩效设定要绑定合规人员的具体职责，合规人员的职责根据其所管辖的领域和范围而有所不同。虽然合规部门的职责各有差异，但是对合规工作来说，各岗位依然有共通的内容，合规岗位的重点职责是合规管理体系的实施、管理和监督。其通行的职责主要包括以下内容：

- 设计、实施和监督合规管理体系；
- 定期向组织的理事机构、首席执行官和合规委员会报告；
- 酌情定期修订合规管理体系；
- 制定、协调和参与各种教育和培训计划；
- 确保独立承包商和代理人了解本组织的合规管理体系要求；
- 担任员工、管理层、承包商和董事会的信息来源；
- 确保开展适当的背景调查，排除受制裁的个人和承包商；
- 协助开展内部合规审查和监督活动；
- 独立调查与合规相关的事项并采取行动。

① 答案：（1）。

对于合规绩效的设定要在职责的基础上进行量化，即保证绩效的可衡量性。对于如何衡量合规工作的效果尚未有定论，但是我们可以抓住那些可衡量的、易衡量的点，先将可量化的工作尽量进行量化。那么，如何将合规工作进行量化判定呢？

一、对合规有效性的解释

合规工作有效性的一个重要的标志是：可以用来为相关组织进行辩护。

我们可以将可衡量的合规管理体系分解（见图 3-3）。

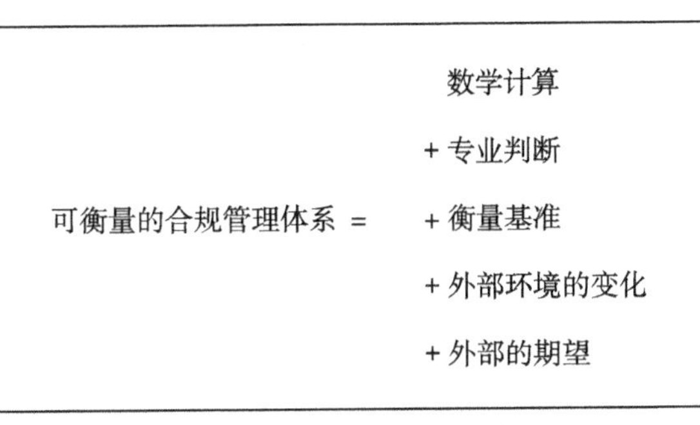

图 3-3　可衡量的合规管理体系

以培训为例，企业可以统计：有多少（百分比）员工接受了年度合规培训；有多少参与培训的人员通过了培训后的测试；有多少参与培训的人员在培训后三个月进行了相关问题的咨询；等等。虽然参加培训的员工数量是衡量合规培训有效性的重要指标，但是参加培训人数的指标并不能反映出参与培训的员工学到了什么，也不能表明这将如何影响他们未来的行为。所以，数量只是衡量培训效果指标中的一个，仍需要结合其他因素进行判定。

二、增加其他变量进行判定

衡量员工是否掌握了知识，可以试试“冷评估”。例如，在员工完成培训后（如六个月后）联系他们，并让他们完成一个小测试，以此检查他们是否掌握了培训中的知识。还可以采取尽量全面的方法来衡量培训的效果。比如，通过审查企业的道德热线接到的案件，查看被举报人是否是在培训后意识到相关合规的问题，或者被举报人是否接受过相关合规行为的培训，等等。

基于上述对量化的描述，可以将合规人员的培训绩效进行量化设置，如培训参与度、培训效果完成度、培训后的咨询度等。也可以将合规人员的工作绩效绑定审计的结果，比如，企业可以进行内部审计项目，审查经过培训和管控后，相关问题的发生率是否有所降低。

三、避免不恰当的绩效因素

对于绩效设计的量化指标，要避免仅关注处理违规行为的数量。很多企业在进行合规部门绩效设置时有一刀切的问题，为了图方便，直接把调查完多少案件、将多少违规人员移送司法机关等作为衡量合规人员业绩的指标。这与合规管理的精神是相悖的，即将合规工作的重点从预防变成了查处。往往在进行这样的设定后，合规人员与业务人员会逐渐处于对立的位置上，即使前期确实查处了一些问题人员，但是随着对立局面的持续，合规人员会发现很难获取真实的信息，与业务人员的交流也越来越困难，合规管理工作逐渐陷入被动的境地，甚至导致合规管理的失败。

练习

以下可以作为合规部门绩效衡量指标的有：①

（1）培训人员的参与率；

（2）针对培训效果的审计结果；

（3）年度被移送司法机关的人数；

（4）培训后的测试结果。

3.3 管理层与员工绩效方案的设定

业务部门的管理层及员工也应当设定相应的合规管理目标。

管理层的合规绩效由两个方面组成：一方面是其本身行为的合规性及对合规工作的配合度；另一方面是对下属人员合规性的监督。此处要特别强调管理层对下属人员行为合规性的监督，一旦管理层下辖的部门人员出现了违规问题，那么管理层本身不可以当然免责，需要追究其监督责任。

非合规联络员的合规绩效一般可从其对合规要求的符合性和配合性角度考虑，如遵守合规管理相关的制度和流程、及时参与合规培训、发现预警信号及时汇报等。员工的合规绩效设置体现了“合规管理，人人有责”的理念。

合规联络员的绩效除了上述一般员工的合规绩效之外，还可设置其对合规部工作的配合内容，如是否及时传达合规部门的相关要求、是否做好制度和流程的落地工作等。当

① 答案：（1）（2）（4）。

然，以上绩效的设定应尽量基于量化原则，越清晰越好衡量。

案例分享

乐乐担任合规官后已经进行了一段时间的工作了，但是乐乐发现员工对合规工作的积极性不高，配合度也不高。乐乐联系了人力资源部门的郑雯经理，准备对员工的合规绩效进行查看。

在进行合规绩效的查看时，乐乐发现绩效设定得并不清晰。每个人虽然都设定了年度合规绩效，但是仅仅有一句话：符合企业合规管理要求，不出现违规事件。乐乐认为需要对合规绩效重新进行设定。

在与郑雯经理探讨后，乐乐初步确定了合规绩效的设定方式。

1. 将人员依照在合规管理中的角色进行区分：普通员工、领导层员工、合规大使等。

2. 对不同角色的人员设定不同的合规绩效：普通员工以符合要求为主，领导层员工除了符合合规管理要求外，还要承担监督的职责，合规大使要承担配合合规部门工作的职责。

3. 对考核要求进行量化。以普通员工为例，将“符合合规管理要求”这一绩效拆解成：参加培训的要求、完成考试的要求、依照审批规定提请审批的要求，以及发现问题进行汇报的义务等。

乐乐与郑雯经理完成了对员工合规绩效的详细拆解后，准备报送领导，希望在年底进行绩效设定时推广新版合规绩效制度。

练习

以下可作为合规绩效的有：[①]

（1）及时参加合规培训；

（2）落实合规制度；

（3）对下属员工合规性进行监督；

（4）传达合规部门的要求。

① 答案：（1）（2）（3）（4）。

第二部分 合规管理方法

在合规管理体系中，合规管理的方法侧重于管理制度的设定是否恰当，是否符合内外部对于合规管理的需求；以及在制定相关制度和流程后，企业内部是否依照已有制度和流程执行。合规管理的主题侧重于以热点合规话题为核心，延伸至企业经营管理的各部门和领域。本部分将从合规制度体系、合规文化建设、合规风险评估、合规尽职调查、合规审批、合规检查及合规举报与调查等方面进行阐述。

第 4 章　合规制度体系建设工作指引

4.1　合规制度体系框架建设

合规制度建设是合规管理的重要工作。建设合规制度框架，首先要了解合规管理的方式和方法，ISO 37301：2021《合规管理体系 要求及使用指南》(下称“ISO 37301”)对合规管理的框架进行了阐述(**5.2 合规方针 Compliance policy**)。

治理机构和最高管理者应当确立符合以下要求的合规方针：

a)适合于组织的宗旨；

b)为设定合规目标提供框架；

c)包括满足使用需求的承诺；

d)包括持续改进合规管理体系的承诺。

合规方针应当：

——与组织的价值观、目标和战略保持一致；

——要求遵守组织的合规义务；

——根据 5.1.3 支持合规治理原则；

——提及并描述合规职能；

——概述不遵守组织合规义务、方针、过程和程序的后果；

——鼓励提出疑虑，并且禁止任何形式的报复；

——用通俗易懂的语言书写、易于所有人员理解其原则和意图；

——被适当地实施和执行；

——作为文件化信息可获取；

——在组织内予以沟通；

——视情况，可被相关方获取。

企业应建立预防和识别违规行为的制度体系。制度体系是指能够合理降低发生违规行为的可能性的行为标准和内部控制措施。制度体系是企业进行合规管理的工具，也是验证企业能否达到 ISO 37301 要求的有效证据。而且在进行合规制度建设时，需要将组织的其他管理流程、业务需求、运行机制结合起来。

以 ISO 37301 为指导建立合规制度体系时，要涵盖目标、原则、计划、执行、检查、改进等相应的制度文件，如图 4-1 所示。这些文件可以单独成册，也可以依照企业情况在某一综合类文件中有所体现。

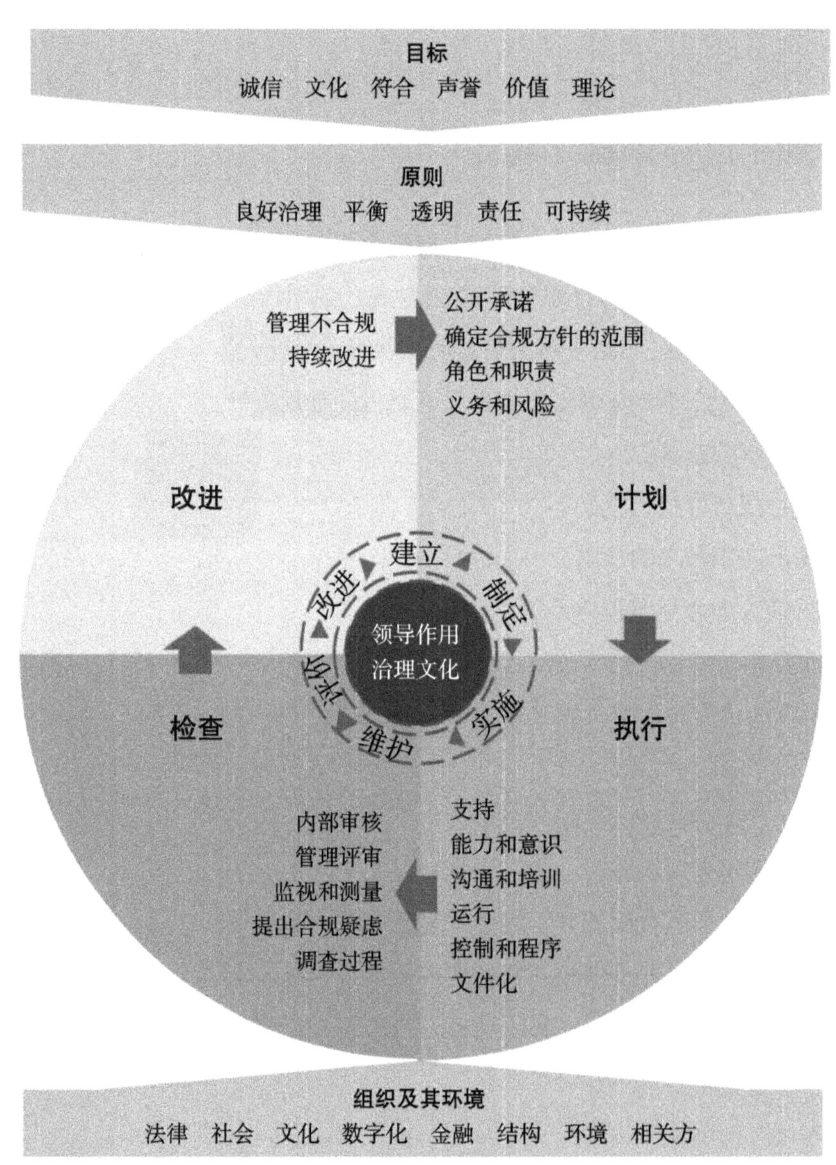

图 4-1　ISO 37301 的框架

通常，合规管理体系框架类的制度文件可以涵盖：

- 《商业行为准则》；
- 《合规管理指引》；
- 《合规风险识别与梳理》；
- 《合规文化建设制度》；
- 《合规举报管理》；
- 《合规审查制度》；
- 《合规监督制度》；
- 《重点领域合规管理指引》。

此类文件的特点在于偏重管理的方式和方法，即对于如何进行合规管理给出了明确的指导意见。

一般来说，对于制度类文件应当遵循统一的撰写规则，首先可以设定统一的制度撰写模板；若企业既往有相应的制度撰写模板（见图 4-2），则可以直接使用。撰写的制度一般要有名称、目录、名词解释、正文、援引文件、修订记录等。

××有限公司
《礼品与招待政策》
发文单位：××有限公司
版次：第1版（定稿）
实施日期：××××年××月××日
生效日期：××××年××月××日
最后更新日期：××××年××月××日

目录
前言
目的
范围和适用性
定义
全球合规义务
限制条款
审批要求
审批权限和登记
上报与合规
处罚与后果
修订记录
相关文件

图 4-2　制度撰写模板

制度的撰写要注意制度之间的逻辑关系，比如：是否和已有的制度有冲突；是否需要援引已有的制度而非重新制定；等等。这样有助于保证合规制度与整体企业制度的一致性、连续性及实操性。当把外部要求转化成内部制度时，不可直接套用外部条款，而是应当经过分析与解释，保证转化后的内容符合本企业的实际情况。

案例分享

合规人员李明正在对企业的合规制度进行符合 ISO 37301 的转化，目前进行到了 4.2 条款。

ISO 37301 中 4.2 厘清利益各方的需求和期望（Understanding the needs and expectations of interested parties）的内容如下。

组织应确定：

——与合规管理体系有关的利益相关方；

——利益相关方的需求；

——其中哪些需求可以通过合规管理体系得到解决。

在进行对本条条款的转化时，首先李明分析了企业的利益相关方，包括股东、供应商、客户、员工等；其次李明分析了利益相关方的需求，需求分析如下。

股东：希望通过合规管理体系保证权益不受损害。

供应商：希望与合规的供货商进行商业合作。

客户：希望与合规的合伙方进行长期合作。

员工：希望通过合规管理体系打造规范环境，员工能够充分发挥专业技能。

最后，李明将 ISO 37301 中关于各方的需求和期待进行厘清，作为组织背景的一部分纳入设定合规目标的考量范围，并列入制度中。

练习

1. 在撰写合规制度时要注意的有：[①]

（1）制度之间的连续性；

（2）包含明确的违规后果；

（3）制度体系的完整性；

① 答案：（1）（2）（3）（4）。

（4）包含更新记录。

2. 请写出五个你认为制度文件应当包含的要点。

4.2 合规管理与其他管理体系的对比

虽然，合规管理大体遵循预防—监控—应对，以及 PDCA 的管理循环，但是在不同的指引及合规环境的要求下，对合规管理的框架的要求是有所差异的。依照企业的经营特点，可能需要遵循一个或多个不同的合规要求，就需要将各大合规指引和要求进行比对，以满足相应的合规义务。本书将 ISO 37301 作为合规管理的框架基准与其他管理体系进行了对比。

4.2.1 合规管理框架与风险管理框架

ISO 37301：2021 的中文名称为《合规管理体系 要求及使用指南》，英文是 Compliance management systems-Requirements with guidance for use。

ISO 31000：2018 的中文名称为《风险管理指南》（以下简称“ISO 31000”），英文是 Risk management-Guidelines。

两者的主要差异为：一个后缀是“体系”，一个是“指南”。看英文就更加明确，一个为“Requirements，”一个为“Guidelines”。“体系”一般是可被用于认证的，效力更高。“指南”一般用于指导，较少用于认证。“指南”虽然较少用于认证，但是 ISO 31000 与 ISO 37301 并行进行建设可以使企业的风险管理更加高效。先看一下两者的核心图，如图 4-3 和图 4-4 所示。

从图中可以看到，ISO 31000 更像是 ISO 37301 的高层建筑，反之 ISO 37301 是 ISO 31000 在合规层面的深入剖析。尤其在 ISO 31000 的框架部分，ISO 37301 从合规角度做出了对框架的细化，在计划、执行、检查、改进的每个步骤中都设定了具体操作的方式方法。

在传统认知中，合规是风险控制的目标之一。从风险管理角度来看，ISO 37301 对合规管理做出了更加深入的要求，且 ISO 37301 与 ISO 31000 在一些方式方法上是高度一致的。当合规人员进行相关工作时，只要清晰界定两者的管理内容，便可采取同样的管理方法进行工作的并行，达到事半功倍的效果。比如，两者在风险识别和风险评估的方法中具有高度重合性，那么这两项工作是可以同时开展的，前提是要明确界定合规风险与整体风险管控的关系，如哪些属于合规风险，哪些属于整体风险管理的范畴。诸如在整体风险管理的范畴中所含有的一些市场风险、汇率风险等不应该被归类到合规风险中。

当合规人员界定清楚风险的内容后，就可以采取对风险进行识别和梳理的方法进行两个体系并行的工作，这样可以极大地节省企业的管理成本。另外，在制定合规管理框架和风险管理框架制度时，两个体系并行建设还有助于更好地整合体系，保证体系之间的串联和配合。同时，在设定流程节点和管控方法时，避免了重复工作或无端增加过多的管控节点。比如，在角色和职责的设定中，可以通盘考量企业的需求，甚至可以把合规管理岗位与风险管理岗位设在同一职能下，这样既控制了人员成本，也保证了对相关风险的集中管控。

ISO 37301 与 ISO 31000 是相辅相成、互相关联的。合规人员可以双管齐下，将两个体系的工作并行处理。表 4-1 所示为 ISO 37301 与 ISO 31000 的对比情况。

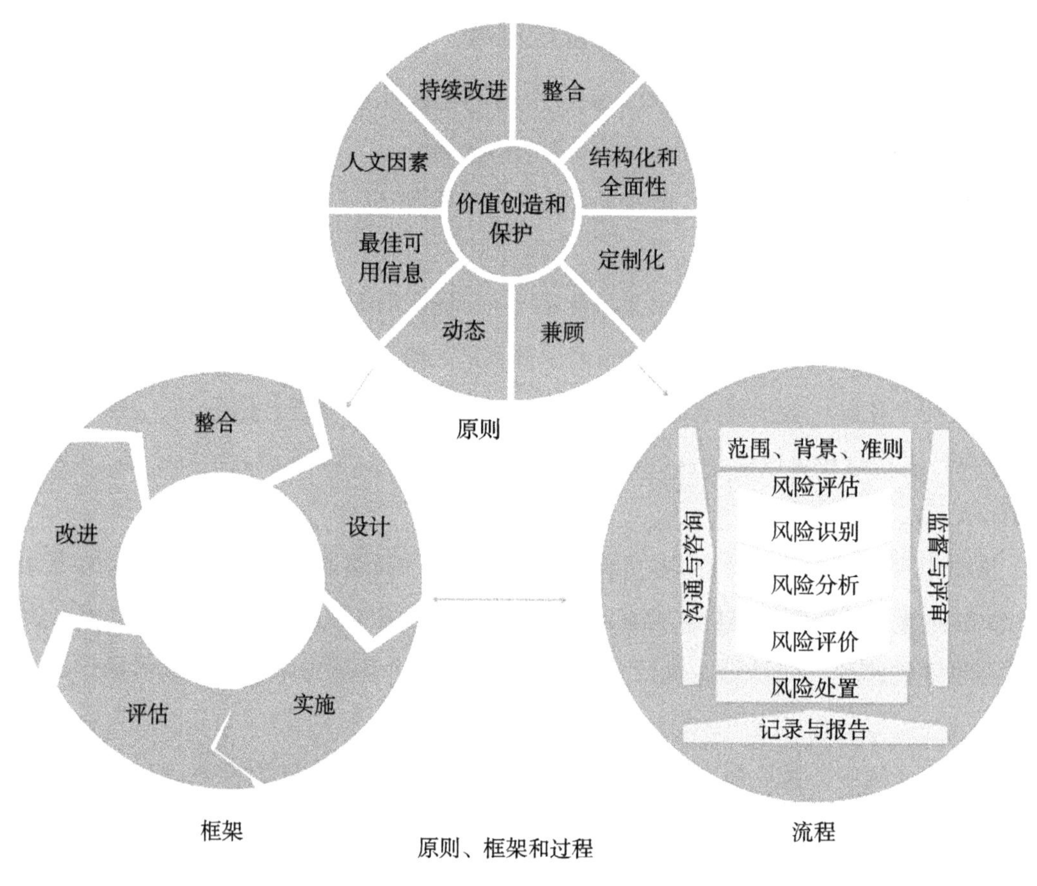

图 4-3　ISO 31000 的框架

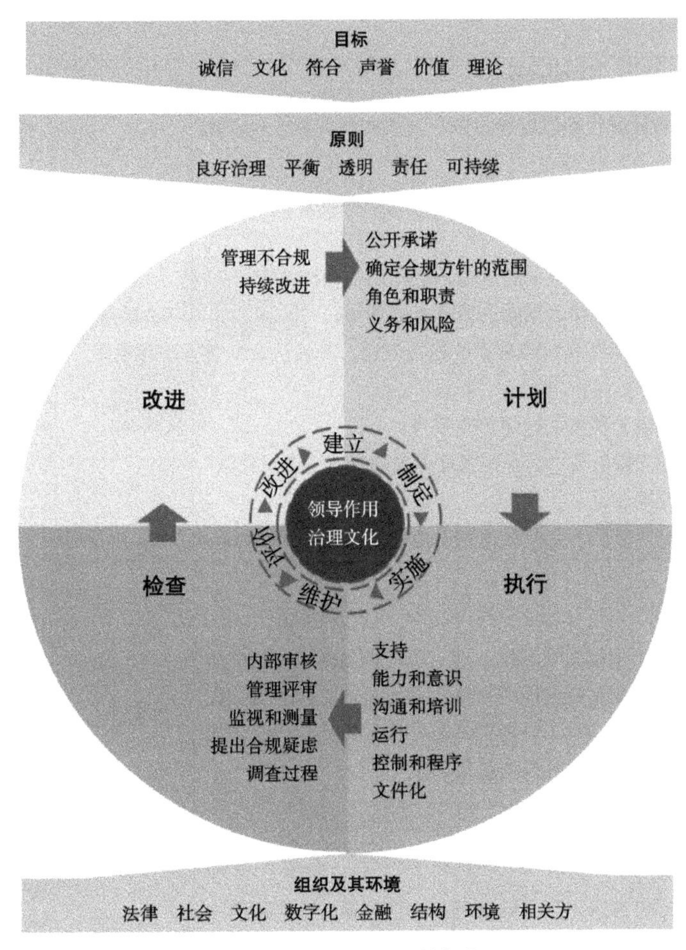

图 4-4　ISO 37301 的框架

表 4-1　ISO 37301 与 ISO 31000 的对比

ISO 37301		ISO 31000	
1～3 章略		1～4 章略	
—		5 框架	
介绍	本文件的目标之一是协助组织发展和传播积极的合规文化，考虑到有效和健全的合规管理，相应的风险应被视为可追求和把握的机会，因为它们为组织提供了若干益处，例如： ——改善商业机会并持续发展； ——保护和提高组织的声誉和信誉； ——考虑到利益相关方的期望； ——展示组织承诺的有效果和效率的合规风险管控； ——增强第三方对组织取得持续成功的能力的信心； ——减少因违规发生的风险和与之相伴的成本及声誉损害	5.1 概述	框架的目的是协助组织将风险管理纳入重要的活动和职能。风险管理的有效性取决于是否将其纳入组织治理和决策中。这特别需要最高管理层的支持

（续表）

ISO 37301		ISO 31000	
5.1.1 治理机构和最高管理者	治理机构和最高管理层应通过以下方式展示其对合规管理体系的领导力和承诺： ——确保制定与组织的战略方向相兼容的合规政策和合规目标； ——确保将合规管理体系要求嵌入组织的业务流程中； ——确保合规管理体系所需的资源能够使用； ——就合规管理有效性的重要性进行沟通，并确认合规管理体系的要求； ——确保合规管理体系达到预期结果； ——指导和支持员工，为合规管理体系的有效性做出贡献； ——促进持续改进； ——在其职责范围，支持其他相关角色以显示其领导力	5.2 领导力和承诺	高级管理层和监督机构应确保风险管理融入组织所有活动
介绍	合规是一个持续渐进的过程，是一个组织履行其义务的结果。合规要持续贯穿组织的文化、行为及员工的态度。在保持其独立性的同时，合规管理最好与组织的其他管理流程、业务需求、运行机制相结合起来	5.3 整合	风险管理应该成为组织目的、治理、领导力和承诺、战略、目标和运营的一部分。风险管理是一个动态和反复优化的过程，应该根据组织的需求和文化进行定制
4.1 了解组织和其背景	组织应确定与其宗旨相关的外部和内部问题，这会影响组织实现其合规管理体系预期结果	5.4 设计	设计风险管理框架时，组织应该检视并理解其内部和外部环境
	为此，组织应广泛考虑问题，但不限于： ——业务模式，包括组织活动和运营的战略、性质、规模和复杂性及可持续性； ——与第三方业务关系的性质和范围； ——法律和监管背景； ——经济形势； ——社会、文化和环境背景； ——内部结构、政策、流程、程序和资源，包括技术； ——组织的合规文化	5.4.1 了解组织和环境	内部环境：愿景、使命和价值观；治理、组织架构、角色和责任；战略、目标和政策；组织的文化；组织采用的标准、指南和模式；根据资源和知识（如资本、时间、人员、知识产权、流程、系统和技术）来理解能力要求……

（续表）

<table>
<tr><th colspan="2">ISO 37301</th><th colspan="2">ISO 31000</th></tr>
<tr><td>4.2 厘清利益各方的需求和期望</td><td>组织应确定：
——与合规管理体系有关的利益相关方；
——利益相关方的需求；
——其中哪些需求可以通过合规管理体系得到解决</td><td>5.4.1 了解组织和环境</td><td>外部环境：社会、文化、政治、法律、监管、财务、技术、经济和环境因素，无论全球的、国家的、区域的，还是本地的；外部利益相关方的关系、意见、价值观、需求和期望……</td></tr>
<tr><td rowspan="2">5.1.1 治理机构和最高管理者</td><td>治理机构和最高管理层应通过以下方式展示其对合规管理体系的领导力和承诺：
——确保制定与组织的战略方向相兼容的合规政策和合规目标；
——确保将合规管理体系要求嵌入组织的业务流程中；
——确保合规管理体系所需的资源能够使用；
——就合规管理有效性的重要性进行沟通，并确认合规管理体系的要求；
——确保合规管理体系达到预期结果；
——指导和支持员工，为合规管理体系的有效性做出贡献；
——促进持续改进；
——在其职责范围，支持其他相关角色以显示其领导力</td><td>5.4.2 明确风险管理承诺</td><td>高级管理层和监督机构应通过政策、声明或其他形式清楚地表达组织的目标和对风险管理的承诺，展示并阐明其对风险管理的持续承诺</td></tr>
<tr><td>治理机构和最高管理者应：
——建立和维护组织的价值观；
——制定和实施方针、过程和程序，以确保实现其合规目标；
——确保能及时获知合规事件，包括违规的情形，并确保采取适当措施；
——确保维护合规承诺，并妥善处理不合规事项和不合规行为；
——视情况确保合规责任在工作职责说明中有所体现；
——任命或提名合规职能人员（见 5.3.2）；
——确保建立一个根据第 8.3 条提出和解决疑虑的机制</td><td>5.4.3 分配组织角色、权限、职责</td><td>高级管理层和监督机构应确保在组织各级分配和传达有关风险管理的权限和职责</td></tr>
</table>

（续表）

ISO 37301		ISO 31000	
7.1 资源	组织应确定并提供合规管理体系的建立、实施、维护和持续改进所需的资源	5.4.4 分配资源	高级管理层和监督机构应确保为风险管理分配适当资源，其中可包括但不限于：人员、技能、经验和能力；用于风险管理的流程、方法和工具；记录过程和程序；信息和知识管理系统；专业发展和培训需求
7.4 沟通	组织应确定与合规管理体系相关的内部和外部的沟通制度，包括： a）沟通的内容； b）沟通的时间； c）与谁沟通； d）怎样沟通。 组织应： ——在考虑沟通需求时，应考虑多样性和潜在的障碍； ——确保在建立沟通时，应考虑利益相关方的意见； ——在建立沟通过程时： 包含关于组织合规文化、合规目标和义务的沟通； 确保要传达的合规信息与合规管理体系产出的信息一致且可靠； ——确保其沟通流程能使员工对持续改进合规管理体系做出贡献； ——确保工作人员能在沟通过程中提出合规疑虑（见 8.3）； ——通过组织确立的沟通过程，对外沟通包括合规文化、合规目标和合规义务在内的与合规管理体系相关的信息	5.4.5 建立沟通和咨询	组织应建立一种经过批准的沟通和咨询方法。沟通涉及与目标受众共享信息。沟通和咨询应该及时进行，确保收集、整理、汇总和分享相关信息，提供反馈意见并改进
	各章均涉及此条款的实施方式	5.5 实施	组织应通过以下方式实施风险管理框架：1. 制订适当的计划，包括时间表和资源配置；2. 在整个组织内，确定在什么地点、什么时间、由谁来进行不同类型的决策；3. 必要时，调整适用的决策程序；4. 确保组织的风险管理安排得到清晰的理解和实施

（续表）

ISO 37301		ISO 31000	
9 绩效评估	9.1 监测、衡量、分析和评估 9.2 内部审计 9.3 管理层审核	5.6 评价	为了评估风险管理框架的有效性，组织应该：定期衡量风险管理框架的绩效；确定风险管理框架是否仍然适合支撑组织目标的实现
		5.7 改进	
10 改进	10.1 持续改进 组织应持续改进合规管理体系的适宜性、充分性和有效性。 当组织确定有变更合规管理体系的必要性时，应按计划进行变更。 组织应考虑： ——变更的目的及其潜在的后果； ——合规管理体系的设计和运行的有效性； ——能够提供充足的资源； ——对责任和授权的分配或重新分配	5.7.1 适应性	应持续监控和调整风险管理框架，以解决内外部的变化。这样做，组织可以提升其价值
10.2 不符合合规要求和纠正措施	当发生不符合合规要求或违规的行为时，组织应： a）对不符合合规要求或违规的行为做出反应，可适用于： 1）采取措施进行管控和纠正； 2）善后。 b）通过以下活动评价采取措施的需求，以消除出现不符合合规要求情况的原因，避免其再次发生或在其他地方发生： 1）评审不符合合规要求和 / 或违规，和 / 或两者兼有的情况； 2）确定不符合合规要求或违规行为出现的原因； 3）确定是否存在相似的不符合合规要求或违规的行为，或两者同时存在，或可能发生； c）采取任何需要的措施； d）审核所采取的任何纠正措施的有效性； e）必要时，应更新合规管理体系。 纠正措施应适用于不符合合规要求或违规，或两者同时发生的情形。 应提供文档化的信息作为证据： ——不符合合规要求或违规的性质，或两者兼有，以及随后采取的任何措施； ——任何纠正措施的结果	5.7.2 不断改进	应不断改善风险管理框架的适用性、充分性和有效性，以及风险管理流程的整合方式
暂无	暂无	**6 流程**	

（续表）

ISO 37301		ISO 31000	
8.2 建立控制和程序	组织应实施控制，以管理其合规义务和相关的合规风险。组织应维持这些控制措施，定期审查和测试以确保其持续有效。 备注：控制测试是指实施经过设计的活动以检验控制是否按既定目的运行，是否被规避，或是否切实有效地降低了风险的后果或可能性	6.1 概述	风险管理流程涉及系统地将政策、程序和实践应用于沟通和咨询活动，建立环境和评估、应对、监督、审查、记录和报告风险。虽然风险管理流程通常表现为有一定的顺序，但实际上不同流程步骤之间是可以反复交错使用的
7.4 沟通	组织应确定与合规管理体系相关的内部和外部的沟通制度，包括： a）沟通的内容； b）沟通的时间； c）与谁沟通； d）怎样沟通。 组织应： ——在考虑沟通需求时，应考虑多样性和潜在的障碍； ——确保在建立沟通时，应考虑利益相关方的意见； ——在建立沟通时： ——包含关于组织合规文化、合规目标和义务的沟通； ——确保要传达的合规信息与合规管理体系产出的信息一致且可靠； ——确保其沟通流程能使员工对持续改进合规管理体系做出贡献； ——确保工作人员能在沟通过程中提出合规疑虑（见8.3）； ——通过组织确立的沟通过程，对外沟通包括合规文化、合规目标和合规义务在内的与合规管理体系相关的信息	6.2 沟通和咨询	目的是协助利益相关方理解风险、明确做出决策的依据及需要采取特定行动的原因
暂无	暂无	6.3 范围、环境和准则	
暂无	暂无	6.3.1 概述	确定范围、环境和准则的目的是有针对性地设置风险管理流程，实现有效的风险评估和恰当的风险应对

（续表）

<table>
<tr><th colspan="2">ISO 37301</th><th colspan="2">ISO 31000</th></tr>
<tr><td>4.3 确定合规管理体系的范围</td><td>组织应确定合规管理体系的边界和适用性以建立其范围。
备注：合规管理体系的范围旨在明确组织面临的主要合规风险，以及合规管理体系将适用的地域或组织边界，或两者兼而有之，特别是如果组织是一个更大实体的其中一部分。
在确定范围时，组织应考虑：
——4.1 中提到的外部和内部问题；
——在 4.2、4.4 和 4.5 中提到的要求。
该范围应作为文档信息提供</td><td>6.3.2 定义范围</td><td>组织应该确定其风险管理活动的范围</td></tr>
<tr><td>4.1 明白组织和其背景</td><td>组织应确定与其宗旨相关的外部和内部问题，这会影响组织实现其合规管理体系预期结果。
为此，组织应广泛考虑问题，但不限于：
——业务模式，包括组织活动和运营的战略、性质、规模和复杂性及可持续性；
——与第三方业务关系的性质和范围；
——法律和监管背景；
——经济形势；
——社会、文化和环境背景；
——内部结构、政策、流程、程序和资源，包括技术；
——组织的合规文化</td><td rowspan="2">6.3.3 外部和内部</td><td rowspan="2">外部和内部环境是组织制定和实现其目标的土壤</td></tr>
<tr><td>4.2 厘清利益各方的需求和期望</td><td>组织应确定：
——与合规管理体系有关的利益相关方；
——利益相关方的需求；
——其中哪些需求可以通过合规管理体系得到解决</td></tr>
<tr><td>3.24 合规风险</td><td>不符合发生的可能性和后果（3.27）与组织的（3.1）合规义务（3.25）</td><td rowspan="2">6.3.4 定义风险准则</td><td rowspan="2">风险准则应与风险管理框架相一致，并根据具体活动的目的和范围进行针对性设计。这是动态的，必要时，应不断审查和修订</td></tr>
<tr><td>3.25 合规义务</td><td>一个组织（3.1）必须遵守的要求（3.14），以及一个组织（3.1）选择遵守的要求（3.14）</td></tr>
<tr><td>暂无</td><td>暂无</td><td colspan="2">6.4 风险评估</td></tr>
</table>

（续表）

ISO 37301		ISO 31000	
4.6 合规风险评估	组织应根据合规风险评估来识别、分析和评估其面临的合规风险。 组织应依据合规义务来识别其活动、产品、服务和相关运营方面的合规风险。 组织应评估与外包和第三方的相关的合规风险。 合规风险应定期评估，每当环境或组织背景发生重大变化时也要重新进行评估。 组织应保留其合规风险评估文件并将提供的合规风险措施文件存档	6.4.1 概述	风险评估是风险识别、风险分析和风险评价的整个过程。风险评估应该使用最好的可用信息，必要时，辅以进一步的调查
4.5 合规义务	组织应系统地识别由其活动、产品和服务衍生出的合规义务，并评估它们对组织运营的影响。 组织应具有的流程： a）识别新的合规义务并改进，以确保合规管理的持续性； b）评估所发现的变化带来的影响，并在合规义务管理中实施任何必要的更新。 组织应保持将其合规义务的信息文档化	6.4.2 风险识别	组织可以使用一系列技术来识别可能影响一个或多个目标的不确定性
4.6 合规风险评估	组织应根据合规风险评估来识别、分析和评估其面临的合规风险。 组织应依据合规义务来识别其活动、产品、服务和相关运营方面的合规风险。 组织应评估与外包和第三方的相关的合规风险。 合规风险应定期评估，每当环境或组织背景发生重大变化时也要重新进行评估。 组织应保留其合规风险评估文件并将提供的合规风险措施文件存档	6.4.3 风险分析	风险分析的目的是理解包括风险水平在内的风险性质和特征。风险分析可能会受到意见分歧、偏见、风险认知和判断的影响
	组织应根据合规风险评估来识别、分析和评估其面临的合规风险。 组织应依据合规义务来识别其活动、产品、服务和相关运营方面的合规风险。 组织应评估与外包和第三方的相关的合规风险。 合规风险应当定期评估，每当环境或组织背景发生重大变化时也要重新进行评估。 组织应保留其合规风险评估文件并将提供的合规风险措施文件存档	6.4.4 风险评价	风险评价的目的是支持决策。将风险分析的结果与既定的风险准则进行比较，以确定需要采取何种应对措施
暂无	暂无	6.5 风险应对	

（续表）

ISO 37301		ISO 31000	
6.1 应对风险和机遇的措施	在规划合规管理体系时，组织应考虑 4.1 中提到的问题和 4.2 中提到的问题，并确定需要应对的风险和机会： ——保证合规管理体系能够达到组织的预期效果； ——预防或减少意外的影响； ——持续改进； 在计划合规管理体系时，组织应考虑： ——其合规目标（见 6.2）； ——已识别的合规义务（见 4.4）； ——合规风险评估的结果（见 4.5）。 组织应计划： a）应对这些风险和机遇的措施； b）怎样做： 1）将这些措施整合并实施到其合规管理体系流程中； 2）评估这些措施的有效性	6.5.1 概述	风险应对的目的是选择和实施应对风险的方式。 风险应对涉及以下反复优化过程： 制定和选择风险应对方案； 计划和实施风险应对方案； 评估应对的有效性； 确定剩余风险是否可接受，如果不能接受，采取进一步应对措施
8.1 运营计划和管控	组织应计划、实施和管控满足要求所需的过程，并实施第 6 条款中已决定的措施： ——制定流程标准； ——根据标准对流程实施管控。 提供必要的范围内的文档化信息，以确保流程已按计划进行。 组织应管理计划上的变更，并审核意外变更的后果，必要时，采取措施以减轻任何不利影响。 组织应确保管控由外部提供的，与合规管理体系相关的流程、产品或服务。 备注：组织运营中的外包并不能免除组织的法律责任或合规义务。 组织应确保第三方流程得到管控和监测	6.5.2 选择风险应对备选	选择合适的风险应对方案，涉及为实现目标实施此方案带来的潜在收益，与实施成本或由此带来的不利因素之间的权衡
		6.5.3 准备和实施风险应	风险应对计划的目的是明确选择如何实施应对方案，从而让相关人员了解安排情况，并对照计划进行监测。 风险应对计划应明确确定实施风险应对方案的顺序
8.3 提出关注	组织应建立、实施和维护流程，以鼓励和允许报告（如果有合理理由相信信息真实）有关未遂的、怀疑的或实际违反了合规政策或合规义务的事项。 流程应： ——在整个组织中是可见的和可使用的； ——报告要保密； ——接受匿名报告； ——保护那些报告的人不受报复； ——使员工能够收到建议。 组织应确保所有员工了解报告程序、正确使用他们的权利和保护措施	6.6 监督和审查	目的是保证和提升流程设计、实施和结果的质量和有效性。流程的所有阶段都应该进行监督和审查

（续表）

<table>
<tr><th colspan="2">ISO 37301</th><th colspan="2">ISO 31000</th></tr>
<tr><td>9.2 内部审计</td><td>9.2.1 总则
组织应按计划的时间间隔进行内部审计，以确定提供有关合规管理体系的信息是否：
a）符合：
——组织自身对其合规管理体系的要求；
——本文件的要求。
b）得到有效的执行和维护</td><td>6.6 监督和审查</td><td>目的是保证和提升流程设计、实施和结果的质量和有效性。流程的所有阶段都应该进行监督和审查</td></tr>
<tr><td>9.1.4 合规报告</td><td>组织应建立、实施和维护合规报告流程，以确保：
a）确定适当的报告标准；
b）建立定期性报告的时间表；
c）实施一项异常报告系统以便进行突发性报告；
d）落实系统和流程以确保信息的准确性和完整性；
e）向组织的适合的职能部门或层级提供准确和完整的信息，以便及时采取预防、纠正和补救措施。
合规职能部门向治理机构或最高管理者呈现的任何报告均应被充分保护，不发生变更</td><td rowspan="2">6.7 记录和报告</td><td rowspan="2">应通过适当的机制记录和报告风险管理流程及其成果。报告是组织治理的一个组成部分，应提高与利益相关方的沟通质量，并支持高级管理层和监督机构履行其职责。报告要考虑的因素包括但不限于：
不同利益相关方及其具体的信息需求和要求；
报告的成本、频率和时效性；
报告的方法；
报告信息与组织目标和决策的相关性</td></tr>
<tr><td>9.1.5 保留记录</td><td>关于组织的、准确的、最新的合规活动记录应予保留，以协助监督和审查过程，并证明合规活动符合合规管理体系</td></tr>
</table>

4.2.2 合规管理体系与 ESG

环境、社会和公司治理的英文全称为 Environment，Social and Governance，简称 ESG，指从环境、社会和公司治理三个维度评估企业经营的可持续性与对社会价值观念的影响。

ISO 37301 规定了组织建立、运行、保持和改进合规管理体系的要求，并提供了使用指南，为各类组织提高自身的合规管理能力提供了系统化方法。它采用的 PDCA 理念覆盖了合规管理体系建立、运行、保持和改进的全流程，基于合规治理原则，为组织建立并运行合规管理体系、传播积极的合规文化提供了整套解决方案。ESG 评级的工作流程主要由三部分组成：一是数据采集和信息归纳；二是指标设置、评分评级和形成评级结果；三是将评级结果指数化，从而形成服务投资的产品。进行评价时可以开展以上全流程工作，也可以仅评价其中部分工作。ESG 评价体系以环境（Environment）、社会（Social）及公司治理（Governance）三个方面为核心，向下细分为三到四层具体指标进行评分。

合规管理体系与 ESG 管理体系是相辅相成的。2022 年 6 月 1 日起正式实施的国内首个企业 ESG 披露标准《企业 ESG 披露指南》团体标准（T/CERDS 2—2022）内专门有关于合规管理的部分；另有如供应商管理、商业道德等内容均与合规管理工作有较强的关联性，可以在进行工作设计时将 ESG 工作与合规管理的工作进行融合。本书将合规管理体系与 ESG 有较强相关性的，以及可以部分合并的工作内容进行了如下对比，如表 4-2 所示。

表 4-2 ISO 37301 与《企业 ESG 披露指南》对比

<table>
<tr><th colspan="2">ISO 37301</th><th colspan="3">《企业 ESG 披露指南》</th></tr>
<tr><td colspan="2"></td><td colspan="3">E 环境</td></tr>
<tr><td rowspan="13">6.1 应对风险和机遇的措施</td><td rowspan="13">在规划合规管理体系时，组织应考虑 4.1 中提到的问题和 4.2 中提到的问题，并确定需要应对的风险和机会</td><td rowspan="4">E.2 污染防治</td><td rowspan="3">E.2.3 固体废物</td><td>E.2.3.5 有害废物管理</td></tr>
<tr><td>E.2.3.6 有害废物排放量</td></tr>
<tr><td>E.2.3.7 有害废物排放强度</td></tr>
<tr><td>E.2.4 其他污染物</td><td>E.2.4.1 其他污染物管理</td></tr>
<tr><td rowspan="9">E.3 气候变化</td><td rowspan="5">E.3.1 温室气体排放</td><td>E.3.1.1 温室气体来源与类型</td></tr>
<tr><td>E.3.1.2 范畴一温室气体排放量</td></tr>
<tr><td>E.3.1.3 范畴二温室气体排放量</td></tr>
<tr><td>E.3.1.4 范畴三温室气体排放量</td></tr>
<tr><td>E.3.1.5 温室气体排放强度</td></tr>
<tr><td rowspan="4">E.3.2 减排管理</td><td>E.3.2.1 温室气体减排管理</td></tr>
<tr><td>E.3.2.2 温室气体减排投资</td></tr>
<tr><td>E.3.2.3 温室气体减排量</td></tr>
<tr><td>E.3.2.4 温室气体减排强度</td></tr>
<tr><td>—</td><td>—</td><td colspan="3">S 社会</td></tr>
<tr><td rowspan="8">6.1 应对风险和机遇的措施</td><td rowspan="8">在规划合规管理体系时，组织应考虑 4.1 中提到的问题和 4.2 中提到的问题，并确定需要应对的风险和机会</td><td rowspan="8">S.1 员工权益</td><td rowspan="3">S.1.1 员工招聘与就业</td><td>S.1.1.1 企业招聘政策</td></tr>
<tr><td>S.1.1.2 员工多元化与平等</td></tr>
<tr><td>S.1.1.3 员工流动率</td></tr>
<tr><td rowspan="5">S.1.2 员工保障</td><td>S.1.2.1 员工民主管理</td></tr>
<tr><td>S.1.2.2 工作时间和休息休假</td></tr>
<tr><td>S.1.2.3 员工薪酬与福利</td></tr>
<tr><td>S.1.2.4 企业及合作方用工情况</td></tr>
<tr><td>S.1.2.5 员工满意度调查</td></tr>
</table>

（续表）

<table>
<tr><th colspan="2">ISO 37301</th><th colspan="3">《企业 ESG 披露指南》</th></tr>
<tr><td rowspan="24">6.1 应对风险和机遇的措施</td><td rowspan="24">在规划合规管理体系时，组织应考虑 4.1 中提到的问题和 4.2 中提到的问题，并确定需要应对的风险和机会</td><td rowspan="7">S.1 员工权益</td><td rowspan="4">S.1.3 员工健康与安全</td><td>S.1.3.1 员工职业健康安全管理</td></tr>
<tr><td>S.1.3.2 员工安全风险防控</td></tr>
<tr><td>S.1.3.3 安全事故及工伤应对</td></tr>
<tr><td>S.1.3.4 员工心理健康援助</td></tr>
<tr><td rowspan="3">S.1.4 员工发展</td><td>S.1.4.1 员工激励及晋升政策</td></tr>
<tr><td>S.1.4.2 员工培训</td></tr>
<tr><td>S.1.4.3 员工职业规划及职位变动支持</td></tr>
<tr><td rowspan="7">S.2 产品责任</td><td rowspan="2">S.2.1 生产规范</td><td>S.2.1.1 生产规范管理政策及措施</td></tr>
<tr><td>S.2.1.2 知识产权保障</td></tr>
<tr><td rowspan="2">S.2.2 产品安全与质量</td><td>S.2.2.1 产品安全与质量政策</td></tr>
<tr><td>S.2.2.2 产品撤回与召回</td></tr>
<tr><td rowspan="3">S.2.3 客户服务与权益</td><td>S.2.3.1 客户服务</td></tr>
<tr><td>S.2.3.2 客户权益保障</td></tr>
<tr><td>S.2.3.3 客户投诉</td></tr>
<tr><td rowspan="5">S.3 供应链管理</td><td rowspan="3">S.3.1 供应商管理</td><td>S.3.1.1 供应商数量与分布</td></tr>
<tr><td>S.3.1.2 供应商选择与管理</td></tr>
<tr><td>S.3.1.3 供应商 ESG 战略</td></tr>
<tr><td rowspan="2">S.3.2 供应链环节管理</td><td>S.3.2.1 采购与渠道管理</td></tr>
<tr><td>S.3.2.2 重大风险与影响</td></tr>
<tr><td rowspan="5">S.4 社会响应</td><td rowspan="2">S.4.1 社区关系管理</td><td>S.4.1.1 社区参与和发展</td></tr>
<tr><td>S.4.1.2 企业对所在社区的潜在风险</td></tr>
<tr><td rowspan="3">S.4.2 公民责任</td><td>S.4.2.1 社会公益活动参与</td></tr>
<tr><td>S.4.2.2 国家战略响应</td></tr>
<tr><td>S.4.2.3 应对公共危机</td></tr>
</table>

（续表）

<table>
<tr><th colspan="2">ISO 37301</th><th colspan="3">《企业 ESG 披露指南》</th></tr>
<tr><td>—</td><td>—</td><td colspan="3">G 治理</td></tr>
<tr><td rowspan="11">5.1.1 治理机构和最高管理者</td><td rowspan="10">治理机构和最高管理层应通过以下方式展示其对合规管理体系的领导力和承诺：
——确保制定与组织的战略方向相兼容的合规政策和合规目标；
——确保将合规管理体系要求嵌入组织的业务流程中；
——确保合规管理体系所需的资源能够使用；
——就合规管理有效性的重要性进行沟通，并确认合规管理体系的要求；
——确保合规管理体系达到预期结果；
——指导和支持员工，为合规管理体系的有效性做出贡献；
——促进持续改进；
——在其职责范围，支持其他相关角色以显示其领导力。
备注：本文件中提到的“业务”，可广泛解释为作为组织存在的目的的核心活动。
治理机构和最高管理者应：
——建立和维护组织的价值观；
——制定和实施方针、过程和程序，以确保实现其合规目标；
——确保能及时获知合规事件，包括违规的情形，并确保采取适当措施；
——确保维护合规承诺，并妥善处理不合规事项和不合规行为；
——视情况确保合规责任在工作职责说明中有所体现；</td><td rowspan="11">G.1 治理结构</td><td rowspan="2">G.1.1 股东（大）会</td><td>G.1.1.1 股东构成及持股情况</td></tr>
<tr><td>G.1.1.2 股东（大）会运作程序和情况</td></tr>
<tr><td rowspan="3">G.1.2 董事会</td><td>G.1.2.1 董事会成员构成及背景</td></tr>
<tr><td>G.1.2.2 董事会运作程序和情况</td></tr>
<tr><td>G.1.2.3 专业委员会构成及运作</td></tr>
<tr><td rowspan="2">G.1.3 监事会</td><td>G.1.3.1 监事会成员构成及背景</td></tr>
<tr><td>G.1.3.2 监事会运作程序和情况</td></tr>
<tr><td rowspan="2">G.1.4 高级管理层</td><td>G.1.4.1 高级管理层人员构成及背景</td></tr>
<tr><td>G.1.4.2 高级管理层人员持股</td></tr>
<tr><td rowspan="2">G.1.5 其他最高治理机构</td><td rowspan="2">G.1.5.1 其他最高治理机构情况</td></tr>
<tr><td>——任命或提名合规职能人员（见 5.3.2）；
——确保建立一个根据第 8.3 条提出和解决疑虑的机制</td></tr>
</table>

（续表）

ISO 37301		《企业 ESG 披露指南》		
4.4 合规管理体系	组织应根据本文件的要求，建立、实施、维护和持续改进合规管理体系，包括所需的流程及其相互作用。 合规管理体系应反映组织的价值观、目标、战略和合规风险，同时考虑到组织的背景（见 4.1）	G.2 治理机制	G.2.1 合规管理	G.2.1.1 合规管理体系
4.5 合规义务	组织应系统地识别由其活动、产品和服务衍生出的合规义务，并评估它们对组织运营的影响。 组织应具有的流程： a）识别新的合规义务并改进，以确保合规管理的持续性； b）评估所发现的变化带来的影响，并在合规义务管理中实施任何必要的更新。 组织应保持将其合规义务的信息文档化			G.2.1.2 合规风险识别及评估
4.6 合规风险评估	组织应根据合规风险评估来识别、分析和评估其面临的合规风险。 组织应依据合规义务来识别其活动、产品、服务和相关运营方面的合规风险。 组织应评估与外包和第三方的相关的合规风险。 合规风险应定期评估，每当环境或组织背景发生重大变化时也要重新进行评估。 组织应保留其合规风险评估文件并将提供的合规风险措施文件存档			
8.1 运营计划和管控	组织应计划、实施和管控满足要求所需的过程，并实施第 6 条款中已决定的措施： ——制定流程标准； ——根据标准对流程实施管控。 提供必要的范围内的文档化信息，以确保流程已按计划进行。 组织应管理计划上的变更，并审核意外变更的后果，必要时，采取措施以减轻任何不利影响。 组织应确保管控由外部提供的，与合规管理体系相关的流程、产品或服务。 备注：组织运营中的外包并不能免除组织的法律责任或合规义务。 组织应确保第三方流程得到管控和监测			G.2.1.3 合规风险应对及控制

（续表）

<table>
<tr><th colspan="2">ISO 37301</th><th colspan="3">《企业 ESG 披露指南》</th></tr>
<tr><td rowspan="10">6.1 应对风险和机遇的措施</td><td rowspan="4">在规划合规管理体系时，组织应考虑 4.1 中提到的问题和 4.2 中提到的问题，并确定需要应对的风险和机会</td><td rowspan="15">G.2 治理机制</td><td rowspan="4">G.2.1 合规管理</td><td>G.2.1.4 客户隐私保护</td></tr>
<tr><td>G.2.1.5 数据安全</td></tr>
<tr><td>G.2.1.6 合规有效性评价及改进</td></tr>
<tr><td>G.2.1.7 诉讼和处罚</td></tr>
<tr><td rowspan="6">见 ISO 31000 风险管理体系</td><td rowspan="6">G.2.2 风险管理</td><td>G.2.2.1 风险管理体系</td></tr>
<tr><td>G.2.2.2 重大风险识别及防范</td></tr>
<tr><td>G.2.2.3 关联交易风险及防范</td></tr>
<tr><td>G.2.2.4 气候风险识别及防范</td></tr>
<tr><td>G.2.2.5 数字化转型风险管理</td></tr>
<tr><td>G.2.2.6 企业应急风险管理</td></tr>
<tr><td>9.2 内部审计</td><td>9.2.1 总则
组织应按计划的时间间隔进行内部审计，以确定提供有关合规管理体系的信息是否：
a）符合：
——组织自身对其合规管理体系的要求；
——本文件的要求。
b）得到有效的执行和维护</td><td rowspan="2">G.2.3 监督管理</td><td>G.2.3.1 审计制度及实施</td></tr>
<tr><td>9 绩效评估</td><td>9.1 监测、衡量、分析和评估
9.2 内部审计
9.3 管理层审核</td><td>G.2.3.2 问责制度及实施</td></tr>
<tr><td>8.3 提出关注</td><td>组织应建立、实施和维护流程，以鼓励和允许报告（如果有合理理由相信信息真实）有关未遂的、怀疑的或实际违反了合规政策或合规义务的事项。
流程应：
——在整个组织中是可见的和可使用的；
——报告要保密；
——接受匿名报告；
——保护那些报告的人不受报复；
——使员工能够收到建议。
组织应确保所有员工了解报告程序、正确使用他们的权利和保护措施</td><td>G.2.3 监督管理</td><td>G.2.3.3 投诉、举报制度及实施</td></tr>
<tr><td rowspan="2">6.1 应对风险和机遇的措施</td><td rowspan="2">在规划合规管理体系时，组织应考虑 4.1 中提到的问题和 4.2 中提到的问题，并确定需要应对的风险和机会</td><td rowspan="2">G.2.4 信息披露</td><td>G.2.4.1 信息披露体系</td></tr>
<tr><td>G.2.4.2 信息披露实施</td></tr>
</table>

（续表）

<table>
<tr><th colspan="2">ISO 37301</th><th colspan="3">《企业 ESG 披露指南》</th></tr>
<tr><td rowspan="3">9 绩效评估</td><td rowspan="3">9.1 监测、衡量、分析和评估
9.2 内部审计
9.3 管理层审核</td><td rowspan="5">G.2 治理机制</td><td rowspan="3">G.2.5 高管激励</td><td>G.2.5.1 高管聘任与解聘制度</td></tr>
<tr><td>G.2.5.2 高管薪酬政策</td></tr>
<tr><td>G.2.5.3 高管绩效与 ESG 目标的关联</td></tr>
<tr><td>介绍</td><td>管理是通过领导层以身作则的核心价值观和公认的良好管理、道德和组织标准来共同塑造的。要把合规管理嵌入组织员工的日常行为也是依据上述四个方面。如果事实并非组织中所有级别的领导都带头实施，那么就面临违规的风险。
组织越来越确信，通过施行有约束力的价值观和恰当的合规管理，它们就可以维护组织的完整性，避免或者减少不遵守组织合规义务的行为。健全和有效的合规管理是进行良好和细致管理的关键，合规也有助于促进组织的社会责任行为</td><td rowspan="2">G.2.6 商业道德</td><td>G.2.6.1 商业道德准则和行为规范</td></tr>
<tr><td>7.2.3 培训</td><td>组织应从员工入职时起按其确定的计划间隔时间，定期向相关员工提供培训。
培训应：
a）适合员工的定位并面向那些面临合规风险的员工；
b）进行有效性评估；
c）定期审核。
考虑到已识别的合规风险，组织应确保按流程对代表其行事的、可能对其构成合规风险的、就第三方的合规意识进行培训。
培训记录应作为文档化的信息予以保留</td><td>G.2.6.2 商业道德培训</td></tr>
</table>

（续表）

<table>
<tr><th colspan="2">ISO 37301</th><th colspan="3">《企业 ESG 披露指南》</th></tr>
<tr><td>8.1 运营计划和管控</td><td>组织应计划、实施和管控满足要求所需的过程，并实施第 6 条款中已决定的措施：
——制定流程标准；
——根据标准对流程实施管控。
提供必要的范围内的文档化信息，以确保流程已按计划进行。
组织应管理计划上的变更，并审核意外变更的后果，必要时，采取措施以减轻任何不利影响。
组织应确保管控由外部提供的，与合规管理体系相关的流程、产品或服务。
备注：组织运营中的外包并不能免除组织的法律责任或合规义务。
组织应确保第三方流程得到管控和监测</td><td>G.2 治理机制</td><td>G.2.6 商业道德</td><td>G.2.6.3 避免违反商业道德的措施</td></tr>
<tr><td rowspan="9">暂无</td><td rowspan="9">暂无</td><td rowspan="9">G.3 治理效能</td><td rowspan="2">G.3.1 战略与文化</td><td>G.3.1.1 企业战略与商业模式分析</td></tr>
<tr><td>G.3.1.2 企业文化建设</td></tr>
<tr><td rowspan="4">G.3.2 创新发展</td><td>G.3.2.1 研发与创新管理体系</td></tr>
<tr><td>G.3.2.2 研发投入</td></tr>
<tr><td>G.3.2.3 创新成果</td></tr>
<tr><td>G.3.2.4 管理创新</td></tr>
<tr><td rowspan="3">G.3.3 可持续发展</td><td>G.3.3.1 ESG 融入企业战略</td></tr>
<tr><td>G.3.3.2 ESG 融入经营管理</td></tr>
<tr><td>G.3.3.3 ESG 融入投资决策</td></tr>
</table>

4.2.3　合规管理体系与《中央企业合规管理办法》

2022 年 8 月，国务院国资委发布了《中央企业合规管理办法》，该办法的发布对中央企业进一步深化合规管理提出了明确的要求。相比于 ISO 37301，该办法对中央企业的合规管理提出了更加深入的要求，尤其在合规管理的职责、人员的问责方面有详细的描述。本书将 ISO 37001 与《中央企业合规管理办法》中可能有重合的、可以并行的工作进行了对比，如表 4-3 所示。

表 4-3　ISO 37301 与《中央企业合规管理办法》对比

<table>
<tr><th colspan="2">ISO 37301</th><th>《中央企业合规管理办法》</th></tr>
<tr><td colspan="2">2021 年 4 月发布和实施</td><td>2022 年 10 月 1 日起施行</td></tr>
<tr><td>介绍</td><td>本文件的目标之一是协助组织发展和传播积极的合规文化，考虑到有效和健全的合规管理，相应的风险应被视为可追求和把握的机会，因为它们为组织提供了若干益处，例如：
——改善商业机会并持续发展；
——保护和提高组织的声誉和信誉；
——考虑到利益相关方的期望；
——展示组织承诺的有效果和效率的合规风险管控；
——增强第三方对组织取得持续成功的能力的信心；
——减少因违规发生的风险和与之相伴的成本及声誉损害</td><td>第一章　总则
第一条　为深入贯彻习近平法治思想，落实全面依法治国战略部署，深化法治央企建设，推动中央企业加强合规管理，切实防控风险，有力保障深化改革与高质量发展，根据《中华人民共和国公司法》《中华人民共和国企业国有资产法》等有关法律法规，制定本办法</td></tr>
<tr><td>1 范围</td><td>本文件中详细规定了组织的建立、发展、实施、评估、维护和有效改进合规管理体系的条件，并提供了指导方针。
本文件适用于所有类型的组织，无论是其类型、规模和性质，以及该组织是否来自公共的、私营的或非营利部门。
如果一个组织没有一个治理机构作为单独的职能部门，那么本文件中规定的所有关于治理机构的要求就都运用于最高管理层（或最高管理者）</td><td>第二条　本办法适用于国务院国有资产监督管理委员会（以下简称国资委）根据国务院授权履行出资人职责的中央企业</td></tr>
<tr><td>3.24 合规风险</td><td>不符合发生的可能性和后果（3.27）与组织的（3.1）合规义务（3.25）</td><td rowspan="2">第三条　本办法所称合规，是指企业经营管理行为和员工履职行为符合国家法律法规、监管规定、行业准则和国际条约、规则，以及公司章程、相关规章制度等要求。
本办法所称合规风险，是指企业及其员工在经营管理过程中因违规行为引发法律责任、造成经济或者声誉损失以及其他负面影响的可能性</td></tr>
<tr><td>3.25 合规义务</td><td>一个组织（3.1）必须遵守的要求（3.14），以及一个组织（3.1）选择遵守的要求（3.14）</td></tr>
<tr><td>3.26 合规</td><td>满足组织的所有（3.1）合规义务（3.25）组织应根据本文件的要求，建立、实施、维护和持续改进合规管理体系，包括所需的流程及其相互作用</td><td rowspan="2">本办法所称合规管理，是指企业以有效防控合规风险为目的，以提升依法合规经营管理水平为导向，以企业经营管理行为和员工履职行为为对象，开展的包括建立合规制度、完善运行机制、培育合规文化、强化监督问责等有组织、有计划的管理活动</td></tr>
<tr><td>4.4 合规管理体系</td><td>合规管理体系应反映组织的价值观、目标、战略和合规风险，同时考虑到组织的背景（见 4.1）</td></tr>
</table>

（续表）

ISO 37301		《中央企业合规管理办法》
9 绩效评估	9.1 监测、衡量、分析和评估 9.2 内部审计 9.3 管理层审核	第四条 国资委负责指导、监督中央企业合规管理工作，对合规管理体系建设情况及其有效性进行考核评价，依据相关规定对违规行为开展责任追究
各章均有体现		第五条 中央企业合规管理工作应当遵循以下原则： （一）坚持党的领导。充分发挥企业党委（党组）领导作用，落实全面依法治国战略部署有关要求，把党的领导贯穿合规管理全过程。 （二）坚持全面覆盖。将合规要求嵌入经营管理各领域各环节，贯穿决策、执行、监督全过程，落实到各部门、各单位和全体员工，实现多方联动、上下贯通。 （三）坚持权责清晰。按照“管业务必须管合规”要求，明确业务及职能部门、合规管理部门和监督部门职责，严格落实员工合规责任，对违规行为严肃问责。 （四）坚持务实高效。建立健全符合企业实际的合规管理体系，突出对重点领域、关键环节和重要人员的管理，充分利用大数据等信息化手段，切实提高管理效能
7.1 资源	组织应确定并提供合规管理体系的建立、实施、维护和持续改进所需的资源	第六条 中央企业应当在机构、人员、经费、技术等方面为合规管理工作提供必要条件，保障相关工作有序开展
5.1.2 合规文化	组织应针对组织内部的各个级别来制定、维护和促进合规文化。 治理机构、最高管理者和管理层应对整个组织的共同行为标准和管理要求表现出积极、可见、一致和持久的承诺。 最高管理者应鼓励创造和支持合规行为，其应阻止并零容忍对于损害合规文化的行为	**第二章 组织和职责** 第七条 中央企业党委（党组）发挥把方向、管大局、促落实的领导作用，推动合规要求在本企业得到严格遵循和落实，不断提升依法合规经营管理水平。 中央企业应当严格遵守党内法规制度，企业党建工作机构在党委（党组）领导下，按照有关规定履行相应职责，推动相关党内法规制度有效贯彻落实

（续表）

ISO 37301		《中央企业合规管理办法》
5.3.1 治理机构和最高管理者	治理机构和最高管理者应确保组织内相关职责的分配和授权。 治理机构和最高管理层应制定以下职责和权力： a）确保合规管理体系符合本文件的要求； b）向治理机构和最高管理者报告合规管理体系的绩效。 治理机构应当： ——确保最高管理者根据合规目标进行绩效衡量； ——对最高管理者进行合规管理体系运行方面的监督。 最高管理者应当： ——分配足够和适当的资源，以建立、制定、实施、评估、维护和改进合规管理体系； ——确保建立及时报告合规绩效的有效制度； ——确保战略和业务目标与合规义务之间的一致性； ——建立和维护问责机制，包括纪律措施和后果； ——确保将合规绩效纳入员工绩效考核	第八条　中央企业董事会发挥定战略、作决策、防风险作用，主要履行以下职责： （一）审议批准合规管理基本制度、体系建设方案和年度报告等。 （二）研究决定合规管理重大事项。 （三）推动完善合规管理体系并对其有效性进行评价。 （四）决定合规管理部门设置及职责
	治理机构和最高管理者应确保组织内相关职责的分配和授权。 治理机构和最高管理层应制定以下职责和权力： a）确保合规管理体系符合本文件的要求； b）向治理机构和最高管理者报告合规管理体系的绩效。 治理机构应当： ——确保最高管理者根据合规目标进行绩效衡量； ——对最高管理者进行合规管理体系运行方面的监督	第九条　中央企业经理层发挥谋经营、抓落实、强管理作用，主要履行以下职责： （一）拟订合规管理体系建设方案，经董事会批准后组织实施。 （二）拟订合规管理基本制度，批准年度计划等，组织制定合规管理具体制度。 （三）组织应对重大合规风险事件。 （四）指导监督各部门和所属单位合规管理工作
	治理机构和最高管理者应： ——建立和维护组织的价值观； ——制定和实施方针、过程和程序，以确保实现其合规目标； ——确保能及时获知合规事件，包括违规的情形，并确保采取适当措施； ——确保维护合规承诺，并妥善处理不合规事项和不合规行为； ——视情况确保合规责任在工作职责说明中有所体现； ——任命或提名合规职能人员（见 5.3.2）； ——确保建立一个根据第 8.3 条提出和解决疑虑的机制	第十条　中央企业主要负责人作为推进法治建设第一责任人，应当切实履行依法合规经营管理重要组织者、推动者和实践者的职责，积极推进合规管理各项工作

（续表）

	ISO 37301	《中央企业合规管理办法》
5.1.3 合规 管理	治理机构和最高管理者应确保实施以下原则： ——治理机构直接授权给合规职能部门； ——合规职能部门具有独立性； ——给予合规职能部门适当的权限和资格。 备注 1：直接通道包括直接向治理机构报告，定期向治理机构提交报告和参加其会议。 备注 2：独立性指合规职能部门的运行没有任何不当干扰或压力，或没有两者兼有的情况	第十一条　中央企业设立合规委员会，可以与法治建设领导机构等合署办公，统筹协调合规管理工作，定期召开会议，研究解决重点难点问题
	治理机构和最高管理者应确保实施以下原则： ——治理机构直接授权给合规职能部门； ——合规职能部门具有独立性； ——给予合规职能部门适当的权限和资格。 备注 1：直接通道包括直接向治理机构报告，定期向治理机构提交报告和参加其会议。 备注 2：独立性指合规职能部门的运行没有任何不当干扰或压力，或没有两者兼有的情况	第十二条　中央企业应当结合实际设立首席合规官，不新增领导岗位和职数，由总法律顾问兼任，对企业主要负责人负责，领导合规管理部门组织开展相关工作，指导所属单位加强合规管理
5.3.3 管理层	管理层应负责在其职责范围内的合规事宜： ——配合和支持合规职能部门，并鼓励员工也同样做到； ——确保其管理范围内的所有员工都遵守组织的合规义务、政策、流程和程序； ——识别并就运营中的合规风险事宜进行沟通； ——在其职责范围内将合规义务整合到现有业务应用和流程中； —— 参加并支持合规培训活动； ——培养员工建立起履行合规义务的意识，并指导他们达到合规培训目标和能力要求； ——鼓励员工提出关于合规问题的关注点并支持他们，禁止任何形式的报复； ——按要求积极参与管理并解决与合规相关的突发事件和问题； ——确保被识别的风险一旦需要纠正措施，提出建议并适当实施	第十三条　中央企业业务及职能部门承担合规管理主体责任，主要履行以下职责： （一）建立健全本部门业务合规管理制度和流程，开展合规风险识别评估，编制风险清单和应对预案。 （二）定期梳理重点岗位合规风险，将合规要求纳入岗位职责。 （三）负责本部门经营管理行为的合规审查。 （四）及时报告合规风险，组织或者配合开展应对处置。 （五）组织或者配合开展违规问题调查和整改。 中央企业应当在业务及职能部门设置合规管理员，由业务骨干担任，接受合规管理部门业务指导和培训

（续表）

ISO 37301		《中央企业合规管理办法》
5.3.2 合规职能部门	合规职能部门应负责合规管理体系的运行，包括： ——促进识别合规义务； ——记录合规风险评估（见 4.6）； ——使合规管理体系与合规目标保持一致； ——监测和衡量合规绩效； ——分析和评估合规管理体系的绩效，以确定任何需要采取的纠正措施； ——建立合规报告和文档编制制度； ——确保按间隔的时间计划审查合规管理体系（见 9.2 和 9.3）； ——建立提出关注点并确保关注问题得到解决的制度。 合规职能部门应提供： ——在合规政策、处理和流程方面提供人员支持； ——就相关合规事项向组织提出意见。 备注：合规职能部门的具体责任不能免除其他员工应承担的合规责任。 组织应确保合规职能部门有权： ——向高层决策者和在早期决策过程中提出意见的机会； ——深入组织内部的所有级别； ——有权查阅所有员工、文档信息和所需数据； ——就有关法律、法规、规范和组织机构的标准给出专家意见	第十四条　中央企业合规管理部门牵头负责本企业合规管理工作，主要履行以下职责： （一）组织起草合规管理基本制度、具体制度、年度计划和工作报告等。 （二）负责规章制度、经济合同、重大决策合规审查。 （三）组织开展合规风险识别、预警和应对处置，根据董事会授权开展合规管理体系有效性评价。 （四）受理职责范围内的违规举报，提出分类处置意见，组织或者参与对违规行为的调查。 （五）组织或者协助业务及职能部门开展合规培训，受理合规咨询，推进合规管理信息化建设。 中央企业应当配备与经营规模、业务范围、风险水平相适应的专职合规管理人员，加强业务培训，提升专业化水平
	合规职能部门应实行监督： ——在整个组织内部适当分配合规职能以达到识别合规义务的责任； ——合规义务被纳入组织的政策、审核和流程； ——所有相关员工均按要求接受培训； ——建立合规绩效指标	第十五条　中央企业纪检监察机构和审计、巡视巡察、监督追责等部门依据有关规定，在职权范围内对合规要求落实情况进行监督，对违规行为进行调查，按照规定开展责任追究
8.2 建立控制和程序	组织应实施控制，以管理其合规义务和相关的合规风险。组织应维持这些控制措施，定期审查和测试以确保其持续有效。 备注：控制测试是指实施经过设计的活动以检验控制是否按既定目的运行，是否被规避，或是否切实有效地降低了风险的后果或可能性	**第三章　制度建设** 第十六条　中央企业应当建立健全合规管理制度，根据适用范围、效力层级等，构建分级分类的合规管理制度体系

（续表）

<table>
<tr><th colspan="2">ISO 37301</th><th>《中央企业合规管理办法》</th></tr>
<tr><td rowspan="2">8.2 建立控制和程序</td><td rowspan="2">组织应实施控制，以管理其合规义务和相关的合规风险。组织应维持这些控制措施，定期审查和测试以确保其持续有效。
备注：控制测试是指实施经过设计的活动以检验控制是否按既定目的运行，是否被规避，或是否切实有效地降低了风险的后果或可能性</td><td>第十七条　中央企业应当制定合规管理基本制度，明确总体目标、机构职责、运行机制、考核评价、监督问责等内容</td></tr>
<tr><td>第十八条　中央企业应当针对反垄断、反商业贿赂、生态环保、安全生产、劳动用工、税务管理、数据保护等重点领域，以及合规风险较高的业务，制定合规管理具体制度或者专项指南。
中央企业应当针对涉外业务重要领域，根据所在国家（地区）法律法规等，结合实际制定专项合规管理制度</td></tr>
<tr><td>10.1 持续改进</td><td>组织应持续改进合规管理体系的适宜性、充分性和有效性。
当组织决定有变更合规管理体系的必要性时，应按计划进行变更。
组织应考虑：
——变更的目的及其潜在的后果；
——合规管理体系的设计和运行的有效性；
——能够提供充足的资源；
——对责任和授权的分配或重新分配</td><td>第十九条　中央企业应当根据法律法规、监管政策等变化情况，及时对规章制度进行修订完善，对执行落实情况进行检查</td></tr>
<tr><td>4.5 合规义务</td><td>组织应系统地识别由其活动、产品和服务衍生出的合规义务，并评估它们对组织运营的影响。
组织应具有的流程：
a）识别新的合规义务并改进，以确保合规管理的持续性；
b）评估所发现的变化带来的影响，并在合规义务管理中实施任何必要的更新。
组织应保持将其合规义务的信息文档化</td><td rowspan="2">第四章　运行机制
第二十条　中央企业应当建立合规风险识别评估预警机制，全面梳理经营管理活动中的合规风险，建立并定期更新合规风险数据库，对风险发生的可能性、影响程度、潜在后果等进行分析，对典型性、普遍性或者可能产生严重后果的风险及时预警</td></tr>
<tr><td>4.6 合规风险评估</td><td>组织应根据合规风险评估来识别，分析和评估其面临的合规风险。
组织应依据合规义务来识别其活动、产品、服务和相关运营方面的合规风险。
组织应评估与外包和第三方的相关的合规风险。
合规风险应定期评估，每当环境或组织背景发生重大变化时也要重新进行评估。
组织应保留其合规风险评估文件并将提供的合规风险措施文件存档</td></tr>
</table>

（续表）

ISO 37301		《中央企业合规管理办法》
8.2 建立控制和程序	组织应实施控制，以管理其合规义务和相关的合规风险。组织应维持这些控制措施，定期审查和测试以确保其持续有效。 备注：控制测试是指实施经过设计的活动以检验控制是否按既定目的运行，是否被规避，或是否切实有效地降低了风险的后果或可能性	第二十一条　中央企业应当将合规审查作为必经程序嵌入经营管理流程，重大决策事项的合规审查意见应当由首席合规官签字，对决策事项的合规性提出明确意见。业务及职能部门、合规管理部门依据职责权限完善审查标准、流程、重点等，定期对审查情况开展后评估
		第二十二条　中央企业发生合规风险，相关业务及职能部门应当及时采取应对措施，并按照规定向合规管理部门报告。 中央企业因违规行为引发重大法律纠纷案件、重大行政处罚、刑事案件，或者被国际组织制裁等重大合规风险事件，造成或者可能造成企业重大资产损失或者严重不良影响的，应当由首席合规官牵头，合规管理部门统筹协调，相关部门协同配合，及时采取措施妥善应对。 中央企业发生重大合规风险事件，应当按照相关规定及时向国资委报告
		第二十三条　中央企业应当建立违规问题整改机制，通过健全规章制度、优化业务流程等，堵塞管理漏洞，提升依法合规经营管理水平
8.3 提出关注	组织应建立、实施和维护流程，以鼓励和允许报告（如果有合理理由相信信息真实）有关未遂的、怀疑的或实际违反了合规政策或合规义务的事项。 流程应： ——在整个组织中是可见的和可使用的； ——报告要保密； ——接受匿名报告； ——保护那些报告的人不受报复； ——使员工能够收到建议。 组织应确保所有员工了解报告程序、正确使用他们的权利和保护措施	第二十四条　中央企业应当设立违规举报平台，公布举报电话、邮箱或者信箱，相关部门按照职责权限受理违规举报，并就举报问题进行调查和处理，对造成资产损失或者严重不良后果的，移交责任追究部门；对涉嫌违纪违法的，按照规定移交纪检监察等相关部门或者机构。 中央企业应当对举报人的身份和举报事项严格保密，对举报属实的举报人可以给予适当奖励。任何单位和个人不得以任何形式对举报人进行打击报复

（续表）

ISO 37301		《中央企业合规管理办法》
9.1.1 总则	组织应监控合规管理体系，以确保实现合规目标。 组织应确定： ——需要被监控和衡量的内容； ——适当方法来监控、衡量、分析、评估，以确保结果有效； ——何时需要进行监控和衡量； ——何时对监控和衡量的结果进行分析和评估。 文档化的信息可作为研究结果的证据。 组织应就合规管理体系的绩效和有效性进行评估	第二十五条　中央企业应当完善违规行为追责问责机制，明确责任范围，细化问责标准，针对问题和线索及时开展调查，按照有关规定严肃追究违规人员责任。 中央企业应当建立所属单位经营管理和员工履职违规行为记录制度，将违规行为性质、发生次数、危害程度等作为考核评价、职级评定等工作的重要依据
暂无	暂无	第二十六条　中央企业应当结合实际建立健全合规管理与法务管理、内部控制、风险管理等协同运作机制，加强统筹协调，避免交叉重复，提高管理效能
9 绩效 评估	9.1 监测、衡量、分析和评估 9.2 内部审计 9.3 管理层审核	第二十七条　中央企业应当定期开展合规管理体系有效性评价，针对重点业务合规管理情况适时开展专项评价，强化评价结果运用
		第二十八条　中央企业应当将合规管理作为法治建设重要内容，纳入对所属单位的考核评价
5.1.2 合规 文化	组织应针对组织内部的各个级别来制定、维护和促进合规文化。 治理机构、最高管理者和管理层应对整个组织的共同行为标准和管理要求表现出积极、可见、一致和持久的承诺。 最高管理者应鼓励创造和支持合规行为，其应阻止并零容忍对于损害遵守合规文化的行为	**第五章　合规文化** 第二十九条　中央企业应当将合规管理纳入党委（党组）法治专题学习，推动企业领导人员强化合规意识，带头依法依规开展经营管理活动
7.2.3 培训	组织应从员工入职时起按其确定的计划间隔时间，定期向相关员工提供培训。 培训应： a）适合员工的定位并面向那些面临合规风险的员工； b）进行有效性评估； c）定期审核。 考虑到已识别的合规风险，组织应确保按流程对代表其行事的、可能对其构成合规风险的、就第三方的合规意识进行培训。 培训记录应作为文档化的信息予以保留	第三十条　中央企业应当建立常态化合规培训机制，制定年度培训计划，将合规管理作为管理人员、重点岗位人员和新入职人员培训必修内容

（续表）

ISO 37301		《中央企业合规管理办法》
7.3 合规意识	在组织的管理下进行工作的员工应注意： ——遵守合规政策； ——对合规管理体系的有效性做出贡献，包括提高合规绩效以带来效益； ——不符合合规管理体系要求的影响； ——提出有关合规问题的方法和程序（见 8.3）； ——合规政策与符合相关员工定位的合规义务的关系； ——明白支持合规文化的重要性	第三十一条　中央企业应当加强合规宣传教育，及时发布合规手册，组织签订合规承诺，强化全员守法诚信、合规经营意识
5.1.2 合规文化	组织应针对组织内部的各个级别来制定、维护和促进合规文化。 治理机构、最高管理者和管理层应对整个组织的共同行为标准和管理要求表现出积极、可见、一致和持久的承诺。 最高管理者应鼓励创造和支持合规行为，其应阻止并零容忍对于损害合规文化的行为	第三十二条　中央企业应当引导全体员工自觉践行合规理念，遵守合规要求，接受合规培训，对自身行为合规性负责，培育具有企业特色的合规文化
7.1 资源	组织应确定并提供合规管理体系的建立、实施、维护和持续改进所需的资源	**第六章　信息化建设** 第三十三条　中央企业应当加强合规管理信息化建设，结合实际将合规制度、典型案例、合规培训、违规行为记录等纳入信息系统 第三十四条　中央企业应当定期梳理业务流程，查找合规风险点，运用信息化手段将合规要求和防控措施嵌入流程，针对关键节点加强合规审查，强化过程管控
7.5.3 对信息文档化的管理	管理组织的合规管理体系和本文件要求的文档化的信息以确保： a）在需要的地方和时间，它可以使用且适合使用； b）它得到了充分的保护（如不能失去保密性、使用不当或失去完整性）。 组织对于信息文档化的管理可适用于以下行为： ——分发、访问、检索和使用； ——储存和维护，包括维持易读性； ——对变化的管理（如版本管理）； ——保留和处置。 组织对于确定的，策划和运行合规管理体系必要的、来自外部的信息，应视情况进行识别，并予以控制。 备注：访问可能表明仅允许浏览文档化信息的权限，或允许并授权查看和更改文档化信息的权限	第三十五条　中央企业应当加强合规管理信息系统与财务、投资、采购等其他信息系统的互联互通，实现数据共用共享

（续表）

ISO 37301		《中央企业合规管理办法》
7.1 资源	组织应确定并提供合规管理体系的建立、实施、维护和持续改进所需的资源	第三十六条　中央企业应当利用大数据等技术，加强对重点领域、关键节点的实时动态监测，实现合规风险即时预警、快速处置
9.1.3 合规指标的制定	组织应制定、实施和维护一套适合的合规指标，以帮助组织评估是否达到其合规目标和确定其合规绩效	**第七章　监督问责** 第三十七条　中央企业违反本办法规定，因合规管理不到位引发违规行为的，国资委可以约谈相关企业并责成整改；造成损失或者不良影响的，国资委根据相关规定开展责任追究 第三十八条　中央企业应当对在履职过程中因故意或者重大过失应当发现而未发现违规问题，或者发现违规问题存在失职渎职行为，给企业造成损失或者不良影响的单位和人员开展责任追究
暂无	暂无	**第八章　附则** 第三十九条　中央企业应当根据本办法，结合实际制定完善合规管理制度，推动所属单位建立健全合规管理体系 第四十条　地方国有资产监督管理机构参照本办法，指导所出资企业加强合规管理工作
ISO 发布		第四十一条　本办法由国资委负责解释
2021 年 4 月发布和实施		第四十二条　本办法自 2022 年 10 月 1 日起施行

4.3　关于《商业道德与行为准则》

《商业道德与行为准则》（下称《准则》），有时也被叫作《道德与商业行为准则》或《商业行为准则》《商业行为守则》等，是合规制度体系框架中的重要文件，是企业向员工、向外部合作方展示企业合规管理理念的重要标志。一个良好的《准则》除了能满足质量体系认证的要求，还能为组织在日常合规事务中带来诸多的实际益处。它可以表明组织和高级管理者对合规事务的支持和对所需资源的承诺；它可以清晰阐述组织成员需要遵守的合规要求里面重要的原则；它可以确立一套事务决策的程序；它可以将合规要求融入组织成员的日常事务；它可以对普通业务往来中的合规表现进行评价。在一些合规相关的判例中，恰当的合规行为准则、及时的传播等均极有可能作为合规管理体系的有效性指标之一，使得被起诉的主体减轻处罚从而获取了相应的“法律红利”。

4.3.1 对《商业道德与行为准则》的要求

《准则》规定了如何做适当的决策、如何做正确的事情。它有助于改善企业在基本商业关系中的表现，确认企业坚持和支持正当的合规行为。企业应鼓励员工尽可能参照《准则》行事，甚至将其要素或标准纳入业绩审查范围，必要时，采取适当的惩罚措施强制遵守《准则》的相关标准。《准则》的制定可遵循以下要求。

一、内容要求

《准则》的内容应当满足如下的要求：

- 展示企业适用的合规义务，含相关法律法规、内外部规章制度；
- 行文简洁明了，让所有员工都能理解；
- 酌情翻译成其他语言；
- 包含对员工处理外部事宜的建议；
- 员工、外部合作伙伴，以及客户等对于本企业合规管理的期望；
- 附有对于相关重点进行解释的案例；
- 企业内部的制度和流程；
- 管理层对于合规的态度。

二、沟通与宣贯要求

《准则》的沟通和宣贯应当满足如下的要求：

- 保证所有员工都接受、能阅读和理解《准则》；
- 可由合规联络员或部门负责人等对《准则》进行本部门的宣贯和答疑；
- 员工应以书面形式证明已经收到、阅读并理解《准则》；
- 必要时，可采取适当的惩罚措施强制员工遵守《准则》；
- 应在《准则》中说明针对不合规行为的惩罚措施。

三、对目的的要求

《准则》的目的应当满足如下的要求：

- 规定员工应予遵守的总体准则；
- 确认所有员工能理解企业对其的合规要求；
- 提供适当的决策程序；

- 要求员工将《准则》落实到日常工作中；
- 改善企业在基本商务关系中的表现；
- 确认本组织坚持并支持适当的合规行为。

4.3.2　制作《商业道德与行为准则》文件的方法

具体如何制作《准则》文件呢?

一、划定需要写进《准则》的内容

通过前期的合规风险评估与梳理，合规人员需要将高风险的事项作为列入本期《准则》的内容。请注意，《准则》的内容不是一成不变的，应当随着合规风险评估的结果而定期修订与补充。

写进《准则》的高风险事项并不是简单的对风险的定义和描述，企业应当将其转化为工作场景，进行场景性描述。比如，在对反贿赂项下的利益冲突风险进行描述时，对相关规定进行阐述后，可以用切实的案例示范说明。

案例分享

合规人员李明在撰写《准则》，写到关于利益冲突的部分，他准备这样阐述内容。

1. 对利益冲突的基本概念进行阐述。

2. 对利益冲突的典型情况“与家庭成员和好友共事”进行重点描述。

3. 设计典型案例进行进一步的说明。

李明撰写的关于利益冲突部分的《准则》内容如下。

处理利益冲突

有时我们发现，我们所面对的与经济或人员相关的一些状况会影响我们履行对公司的义务，甚至还会让我们在履行义务的过程中有所妥协，这些情况被称为“利益冲突”。当我们的个人利益与活动和公司的利益与活动发生冲突（或看似发生冲突）时，就会出现这样的情况。因为利益冲突可能会破坏个人和公司的声誉，我们必须始终重视公司的利益。

利益冲突会以多种方式出现，而且有时并不明显。我们将通过以下章节让您了解一些较常见的利益冲突形式。因为利益冲突的形式多种多样，以下并未包含所有的利益冲突形式。您应与经理、人力资源部门或全球法务与合规部门进行沟通，以了解应如何管理利益冲突和制定相应的解决方案。

如果出现利益冲突或存在潜在的利益冲突，您应立即向您的经理和全球法务与合规部门上报。通过这种方式，公司才能合理地审查该情况，并将该情况上报至相应的渠道进行解决。公司将与您共同努力，以找到合适的解决方案。

欲了解关于本部分的更多信息，请向全球法务与合规部门咨询。

与家庭成员和好友共事

通过人才的推荐和推举，公司的员工队伍已经发展得更强大、更成功，这也意味着我们很可能会与朋友和家庭成员共事。但我们不会监管，也没有权力监管我们的家庭成员——这有可能导致工作中有所偏袒。

“家庭成员”包括我们的父母、兄弟姐妹、配偶、子女、姻亲、祖父母、孙辈、继亲、同居伴侣或其他经常与我们同住一个屋檐下的人。

同样地，如果您的家庭成员经营或受雇于一家与本公司有业务往来的公司，您应将这一情况作为潜在的利益冲突报告给您的经理，这一点非常重要，您需要确保不会利用职权便利来影响投标过程或任何形式的业务协商。上报这些信息可防止出现不恰当的行为，而且也确保您不会做出不合理的决策。

典型案例

提问：

高曙光在本公司工作，他会不定期地与几家主要的客户联系。高曙光的妻子李咏梅在其中一家客户公司工作，而且她希望能进入全球法务与合规部门工作。高曙光认为，如果他以后能与客户开展业务合作，妻子在合规部门的工作将第一时间掌握到客户对高曙光公司的合规尽职调查结果，这些信息将对高曙光与该客户开展业务非常有帮助。这种情况有问题吗？

回答：

在这种情况下，极有可能发生利益冲突的风险。即便高曙光和李咏梅能够将他们的私人关系和工作关系完全区分开，别人也可能会因此产生偏见，认为这两家公司之间的业务往来有所偏颇或有失公允。高曙光应将这一潜在的利益冲突报告给他的经理和全球法务与合规部门，他们将会帮助他找到避免出现利益冲突的公正解决方案。

合规人员应当将需要写入《准则》的风险事项进行场景化模拟，以便作为编入《准则》的材料备用。

二、企业负责人在《准则》中的表态

一个良好的《准则》应表明组织和高级管理者对合规事务的支持态度，并且该“态度”应当有带动全企业合规文化氛围的效果。所以，作为重要的合规文件，让“一把手”在《准则》中“出镜”是非常必要的。

通常，可以让企业负责人撰写《准则》的开篇语，并配上负责人的照片和签名。开篇语要围绕企业合规文化的建设、企业的历史进程、创业初衷等正能量内容展开，以此充分表达出企业负责人对于合规经营的态度和决心。

例如，本书摘录了几家企业的以下描述作为范例。

（1）光曦国际的《准则》

“自 2017 年成立以来，北京光曦国际咨询有限公司（下称“光曦国际”）凭借高标准的商业道德与行为在业界赢得了良好的声誉。通过公开、诚信、守法经营，我们形成了自身独有的企业道德文化。遵循这些商业道德与行为标准不仅能让我们的同事、客户、供应商、股东受益，还能加强我们与他们之间的关系。

作为一项共同承诺，本《准则》具有十分重要的意义，适用于为光曦国际工作或代表光曦国际开展业务的所有个人和承包商。本《准则》的制定和实施有助于我们恪守自身的核心价值观和良好商业惯例，确保我们的所有行动都遵循适用的规章制度。同时，本《准则》为企业员工与承包商、咨询企业及特定商业伙伴机构提供了共同适用的政策和最佳实践，从而确保他们在代表光曦国际开展业务时也能真正做到合理合法经营。当无法判断所做选择是否恰当时，请从本《准则》中查找相关的商业道德行为指导，并确保最终决定符合我们的核心价值观及适用的法律。”

（2）蒂森克虏伯的《准则》

“《商业行为准则》为我们制定了标准，并同时代表了一种承诺：对自己的行为负责任，不论与外部合作伙伴的交易，还是对于内部的员工互动。”

（3）辉瑞的《准则》

来自首席执行官的一封亲笔信，信中写道：“我们的使命是做对的事情，这意味着，在行业中，我们必须既遵循我们的内心，又遵守法律法规的要求，这样才能真正带给我们竞争优势。责任有赖于我们所有人，是我的，是你的，也是他的。”

（4）卡特彼勒的《准则》

其序言同样来自首席执行官的亲笔信，信中写道：“我认为《商业行为准则》是我们在卡特彼勒制定的最为重要的文件。”

三、《准则》要包含《员工承诺函》

附在《准则》之后的《员工承诺函》是重要的合规管理证明性文件，需要员工签字后回传。在印刷《准则》的时候，可将《员工承诺函》设置为方便撕下的页面，以便员工签字后收回。当然，如果是电子版的《准则》，也可制作电子签名函。

《员工承诺函》表示员工对企业合规管理理念的认可，以及对企业《商业道德与行为准则》的理解，并在理解的基础上进行合规的商业行为。若出现了违背相关要求的行为，则表示其行为与前置的“理解”出现了矛盾，可能被界定为“知法犯法”。

《员工承诺函》样例如下。

员工承诺函

兹承认，本人已收到公司《准则》的副本。我理解，公司的所有员工、管理者、商业伙伴、合同工均需了解并遵守本《准则》中规定的原则和标准。

此外，本人承认并同意，本《准则》作为公司政策的总体概述，起到指导商业行为的作用。兹证明，本人已仔细阅读本《准则》并已了解《准则》内容。本人支持公司实施合规管理的标准和理念，且将按照此类合规要求行事。

本人理解，若对本文件有任何疑问，或发现公司存在与道德和合规相关的不当行为或情况，应与本《准则》中列出的人员或部门联系。本人亦理解，在适用法律允许的情况下，本人应将严重违反本《准则》的行为告知《准则》中列出的任何人员或部门。

最后，本人了解到，未遵守本《准则》的人员可能会受到惩处，甚至依据当地法律终止雇佣关系。

日期：______________________________

员工姓名（印刷体）：____________________

员工签名：___________________________

若是跨国企业，还应至少包含英文的版本，供境外人员使用。

ACKNOWLEDGEMENT

By signing below, I acknowledge that I have received my copy of COMPANY's Business and Ethics Conduct ("Code"). I understand that each COMPANY employee, director, agent, consultant, and contract worker is responsible for knowing and adhering to the principles and standards of our Code.

I further acknowledge and agree that COMPANY's Code is intended to provide a general overview of our Company's policies, and does not necessarily represent all such policies and practices in effect at any particular time. I certify that I have carefully read and I understand the Code. I support these professional standards for COMPANY, and for myself, and I will act in accordance with them.

I understand that I should contact any of the resources listed in our Code if I have any questions concerning this document, or any inappropriate behavior or situation related to ethics or compliance at COMPANY. I also understand that I am expected to report any serious violation of the Code to one of the resources listed within the Code as governing law may permit.

Finally, I understand that failure to follow our Code may result in disciplinary action, up to and including termination as local law permits.

Date: ____________________

Employee Name (Please Print):

____

Employee Signature:

____

四、《准则》内容的布局

将负责人开篇语放在整个《准则》的开头，将《员工承诺函》放在《准则》的末尾。之后开始整理需要编入《准则》的高风险事项的内容及对应的相关案例说明。一般建议《准则》框架采取“一级风险—二级风险—情景描述”的模式。例如：商业贿赂风险—利益冲突风险—利益冲突情景描述；出口管制风险—商业伙伴的黑名单—商业伙伴黑名单使用中的情景描述。也可以采取围绕企业价值观的框架。例如：培养团队精神—尊重民族与信仰—尊重民族与信仰的情景描述；关注客户服务—与客户往来的礼品与招待—礼品与招待的情景描述。

《准则》内容架构样例如下。

负责人致辞
核心价值观
本《准则》适用于全体员工
向谁寻求帮助
通过道德服务热线上报信息的处理方式
杜绝打击报复行为
违反本《准则》之后果
遵守企业的礼品和招待政策
与政府部门客户的互动
提倡具有良好道德操守的商业环境
开展公平竞争
处理利益冲突
拒绝商业贿赂
了解出口、进口、制裁和联合抵制方面的知识
以严谨负责的态度使用企业资产
保护信息
确保账目和记录的准确性
恰当地使用公司资产
推动负责任经营及可持续发展
确保公平的劳动用工行为
豁免
员工确认函

五、语言文字的本地化适用

对于有境外业务或者境外员工的大型企业，一定要用当地语言进行《准则》的制作。保证各位员工看得懂、易理解，这才能体现《准则》的有效性。

中文的、英文的、法文的，乃至一些小语种的《准则》版本，只要有需要，都应当进行翻译制作。《准则》制作完成后，要确保能传递到每一位员工，甚至传递到每一个商业

合作伙伴。当然，传达并不仅仅意味着把文件发到他们的手中，而是需要他们阅读并理解，且在理解的基础上践行自己的承诺。合规人员可以通过内部的报纸、互联网、杂志等渠道对《准则》进行尽可能多的宣传，并安排足够且有效的关于《准则》的培训，以覆盖所有员工甚至商业合作伙伴；还可以设计一些有奖竞答活动，以帮助所有员工在趣味中学习和了解合规政策和《准则》的具体内容。一旦《准则》内容有所更新，除了让员工收到最新的更新内容之外，还要设置相应的培训对新内容进行阐述。

《准则》阐述了企业的道德底线，告诉企业的股东、合伙人及其他投资人，企业的行为标准是怎样的。作为合规的纲领性文件，它是衡量企业可靠与否的一把标尺，它是搭建合规管理体系的第一步。《准则》已经成为法律法规的延展性文件，必须量身定制，且符合当地法律法规和所在行业的要求，才能起到作用。

练习

1. 对于制作和宣传《准则》的方式，以下错误的有：[①]

（1）按需制作多语言版本；

（2）只对内部人员进行宣贯；

（3）开篇要设置企业负责人对合规管理的态度；

（4）员工参加培训即可，不需要签署书面认可文件。

2. 以下《准则》的内容架构缺少什么关键内容？[②]

（1）企业价值观。

（2）合规风险描述。

（3）合规案例说明。

（4）员工承诺函。

（5）______________。

4.4　有效性审查

当企业合规管理满足相应的有效性指标后，意味着企业的合规管理达到一定的成熟度。合规管理成熟度是检验企业在合规管理工作中是否达标的标准。我们可以将合规管理

① 答案：（2）（4）。
② 答案：领导层态度。

的成熟度分成不同级别，设置每个级别所要达到的标准，从而进行深度的判定。最低级别设立为 1 级，即满足“最低要素的合规管理体系”，该合规管理体系需要满足行为规范 / 制度与流程、合规人员及合规委员会、教育与培训、监控与审计、举报与调查、执行与惩处，以及应对与预防七大基本要素。其后随着重点判定要素的逐渐加深，企业将逐步提高合规管理的水平，提升管理的成熟度，最终达到 5 级，即“自我治愈型合规管理体系”。通常认为，当合规管理体系有自我治愈的能力时，可以在极大程度上帮助企业规避绝大部分的违规风险。图 4-5 所示为合规管理体系成熟度模型。

扫码浏览彩图

级别	体系特点	组织特点	人员特点	重点判定要素（例）
1级	最低要素的合规管理体系	分散型、替代型合规管理组织	基本的合规职能	•行为规范/制度与流程 •合规人员以及合规委员会 •教育与培训 •监控与审计 •举报与调查 •执行与惩处 •应对与预防
2级	满足基本需要的合规管理体系	完整型合规管理组织	专业的合规人员	1级要求 + •有处理高风险预警信号的合规政策 •有2种以上举报渠道畅通
3级	较完善的合规管理体系	平行型合规管理组织	较完善的合规职能部门	2级要求 + •有处理高、中风险的合规政策 •每年至少2次的合规审计项目 •有重点领域信息化的合规监控工具
4级	成熟的合规管理体系	模块化、矩阵型合规管理组织	覆盖全部高风险领域的专职合规人员	3级要求 + •有形式多样的合规意识培养机制 •有处理全风险级别的合规政策与流程 •进行按需的合规审计 •有重点领域的合规信息化完整流程
5级	自我治愈型合规管理体系	模块化、矩阵型、规模化合规管理组织	覆盖全经营链条的合规职能部门	4级要求 + •有形式多样的、定制的合规培训机制 •有对合规管理体系进行持续改进的政策与流程 •有高效的疑虑举报和处理机制 •有全链条完善的合规信息化建设 •与外部机构有持续的联合合规行动

图 4-5 合规管理体系成熟度模型

对企业合规管理体系成熟度的判定，关键在于对合规管理体系有效性指标的判定。当前，对国内企业来说，尚未有统一的对于合规管理体系有效性指标判定的具体标准。如何衡量合规建设的有效性，是当前在合规工作中需要聚焦的新问题。在进行合规工作的有效性判定时，目前我们可以参考境外的相关指南，使用较多的是美国政府颁布的《公司合规管理体系有效性评价指南》。

2004 年，美国政府修订后的《针对机构实体联邦量刑指南》（Federal Sentencing Guidelines for Institutional Entities，FSGO）明确了建立有效的合规管理体系可为企业减轻处罚。2017 年 2 月，美国司法部刑事局反欺诈处在其官网发布了《公司合规管理体系有效性评价指南》。2019 年 4 月，美国司法部刑事局对《公司合规管理体系有效性评价指南》进行了更新。之后，2020 年 6 月 1 日，美国司法部再一次更新了《公司合规管理体系有效性评价指南》（以下简称《有效性评价》）。

需要强调的是，对于该等文件的适用，我们不可“拿来主义”，毕竟境内境外是有适用性差异的，适用于境外企业的标准不一定适用于我国企业。本书将《有效性评价》与我国企业实际的情况相结合，供企业参考。

对于制度的建设，有哪些可被衡量的有效性指标呢？需要明确的是，任何设计良好的合规管理体系必须有制度和流程的支持保障，这些制度和流程既要提供道德规范的指引，其本身又要发挥道德规范的管理作用，而且要针对随时发现的新风险点制定新的企业制度和流程。同时，还应评估该企业是否制定了适用于管理相关风险的、可以用于日常运营的制度和流程。

4.4.1　对制度的设计阶段的考量

企业设计和实施新制度和流程的程序是什么？此程序是否随着时间的推移而改变？谁参与了制度和流程的设计？在推出新业务部门之前，是否征询过他们的意见？

4.4.2　对企业制度全面性的考量

企业在监控和执行反映、处理其面临的风险范围（包括法律和监管领域的变化）的制度和流程方面做了哪些努力？

4.4.3　对制度宣贯的有效性的考量

企业如何向所有员工和相关商业伙伴传达其制度和流程？如果企业有外国子企业，是否存在语言或其他障碍，影响外国员工对政策和流程的获取？

4.4.4　在把控制度整合性时可参考的衡量标准

谁负责整合制度和流程？这些制度和流程的推行方式是否确保了员工对政策的理解？以何种具体方式通过企业内部控制系统对合规政策和流程进行强化？

4.4.5　在把控制度执行人员时可参考的衡量标准

对制度执行过程中的关键人员（如具有审批权限或认证责任的人员）提供了什么样的指导和培训（如有）？他们知道需要注意什么不当行为吗？他们知道何时、如何上报问题吗？

练习

你还能举出对于制度有效性审查的要点吗？

第 5 章　合规文化建设工作指引

合规文化是企业搭建合规管理体系的土壤，能否建立符合企业需求的合规管理体系在某种程度上取决于合规文化的土壤有多深厚。合规文化反映了企业对合规管理的态度，通常体现为员工、管理层对合规管理的认可度及其行为的符合性。打造合规文化是长期性、持续性的工作，是合规人员日常工作的重要组成部分，也是企业管理层需要发挥表率和引领作用的工作。

5.1　如何打造企业合规文化

一、制定行为框架

企业需要结合自身经营方向，以及行业特点、市场环境、经济环境制定切实可行的价值观准则，保证员工易于认同和执行。另外，需要有诸如《商业道德与行为准则》的文件表达企业的价值观并对其进行具体解读。

在制定了正确的企业商业道德准则后，需要将其内容完整地传达给员工，并且力争以企业准则的形式潜移默化地影响员工在商业环境中的行为，使其在价值观的指引下做出正确判断。

除《商业道德与行为准则》外，企业的整体合规制度文件体系也是进行合规文化宣贯的基础。只要涉及企业的相关制度，合规人员都需要对制度加以解读，进行宣贯。

练习

以下哪些文件是进行企业合规文化宣贯的基础？[①]

① 答案：(1)(2)(3)(4)。

（1）《商业道德与行为准则》。

（2）《礼品与招待制度》。

（3）《个人隐私保护制度》。

（4）《举报制度》。

二、高层与中层管理层明确对合规文化的积极态度

在打造合规文化时，需要来自企业高层的正面声音来保证合规价值观的传递。从某个层面来看，企业高层是企业员工的榜样，其行为也是员工行为的风向标。如若从高层传递出强有力的正面声音，会令员工深刻认识到企业对正确价值观的重视，从而潜移默化地使其调整行为以符合正确的商业道德与准则。

通常，高层可以采取以下方式传播企业的价值观，例如，在企业的重要场合发声，在《商业道德与行为准则》中发布企业负责人的讲话，在年度或季度员工大会中发表对合规文化的态度，在出现重大违规事件后，通过企业负责人传达事件的总结和分析，等等。

高层明确的态度同时需要通过中层管理者传达到基层员工。中层管理者是企业的中坚力量，起到承上启下的作用。相较于高层管理者，中层管理者与基层员工联系得更加紧密，是其所辖团队人员的行为标杆。各级领导者和团队负责人需要树立道德规范的榜样，不断重申企业价值观的重要性，并将相关内容应用于他们负责的业务环境，从而实现从抽象价值观到具体业务行为的有机转换。

三、恰当的培训

合规文化并不总是直观的。企业应通过内部培训的方式来确保员工对当前的合规文化了如指掌。同时，市场环境瞬息万变，企业的合规文化也会在不同时期有不同层面的解读。将更新的企业文化第一时间传达给员工，是可以通过培训来实现的。

对于合规文化的培训要讲究恰当。所谓“恰当”，就是给合适的人进行合适的培训。比如，对于市场部门的人员，就要进行与市场有关的合规文化培训；对于生产部门的人员，就要进行与生产有关的培训。一套内容适用全部人员的时代已经过去了，在讲求精益化管理的当代企业中，对于合规培训工作应当有更加细化的分类。

四、将合规文化量化至员工的绩效考核中

企业合规文化的概念属于意识层面的规范，不容易量化管理。但是，为了增加员工的重视度与认可度，可以将对企业价值观的遵守列入员工的年度绩效考核目标中。目前，许

多大型企业都在员工年度绩效考核目标的首要之处明确其对企业价值观和道德的遵守情况，并且此项目标是一票否决制。一旦有违反情况，员工不仅在当年绩效考核中的结果不乐观，还有可能触发企业的内部调查制度或外部法律程序而被严肃处理。

对于合规文化绩效考核的量化，一般可以以员工参加培训的情况来体现，如设定员工每年参加合规培训的次数、考核的通过率等；除了培训之外，也可以将举报义务纳入对员工的绩效考核中。

五、建立畅通的内部举报通道

在企业内部和外部建立健全畅通的举报机制和通道，是确保企业员工行为符合价值观的关键。一般，当员工发现身边有疑似违规的行为，或员工对事件不易判断需要求助合规专业人士，或员工对其直属领导行为有疑惑甚至不满时，往往因为企业中层级制度的壁垒而无法表达其顾虑而导致风险的逐渐扩大。因此，企业需要畅通内部的举报机制，打破层级限制，使员工有直通相关人员汇报和求助的渠道。此渠道的建立不仅可以让管理人员在第一时间掌握事件的情况，为企业排除风险，也会增加员工对企业的信任度，增强员工信心，从而使其对企业的价值观更加接受和认可。

六、对违规行为制定统一的处理办法

企业内部需要有统一的针对违规行为的处理政策和处理流程。不同岗位、不同职位的员工必须遵守同样的管理方法。企业内部对于违规行为需要谨慎处理，既不可违反国家法律，也不可只做表面功夫草率下定论，所以，企业管理人员与合规人员需要制定出行之有效的处理方法，并进行公示公告，严格执行。这样才可以在发现问题后有本可依，才可以成为员工报告疑惑时的坚实后盾，这是企业价值观在企业管理中的具体体现。

每位员工都有着不同的想法与经历，即使其处于同一地理区域或有着相似的背景。有效地传播合规文化就需要企业定期地组织讨论和学习活动，以便员工在企业运作中能遵从同一套标准。企业应当有对企业合规文化的定期实践，使员工在日常工作中思考企业的商业道德。如果企业或员工意识到需要对特定方面进行加强，那么就需要进行额外的定向培训。

案例分享

合规人员李明在进行明年的合规培训内容设计，他将重点合规培训主题及需要接受培训的部门列出，准备进行培训内容与受训人员的匹配工作。

重点合规培训主题：

反贿赂；

商业伙伴管理；

招投标管理；

信息安全管理；

固定资产管理；

合规风险识别的技术。

重点受训部门：

全体员工；

市场部门；

信息技术部门；

资产管理部门；

合规部门。

之后，李明对培训主题与受训部门进行了匹配，并且依照部门特点进行了培训内容的设计。

反贿赂（全体员工）；

商业伙伴管理（市场部门）；

招投标管理（市场部门）；

信息安全管理（信息技术部门）；

固定资产管理（资产管理部门）；

合规风险识别的技术（合规部门）。

练习

以下属于打造合规文化的方法的有：[①]

（1）制定《商业道德与行为准则》；

① 答案：（1）（2）（3）（4）。

（2）管理层明确对合规文化的态度；

（3）恰当的培训；

（4）畅通举报渠道。

5.2 合规培训工作

合规培训是合规人员在预防阶段的重要工作，有效的合规培训能以极低的成本为企业规避极大的违规风险。企业应当有关于合规培训的年度计划，年度计划应当涵盖培训内容需求、培训时间、培训方法和培训时长，以及确保获得管理层的配合。管理层必须强调培训的重要性，并鼓励和促成员工参加培训。这可能意味着在培训期间，如果某部门参与培训的人员过少，就需要重新安排培训；或某部门人员经常不参加培训，就需要联系其直线负责人督促其参加培训。提前与管理层协商培训的计划，特别是培训的日程安排，可以提前规划，保证培训顺利进行。当然，合规培训也可以与人力资源部门的相关培训工作相结合，共同规划。

5.2.1 培训的种类

几乎在所有合规管理的指引文件中都明确了合规培训的重要性，也将合规培训视为传播合规文化的重要途径。依照不同培训对象来看，培训课程可以分为四类（见图 5-1）：第一类是针对所有员工的通行合规培训课程；第二类是针对不同人员的定制化合规培训课程；第三类是针对合规人员的专业化合规培训课程；第四类是针对外部人员，如商业伙伴等的相关合规培训课程。

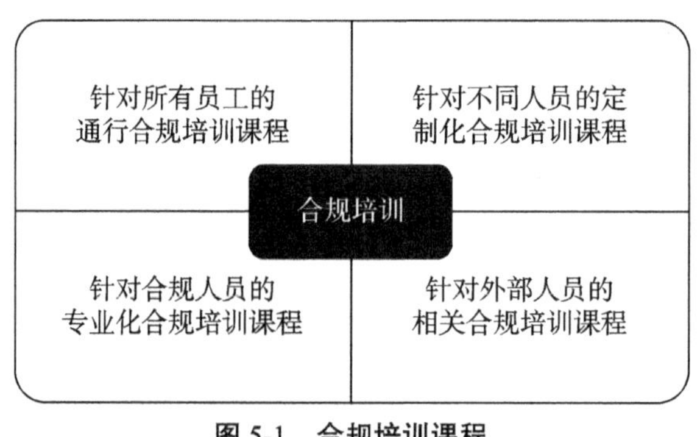

图 5-1　合规培训课程

通行合规培训课程旨在更新全体员工的合规意识，传达并强调本企业对商业道德行为的最新承诺。一般，新员工入职三个月左右要接受新员工的合规培训；老员工要求每年至少接受一次合规意识的更新培训。通行课程的培训时长为 2 ～ 3 小时，时间过短达不到培训的效果，过长又可能使员工疲惫或耽误日常工作。除了所有员工都要参与的更新培训之外，针对高风险的、有更多需要的部门或员工，也可以随时发起定制化的合规培训。

通行合规培训课程内容可包含：

- 什么是合规管理；
- 合规管理对企业的意义；
- 反贿赂与反腐败管理基础；
- 反垄断管理基础；
- 信息安全及个人隐私数据基础；
- 境外合规管理基础；
- 企业内部举报途径；
- 其他重要内容。

针对不同人员的定制化合规培训课程指的是对于不同部门、不同岗位或不同级别的人员要采取有差异化的、适用的培训内容对其进行培训，英文名称为 Tailor-Made Training。比如，对于高风险领域部门的人员，可以采用专门针对高风险领域的合规培训课程。此类员工应接受关于如何正确履行其工作职能的专业培训，培训重点是与其工作职能相关的合规风险领域。再比如，针对企业的营销和财务人员进行培训设计时，要考虑到营销人员迫于实现业务目标的压力有可能会出现的违规行为，或者考虑到财务人员在进行核算时可能出现的舞弊行为；针对这些行为进行重点培训内容的设计，才能做到有的放矢。

又比如，要设置专门针对企业高管人员的合规培训。高管人员在日常工作中所面临的风险更加多元化，问题也更加复杂，所以有必要对高级管理层进行更有针对性的合规培训。针对高级管理者的合规培训内容包括：

- 与政府和私人客户往来的注意事项；
- 内幕交易；
- 全面禁止为诱导业务转介支付或接受报酬；
- 适当编制财务报表；
- 对外参加会议的注意事项；
- 举报不当行为的责任；
- 在合规管理中的责任；
- 其他重点内容。

针对合规人员的专业化合规培训课程是为合规专业人士打造的专门课程，重点在于提升合规人员的技能和专业度。合规环境瞬息万变，这就需要合规人员从各种渠道第一时间掌握外部情况，同时对于企业内部管理变化也需要随时了解。对于合规人员的专业培训首先包含外部合规环境的更新，如新出的政策、新发现的违规问题等。合规人员要对外部合规环境进行充分的了解和理解后，才能将外部政策运用到日常工作中，以及就相关更新内容给目标人员进行培训。所以，企业要保证合规人员掌握外部合规环境的最新变化，除了要就变更的外部政策内容对合规人员进行培训，还要就更新的政策如何在企业内部执行进行实践模拟，保证合规人员在执行政策时的流畅性。

除了针对外部合规环境变化的培训外，合规人员的专业化培训还着重于必备技能的加强，如在第 2 章中所述的沟通能力、管理思维、全球视野等相关管理能力。在加强合规专业技能的培训外，可以适当增加对合规人员企业管理能力的培训，如借鉴 MBA 课程中的领导力培训、沟通技能培训、企业经营管理培训等。这样做的目的在于使合规人员能更加充分地理解企业经营的各个方面，以提高合规管理与企业经营管理的配合度。

合规人员的管理技能培训内容包括：

- 领导力培训；
- 财务相关培训；
- 人力资源管理；
- 战略管理；
- 市场营销；
- 全球化经营；
- 其他。

针对外部人员，如商业伙伴等的相关合规培训课程也包含在合规人员的培训工作中。通常，对商业伙伴进行合规培训属于企业传播合规文化的重要工作。与对内部人员的合规培训不同，对商业伙伴的合规培训所能达到的强度和深度往往取决于企业的市场地位。通常，对商业伙伴的合规培训多为供应商培训，供应商即通常所称的处于企业相对位置的“乙方”。企业掌握更多的话语权和主动权，可以对此类商业伙伴设置不低于企业本身的合规管理要求，甚至在实践中，企业可以选择更有倾向性的，即更有利于企业规避违规风险的合规管理方式方法。比如，商业伙伴要接受企业的合规管理、商业伙伴有帮助企业发现问题并汇报问题的义务，或商业伙伴发现疑似违规的行为时，企业可以对其进行相关的处理，等等。

对于商业伙伴的合规培训可以一年进行一次，同时要设置相应的测试及承诺函，在完成培训及测试之后回传至企业合规管理处，进行存档备案。

练习

以下属于合规培训种类的有：[①]

（1）对于重点部门的培训；

（2）对于乙方的培训；

（3）对于高级管理者的培训；

（4）对于合规人员的培训。

5.2.2　培训的方法

培训的内容要符合当前企业所重点管控的合规义务及合规风险，但是合规义务和合规风险的数量可能有很多，这就需要合规人员从中选取合适的内容匹配给合适的对象并对其进行培训与沟通。培训、沟通能力体现了合规人员的水平，是合规人员的硬技能。培训的方法也是多样化的，可以是现场培训、在线培训、电子课件培训等，以确保培训覆盖更多人员。

一、现场培训

现场培训的优点是保证讲师与学员的互动及学员对于课程的理解度高，因此对于重要和关键的培训内容，合规人员应采取现场培训的方式。但是，由于讲师无法照顾到太多的学员，为了保证培训的效果，现场培训学员的人数应控制在 50 人以内。如果参加人数超过 50 人，可以采取分组讨论的方式，如 6 ～ 8 人组成一个讨论小组，在讲师讲授期间可以针对重点问题进行小组讨论，之后再由小组代表进行发言。此种方式可以保证在受训人数较多的情况下最大限度地达到预期的培训效果。

现场培训能够引发学员积极思考，有助于学员保持较高的专注度。这是各大企业普遍采取的合规培训方法。

二、在线培训

很多情况下，由于受训人员较多，且分散至各地，合规人员在培训时可以采取一部分现场、一部分在线的方式进行授课。此种形式适用于一次性对较多学员进行培训，且线上

① 答案：（1）（2）（3）（4）。

的学员可以通过在线形式与讲师进行互动。

但是，由于网络稳定性等问题，此种形式很难保证在线学员的听课效果，有的学员有可能只是“在线”而已，无法做到深度参与。

三、电子课件培训

电子课件培训也是各大企业经常采取的培训方式。此种方式是由专业的机构或人员提前录制培训课件，或提前把制作好的课件传入企业的培训平台，员工可以依照自己的日程表随时进行学习。学习完毕且通过测试后，系统会向员工颁发相关的培训认证证书。

目前，较流行的电子课件培训方式是“互动模拟”，即通过卡通人物的引领，让学员以做游戏的方式完成学习。比如，在进行“礼品与招待”培训时，并不是简单介绍本年度企业的政策，而是在对政策进行简要解读后，设置相关的情景游戏，让受训人员模拟当事人选出最符合管理操作的方式方法，受训人员如果“通关”，那么可进入下一阶段的学习。而且，一般电子课件培训的内容会设置得短而精，不像现场或在线培训动辄几小时。每个电子课件聚焦一个主题，如利益冲突主题，甚至仅仅聚焦利益冲突中的兼职问题进行详细讲解，用 10 ～ 15 分钟将某个问题讲清楚。电子课件切忌堆砌大量内容，否则会使受训人员产生反感。图 5-2 所示为电子课件的优点。

通过在线平台，合规相关的政策、沟通、培训被有效传达

培训内容场景化设计，具有极强代入感，贴近企业日常实际工作，易引发受训人员共鸣

设计趣味性培训内容，使合规培训不再流于表面、不再枯燥乏味

图 5-2　电子课件的优点

此类电子课件培训模式既可以全面覆盖相关的目标受训人员，又能激发受训人员的学习兴趣，省时又省力，又确保了培训的有效性。图 5-3 所示为电子课件培训内容。

图 5-3　电子课件培训内容

练习

以下可以作为正式合规培训方式的有：[①]

（1）现场培训；

（2）在线培训；

（3）电子课件培训；

（4）员工自学。

5.3　合规文化的宣传工作

无论在何种类型的企业，对合规文化持续性的宣传是保持文化新鲜度的关键。合规文化的宣传工作要尽量采取亲切、简洁、有创意的方式，以引发关注并引起员工对合规文化

① 答案：（1）（2）（3）。

的讨论。

合规文化的宣传并不是把最新的合规制度或合规相关信息转发给相关人员。由于合规工作与法律法规联系紧密的特点，一些偏专业性的内容可能晦涩难懂，员工无法理解。所以，在进行合规文化宣传时，首要任务就是对合规专业性的内容进行转化和解读，尽量口语化、案例化甚至趣味化地制作合规文化宣传文件。并不是每位员工都会对合规话题感兴趣，所以要采用有创意的方式，并利用多种方法进行沟通。

常见的合规沟通方式包括张贴合规海报、制作合规期刊、拍摄合规情景剧、在合规培训中进行角色扮演、举办合规知识竞赛、进行合规“路演”、制作合规物件等。比如，日常可以制作与合规主题相关的宣传画，挂在办公室的墙上；在企业的节日聚会上，如年会中，在不违背组织文化的前提下，可以考虑安排与合规主题有关的节目；另外，还可以举办与合规有关的比赛，如合规知识竞赛、合规征文大赛等，并对优胜者颁发奖状或纪念品。图 5-4 所示为合规海报。

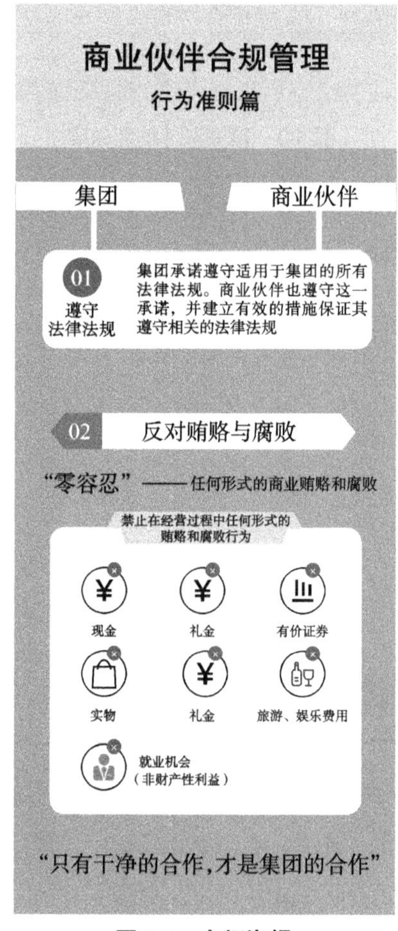

图 5-4　合规海报

如果预算允许，可以制作带有合规主题或合规口号的办公物件，如将印有合规标语的杯子或笔发放给所有员工。另外，还可以印刷含有合规案例或政策的海报、小册子和告示贴等。值得注意的是，企业的举报系统也是一种有效的宣传工具，要确保所有员工都知道举报途径，并且尽可能地将结果反馈给相关人员，如热线举报问题的调查结果、合规成功案例、审计结果等。

练习

以下属于合规文化宣传工作的有：①

（1）发放印有合规标语的杯子；

（2）畅通企业的举报渠道；

（3）举办合规知识竞赛；

（4）年会上安排合规节目。

5.4　有效性审查

合规文化建设的有效性是衡量一家企业是否拥有恰当的合规管理体系的重要指标。企业合规文化的建设应当有相应的制度和流程保证其执行和落地，包括对所有董事、高级管理人员、相关员工，以及商业伙伴等进行定期培训和沟通。同时，企业还应确保采取了恰当的合规文化建设方式以覆盖预期的培训人员、保证培训效果等。例如，一些企业为员工提供了在工作中遇到预警信号后相应的建议或实践案例，以帮助解决现实工作中的问题。企业还应当保证合规文化的建设及时覆盖了企业当前的合规风险甚至违规事件，比如，在对相应部门的课程设置中对该部门的高风险问题进行解释和说明。最后，企业应当有衡量培训效果的明确手段，如进行测试、查看相应的审计报告等，以检验培训内容是否被受训人员理解并加以运用。

5.4.1　对员工合规意识的考量

企业是否定期对员工合规意识进行考察？如何考察？考察的结果是什么？企业重点进行管理的合规内容，是否在考察中体现出了明显的变化？员工对合规意识考察的参与度及反馈的质量如何？

① 答案：（1）（2）（3）（4）。

5.4.2 对预警信号和违规事件的培训的考量

重点部门的员工（高风险部门的员工）接受过哪些合规培训？企业是否为高风险和相关岗位的员工提供了量身定制的培训，包括针对高风险领域的培训？高风险部门的主管人员是否接受过其他或补充培训？企业进行了怎样的分析来决定谁应该接受培训，培训的主题是什么？

5.4.3 对培训形式和培训内容的考量

培训的形式和语言是否适合受训人员？合规部门是提供在线培训，还是现场培训（或者两者都提供），为何选择不同的培训形式？是否选择了电子课件类培训？企业选择培训方式的理由是什么？培训是否涉及企业或行业之前的违规事件，以及从违规事件中汲取的经验与教训？企业如何评估培训的有效性？培训后是否对员工进行了测试？对于测试不合格的员工，企业采取何种方法进行管理？

5.4.4 对举报渠道有效性的考量

是否提前向员工说明了企业的举报渠道？是否提前向员工说明了违规后所应承担的后果？是否得到了员工的认可？高级管理层采取了哪些措施让员工了解企业对不当行为的立场？当员工因不遵守企业的政策和流程而被解雇或受到纪律处分时，企业通常会进行怎样的沟通？

5.4.5 对合规资源获取有效性的考量

企业为员工提供了哪些有关合规政策指导的资源？企业如何评估员工是否知道何时寻求建议，以及他们是否愿意这样做？相关资源在哪里获取？获取方式是什么？

练习

以下哪些标准可以用于衡量合规文化建设的有效性？①

（1）举报渠道畅通的程度。

（2）是否有针对高风险领域进行的培训。

（3）培训的参与度。

（4）现场培训次数占总体培训次数的比重。

① 答案：（1）（2）（3）。

第 6 章　合规风险评估工作指引

合规风险的梳理是合规管理体系建设的根基，风险梳理的准确性，影响企业合规管理体系建设方向的准确性。合规风险梳理的技术要求高，要依据地域特色、行业特色、企业特色等进行聚焦，将外部的合规环境与内部的经营管理相结合。

在进行风险梳理工作前，首先要明确三个概念：合规义务、合规风险及合规环境。

依照 ISO 37301 中的描述：合规义务是组织（3.1）必须遵守的要求（3.14），以及组织（3.1）自愿遵守的要求（3.14）。

ISO 37301 中没有再将合规义务细分为合规要求（必须遵守的要求），以及合规承诺（自愿遵守的要求），而是按其上位概念——合规义务来进行的统一定义。

组织应系统地识别由其活动、产品和服务衍生出的合规义务，并评估它们对组织运营的影响。

组织应具有的流程：

a）识别新的合规义务并改进，以确保合规管理的持续性；

b）评估所发现的变化带来的影响，并在合规义务管理中实施任何必要的更新。

组织应保持将其合规义务的信息文档化。

简言之，合规义务是指组织从内外部风险环境中梳理出的与合规有关的潜在风险，是组织应符合的所有涉及合规管理方面的内容。

合规风险是指当组织梳理完合规义务后，依照相关判断逻辑，从全部合规义务中挑选出最紧急的需要进行管控的内容，将其嵌入组织 PDCA 管理流程中进行管理。需要强调的是，无论合规义务还是合规风险，都需要持续更新，需要时时根据内外部情况的变化进行更替。

合规义务是合规风险的基础，合规风险是搭建合规管理体系的基础，如图 6-1 所示。

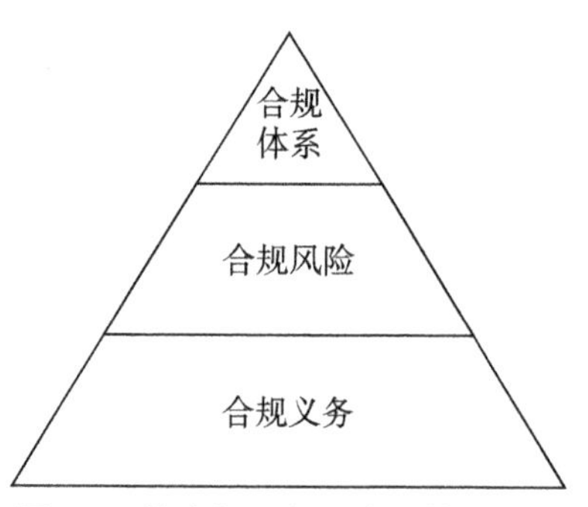

图 6-1　从合规义务到合规管理体系

我们可以将合规义务的来源分为三类：法律类义务，规范类义务，道德与承诺类义务。

合规环境是指组织所处的外部环境和内部环境。前者是指企业外部涉及合规管理的内容，即外部合规环境；后者指的是企业内部涉及合规管理的内容，包含企业的合规管理现状和管理能力，即内部合规环境。

企业工作的流程是通过了解内外部合规环境—聚焦与企业相关的合规义务—找出当下亟待解决的合规风险，如图 6-2 所示。

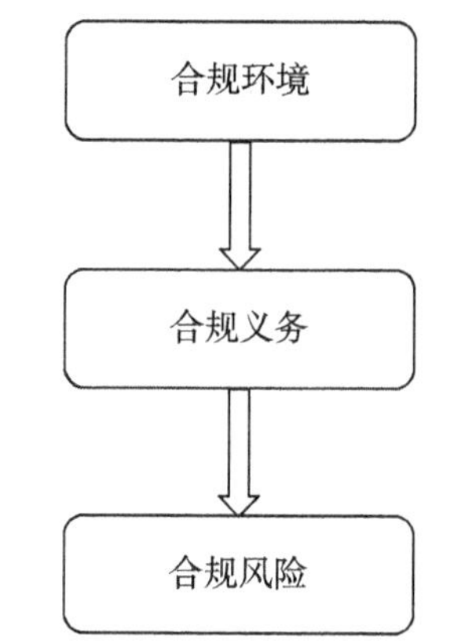

图 6-2　从合规环境到合规风险

练习

名词解释：合规义务、合规风险、合规环境。[①]

① 答案：见前文。

6.1　制度的撰写

合规义务的梳理及合规风险的评估要以相应的制度和流程作为支撑。如何撰写合规义务及合规风险相关工作的制度及流程呢？制度中首先要有相应的总则和原则，其次要明确何时何种情况下需要启动梳理和评估风险的工作，最后要给出相应的梳理和评估风险的方法。制度的撰写要尽量准确、清晰，尽可能列出在经营管理中所遇到的各种情况。例如，在明确何时何种情况下需要启动梳理和评估风险的工作时，可以列出以下情况：

- 企业定期全流程的常规合规风险梳理；
- 对商业伙伴的合规风险梳理；
- 对项目、招投标流程和国际业务的合规风险梳理；
- 对并购与剥离、合资企业、分支机构的合规风险梳理；
- 对供应链管理的合规风险梳理；
- 对人员的合规风险梳理；
- 对合规职能和合规工作流程的合规风险梳理；
- 对外部合规环境的合规风险梳理；
- 聚焦重点领域的合规风险梳理，如反贿赂、反垄断、信息保护等；
- 对于其他可能违反合规管理要求的合规风险梳理。

在制定了清晰有效的制度后，还要匹配相应的操作流程，比如，在进行合规义务梳理时，需要明确有哪些人员、部门，通过哪些流程进行配合。在合规工作中每个人的职责和流程节点要尽量清晰化，保证衔接的畅通性。以简要的合规义务梳理流程为例，可以设计如图6-3所示的流程。

图6-3　合规义务梳理流程图

首先由合规部门对业务部门进行摸底，摸底可以采取问卷调查、访谈、文件梳理等形式，初步摸排相关的合规义务；其次由合规部门进行汇总；再次由合规部门综合内外部的合规环境及业务情况，剔除不属于合规风险的部分，补充摸底可能遗漏的部分，得出对合规义务的初步结论；然后合规部门与业务部门就初步的合规义务情况进行再次商讨；最后得出相应的合规义务。

在进行流程的撰写时，可以图文并茂的形式，使相关人员更易于理解，充分配合。同时，若需要进行较大规模的合规义务梳理，则可以在企业内部抽调核心人员，成立专项工作组，定期商讨并进行汇报。

6.2 合规义务的梳理

合规义务是指组织从内外部风险环境中梳理出的与合规有关的潜在风险，是组织应符合的所有涉及合规管理方面的内容。合规义务的梳理可采用以下方法：扫描合规环境、聚焦合规义务、搭建义务框架模型及连接合规义务与业务运营。

6.2.1 扫描合规环境

首先，确定本次合规义务梳理的目标，是定期的全面梳理，还是因为重大事件而产生的专项梳理，抑或是对商业伙伴或个人进行的定点梳理。确定工作目标后，需要围绕目标进行全链条的合规环境信息的收集。以某汽车企业的定期全面梳理工作为例，首先对内外部合规环境进行分类。

外部合规环境：

- 法律类；
- 行政法规类。

内部合规环境：

- 合规管理制度类；
- 合规管理流程类；
- 既往重大违规事件类；
- 相关报告，如审计报告、风险报告等。

其次，对外部合规环境进行扫描，收集相应的规定文件。常用的外部合规义务检索信息地址如下。

- 法律图书馆。
- 找法网法规库。
- 政府官网。

——法律：中国人大网。

——司法解释：中华人民共和国最高人民法院。

——行政法规：中国政府网。

——中华人民共和国司法部。

• 最高院的会议纪要。

以外部合规环境中的法律类为例，该企业梳理出了如下法律义务类文件，如表 6-1 所示。

表 6-1　某企业行业外部合规环境之法律环境

法律名称	实施日期
中华人民共和国民法典	2021-01-01
中华人民共和国刑法（2020 修正）	2021-03-01
中华人民共和国产品质量法（2018 修正）	2018-12-29
中华人民共和国消费者权益保护法（2013 修正）	2014-03-15
中华人民共和国车船税法（2019 修正）	2019-04-23
中华人民共和国环境保护法（2014 修订）	2015-01-01
中华人民共和国大气污染防治法（2018 修正）	2018-10-26
中华人民共和国标准化法（2017 修订）	2018-01-01
中华人民共和国计量法（2018 修正）	2018-10-26
中华人民共和国反垄断法（2022 修正）	2022-08-01
中华人民共和国反不正当竞争法（2019 修正）	2019-04-23
中华人民共和国政府采购法（2014 修正）	2014-08-31
中华人民共和国进出口商品检验法（2021 修正）	2021-04-29
中华人民共和国对外贸易法（2022 修正）	2022-12-30
中华人民共和国海关法（2021 修正）	2021-04-29
中华人民共和国公路法（2017 修正）	2017-11-05
中华人民共和国道路交通安全法（2021 修正）	2021-04-29
中华人民共和国保险法（2015 修正）	2015-04-24

该企业梳理的标准、指南类义务类文件如表 6-2 所示。

表 6-2　某企业行业外部合规环境之标准、指南类环境

标准、指南类名称	发布时间
中央企业合规管理指引（试行）	2018-11-2
中央企业合规管理办法	2022-10-1
企业境外经营合规管理指引	2018-12-26
ISO 37301：2021《合规管理体系　要求及使用指南》	2021-4-13

（续表）

标准、指南类名称	发布时间
出口合规指南——有效合规管理体系的要素	2017-2-8
《OFAC 合规承诺框架》	2019-5-2
《世界银行集团诚信合规指南》	2010-9
浙江省省属企业合规管理指引（试行）	2022-3-8
云南省省属企业合规管理指引（试行）	2021-6-15
四川省省属企业合规管理指引（试行）	2020-12-23
江苏省省属企业合规管理指引（试行）	2019-11-6
贵州省国资委监管企业合规经营管理指引	2020-12-16
山东省省属企业合规管理指引	2019-12-13
广东省省属企业合规管理指引（试行）	2020-3-3
陕西省省属企业合规管理指引（试行）	2020-4-9
河北省国资委监管企业合规管理指引（试行）	2018-12-13
湖北省省出资企业合规管理指引（试行）	2021-2-7
内蒙古国资委关于建立企业合规管理体系的指导意见	2020-1-7
北京市市管企业合规管理工作实施方案	2018-12-26
上海市国资委监管企业合规管理指引（试行）	2018-12-28
天津市国资委监管企业合规管理指引（试行）	2020-12-30
重庆市市属国有企业合规管理指引（试行）	2019-11-1
苏州市市属国有企业合规管理指引（试行）	2020-11-2
青岛市国资委监管企业合规管理指引（试行）	2020-9-4
广州市市属企业合规管理指引（试行）	2020-12-1
梅州市市属企业合规管理指引（试行）	2020-8-28
成都市属国有企业合规管理指引	2020-12-31
威海市市属国有企业合规管理指引	2021-3-29

经整理，该汽车企业共收集了 543 份内外部合规环境文件，且进行了分类与归档，作为下一步合规义务聚焦工作的基础。

6.2.2 聚焦合规义务

合规人员首先要明确，对内外部环境进行扫描时，哪些属于合规义务而哪些不属于。合规义务可细分如下。

（1）法律类义务

法律类义务指法律法规、许可、执照或其他形式的授权、监管机构发布的命令、条例或指南、法院或行政法庭的裁决书、条约、惯例和协议。

（2）规范及承诺类义务

规范及承诺类义务指与非政府组织签订的承诺或协议、与主管部门的协议、与客户的协议；企业自身要求，如制度、流程、企业自愿行为、其他行业标准等。

（3）道德类义务

道德类义务指企业对外的商业道德承诺、对客户和利益相关方的承诺、可持续发展要求、企业对员工的商业道德要求。

其中，法律类合规义务往往来自强制性的法律法规，是企业必须遵循的，不具有随意性，也不可选择，必须列入企业合规义务的范围。规范及承诺类合规义务以适合企业规模、复杂性、结构和运营的方式来确定。

例如，某企业从法律类义务《中华人民共和国反不正当竞争法》（下称《反不正当竞争法》）中提取出与企业有关的合规义务，如表 6-3 所示。

表 6-3　某企业《反不正当竞争法》项下的合规义务

第二条　经营者在生产经营活动中，应当遵循自愿、平等、公平、诚信的原则，遵守法律和商业道德。 本法所称的不正当竞争行为，是指经营者在生产经营活动中，违反本法规定，扰乱市场竞争秩序，损害其他经营者或者消费者的合法权益的行为
第六条　经营者不得实施下列混淆行为，引人误认为是他人商品或者与他人存在特定联系： （一）擅自使用与他人有一定影响的商品名称、包装、装潢等相同或者近似的标识； （二）擅自使用他人有一定影响的企业名称（包括简称、字号等）、社会组织名称（包括简称等）、姓名（包括笔名、艺名、译名等）； （三）擅自使用他人有一定影响的域名主体部分、网站名称、网页等； （四）其他足以引人误认为是他人商品或者与他人存在特定联系的混淆行为
第七条　经营者不得采用财物或者其他手段贿赂下列单位或者个人，以谋取交易机会或者竞争优势： （一）交易相对方的工作人员； （二）受交易相对方委托办理相关事务的单位或者个人； （三）利用职权或者影响力影响交易的单位或者个人。 经营者在交易活动中，可以以明示方式向交易相对方支付折扣，或者向中间人支付佣金。经营者向交易相对方支付折扣、向中间人支付佣金的，应当如实入账。接受折扣、佣金的经营者也应当如实入账。 经营者的工作人员进行贿赂的，应当认定为经营者的行为；但是，经营者有证据证明该工作人员的行为与为经营者谋取交易机会或者竞争优势无关的除外
第八条　经营者不得对其商品的性能、功能、质量、销售状况、用户评价、曾获荣誉等作虚假或者引人误解的商业宣传，欺骗、误导消费者。 经营者不得通过组织虚假交易等方式，帮助其他经营者进行虚假或者引人误解的商业宣传

（续表）

第九条　经营者不得实施下列侵犯商业秘密的行为：（一）以盗窃、贿赂、欺诈、胁迫、电子侵入或者其他不正当手段获取权利人的商业秘密；（二）披露、使用或者允许他人使用以前项手段获取的权利人的商业秘密；（三）违反保密义务或者违反权利人有关保守商业秘密的要求，披露、使用或者允许他人使用其所掌握的商业秘密；（四）教唆、引诱、帮助他人违反保密义务或者违反权利人有关保守商业秘密的要求，获取、披露、使用或者允许他人使用权利人的商业秘密。经营者以外的其他自然人、法人和非法人组织实施前款所列违法行为的，视为侵犯商业秘密。第三人明知或者应知商业秘密权利人的员工、前员工或者其他单位、个人实施本条第一款所列违法行为，仍获取、披露、使用或者允许他人使用该商业秘密的，视为侵犯商业秘密。本法所称的商业秘密，是指不为公众所知悉、具有商业价值并经权利人采取相应保密措施的技术信息、经营信息等商业信息
第十条　经营者进行有奖销售不得存在下列情形：（一）所设奖的种类、兑奖条件、奖金金额或者奖品等有奖销售信息不明确，影响兑奖；（二）采用谎称有奖或者故意让内定人员中奖的欺骗方式进行有奖销售；（三）抽奖式的有奖销售，最高奖的金额超过五万元
第十一条　经营者不得编造、传播虚假信息或者误导性信息，损害竞争对手的商业信誉、商品声誉
第十二条　经营者利用网络从事生产经营活动，应当遵守本法的各项规定。经营者不得利用技术手段，通过影响用户选择或者其他方式，实施下列妨碍、破坏其他经营者合法提供的网络产品或者服务正常运行的行为：（一）未经其他经营者同意，在其合法提供的网络产品或者服务中，插入链接、强制进行目标跳转；（二）误导、欺骗、强迫用户修改、关闭、卸载其他经营者合法提供的网络产品或者服务；（三）恶意对其他经营者合法提供的网络产品或者服务实施不兼容；（四）其他妨碍、破坏其他经营者合法提供的网络产品或者服务正常运行的行为
第十七条　经营者违反本法规定，给他人造成损害的，应当依法承担民事责任……经营者恶意实施侵犯商业秘密行为，情节严重的，可以在按照上述方法确定数额的一倍以上五倍以下确定赔偿数额。赔偿数额还应当包括经营者为制止侵权行为所支付的合理开支。经营者违反本法第六条、第九条规定，权利人因被侵权所受到的实际损失、侵权人因侵权所获得的利益难以确定的，由人民法院根据侵权行为的情节判决给予权利人五百万元以下的赔偿
第十八条　经营者违反本法第六条规定实施混淆行为的，由监督检查部门责令停止违法行为，没收违法商品。违法经营额五万元以上的，可以并处违法经营额五倍以下的罚款；没有违法经营额或者违法经营额不足五万元的，可以并处二十五万元以下的罚款。情节严重的，吊销营业执照。 经营者登记的企业名称违反本法第六条规定的，应当及时办理名称变更登记；名称变更前，由原企业登记机关以统一社会信用代码代替其名称
第十九条　经营者违反本法第七条规定贿赂他人的，由监督检查部门没收违法所得，处十万元以上三百万元以下的罚款。情节严重的，吊销营业执照
第二十条　经营者违反本法第八条规定对其商品作虚假或者引人误解的商业宣传，或者通过组织虚假交易等方式帮助其他经营者进行虚假或者引人误解的商业宣传的，由监督检查部门责令停止违法行为，处二十万元以上一百万元以下的罚款；情节严重的，处一百万元以上二百万元以下的罚款，可以吊销营业执照。经营者违反本法第八条规定，属于发布虚假广告的，依照《中华人民共和国广告法》的规定处罚
第二十一条　经营者以及其他自然人、法人和非法人组织违反本法第九条规定侵犯商业秘密的，由监督检查部门责令停止违法行为，没收违法所得，处十万元以上一百万元以下的罚款；情节严重的，处五十万元以上五百万元以下的罚款
第二十二条　经营者违反本法第十条规定进行有奖销售的，由监督检查部门责令停止违法行为，处五万元以上五十万元以下的罚款

（续表）

第二十三条 经营者违反本法第十一条规定损害竞争对手商业信誉、商品声誉的，由监督检查部门责令停止违法行为、消除影响，处十万元以上五十万元以下的罚款；情节严重的，处五十万元以上三百万元以下的罚款
第二十四条 经营者违反本法第十二条规定妨碍、破坏其他经营者合法提供的网络产品或者服务正常运行的，由监督检查部门责令停止违法行为，处十万元以上五十万元以下的罚款；情节严重的，处五十万元以上三百万元以下的罚款
第二十五条 经营者违反本法规定从事不正当竞争，有主动消除或者减轻违法行为危害后果等法定情形的，依法从轻或者减轻行政处罚；违法行为轻微并及时纠正，没有造成危害后果的，不予行政处罚
第二十六条 经营者违反本法规定从事不正当竞争，受到行政处罚的，由监督检查部门记入信用记录，并依照有关法律、行政法规的规定予以公示
第三十一条 违反本法规定，构成犯罪的，依法追究刑事责任
第三十二条 在侵犯商业秘密的民事审判程序中，商业秘密权利人提供初步证据，证明其已经对所主张的商业秘密采取保密措施，且合理表明商业秘密被侵犯，涉嫌侵权人应当证明权利人所主张的商业秘密不属于本法规定的商业秘密。商业秘密权利人提供初步证据合理表明商业秘密被侵犯，且提供以下证据之一的，涉嫌侵权人应当证明其不存在侵犯商业秘密的行为：（一）有证据表明涉嫌侵权人有渠道或者机会获取商业秘密，且其使用的信息与该商业秘密实质上相同；（二）有证据表明商业秘密已经被涉嫌侵权人披露、使用或者有被披露、使用的风险；（三）有其他证据表明商业秘密被涉嫌侵权人侵犯

经梳理，该企业共得出合规义务 1588 条。

要特别注意，从法条中所摘取的条款仅仅是合规义务梳理的依据，法律法规条款不应当直接作为合规义务呈现给相关人员，我们可以称其为合规义务的未进行商业语言转化的版本，简称未转化版本或初级版本。因为，对非法律专业人士来说，理解和解读法律条款是有一定门槛的，更别说应用在工作流程中。所以，合规人员的另一项重要工作就是将法律条款类的内容转化成适用于企业甚至适用于岗位的商业语言。所以，在初步完成对合规义务的分类及整理后，要进行合规义务与业务运营的连接与转换。

6.2.3 搭建义务框架模型

当企业对合规义务完成了初步提取后，需要按照需求进行合规义务的分类。分类要尽量清晰、明确，方便在后续工作中进行检索和查阅。

合规义务的分类可以依照合规管理的分类分为：合规主题领域类和经营管理领域类。

某汽车企业对合规义务做出了如下分类。

合规主题领域类如表 6-4 所示。

表 6-4　合规义务分类——合规主题领域类

反不正当竞争
反贿赂
反欺诈
反洗钱
个人隐私保护
国家安全
反腐败
反舞弊
反垄断
固定资产管理
出口管制
经济制裁
地域合规
环境保护
人权
突击检查
信息安全
信息披露
知识产权

经营管理领域类如表 6-5 所示。

表 6-5　合规义务分类——经营管理领域类

安全管理
财税管理
法律管理
风险管理
高管行为
国际组织
国资管理
行政管理
合规管理
合同管理
劳动用工
内控管理

（续表）

商业伙伴
审计管理
声誉管理
投资管理
项目管理
信息管理
营销管理
招标与采购
政府关系
制度与监督

最后，该汽车企业依照自身情况得到一个分类清晰的合规义务库的表头，如表 6-6 所示。

表 6-6　合规义务库表头

序号	涉及地域	管理领域	合规领域	风险性质	风险来源

但是，需要注意的是，此义务库表格中的分类及描述是具有明显的企业特色的。比如，有的企业管理模式非常简单，那么可能不需要区分经营管理领域；有的企业仅在一地经营，那么“涉及地域”一项就显得多余了。又比如，有的企业为集团型企业，那么就需要增设“下属子公司名称”进行细化与区分。

6.2.4　连接合规义务与业务运营

在整理了合规义务的初级版本（即未经转化版本）后，更重要的工作是要对其进行业务适用的转化。业务转化的意义在于将晦涩难懂的法律语言转化成业务人员看得懂、理解得了的商业语言。如何转化要依据本企业的经营情况来确定。

以上述汽车企业为例，对《中华人民共和国反垄断法》（下称《反垄断法》）进行提取后，合规人员目前正在对第十三条第一款的内容进行商业语言的转化，条款原文如下。

“禁止具有竞争关系的经营者达成下列垄断协议：（一）固定或者变更商品价格……”

那么转化时就要考虑到经营的特点，将第一款的描述拆解成易于理解的商业要点，如下所示。

- 什么是固定或者变更商品价格？

- 固定最低价还是固定最高价？
- 如果不固定价格，那么是否可以固定与价格有关的信息，如销量、产量等？
- 固定什么价格，直销价、转售价？
- 什么算固定，口头的算吗？什么程度叫作固定，互相谈论了一下今年的市场规划可以吗？
- 参加同行会议时会不会涉及反垄断的问题？
- ……

拆解后再对合规义务进行详细的描述，合规人员就得到类似以下的商业描述内容：

“若管控不到位，发生对渠道商进行商品最低价格的固定，包括口头约定的情况；或发生企业人员对外参加行业会议时，公开或私下讨论与企业定价有关的内容，以及相关经营信息如产量、销量等情况的，可能给企业造成违规风险。”

最后，得到此合规义务的完整描述如表 6-7 所示。

表 6-7　合规义务库——业务转化样例

序号	涉及地域	管理领域	合规领域	风险性质	风险来源	合规义务	风险描述
1	中国境内	市场推广	反垄断	法律风险	《反垄断法》	禁止具有竞争关系的经营者达成下列垄断协议：（一）固定或者变更商品价格	若管控不到位，发生对渠道商进行商品最低价格的固定，包括口头约定的情况；或发生企业人员对外参加行业会议时，公开或私下讨论与企业定价有关的内容，以及相关经营信息如产量、销量等情况的，可能给企业造成违规风险

最终，经过完整的梳理，得到该企业当前关于合规义务的完整集合，可以称之为合规义务库。合规义务库的特点是大而全且匹配商业语言。需要注意的是，合规义务库里的义务并不是企业正在或已经发生的风险，仅仅是有发生风险的可能性的义务。

下面将合规义务与预警信号进行比对说明（见表 6-8）。预警信号也是一种风险发生的可能性，但是它来源于企业的经营流程，即从经营中来，偏向于随机的、偶发的、个例的；合规义务是从内外部的合规环境中提取的，偏向于普遍的、常见的、通行的。预警信号多是从负向出发的，即某行为有可能违反某规定；合规义务大多是从正向引导的，即企业应当遵循某条规定。合规义务应当是预警信号的上层建筑，预警信号是合规义务在企业经营中的显现，预警信号的发现可归类于相应的合规义务。预警信号不是在法律中规定的明确违法违规的行为；合规义务可以是明确绑定法律法规或相关承诺的。预警信号可能引发违反合规义务的结果，也可能不引发。

表 6-8　预警信号与合规义务

预警信号	合规义务
某业务人员赠送某国政府官员礼品超过 5000 元，违反企业对外赠予礼品不超过 200 元的规定	《中华人民共和国刑法》第一百六十四条　为谋取不正当利益，给予公司、企业或者其他单位的工作人员以财物，数额较大的，处三年以下有期徒刑或者拘役，并处罚金；数额巨大的，处三年以上十年以下有期徒刑，并处罚金。 为谋取不正当商业利益，给予外国公职人员或者国际公共组织官员以财物的，依照前款的规定处罚

练习

1. 合规义务分为哪几类？[①]

（1）法律类义务。

（2）规范及承诺类义务。

（3）企业内部制度类义务。

（4）道德类义务。

2. 请试着将以下义务初级版本转化为适用于企业情况的商业版本。

第七条　经营者不得采用财物或者其他手段贿赂下列单位或者个人，以谋取交易机会或者竞争优势：

（一）交易相对方的工作人员；

（二）受交易相对方委托办理相关事务的单位或者个人；

（三）利用职权或者影响力影响交易的单位或者个人。

经营者在交易活动中，可以以明示方式向交易相对方支付折扣，或者向中间人支付佣金。经营者向交易相对方支付折扣、向中间人支付佣金的，应当如实入账。接受折扣、佣金的经营者也应当如实入账。

经营者的工作人员进行贿赂的，应当认定为经营者的行为；但是，经营者有证据证明该工作人员的行为与为经营者谋取交易机会或者竞争优势无关的除外。

6.3　合规风险的评估

当企业梳理了相应的合规义务后，紧接着就是进行合规风险评估的工作。风险评估与

① 答案：（1）（2）（4）。

合规义务的梳理同等重要，同时也考察了组织风险提炼的专业度和准确性。当企业完成了合规义务库的建设后，可能会得到上百甚至上千条合规义务。企业不可能同时对所有的合规义务进行管理，要从海量的合规义务库中挑选出当前企业亟待规避的风险。要从庞大的合规义务库中提取紧急而重点的风险，需要经过一系列的模拟和测算。

在进行风险评估时，企业不仅要评估本身的风险，也要评估外部商业伙伴的合规风险。随着全球市场的趋同，业内已经达成普遍认知，即：企业对外部独立的商业伙伴同样承担着相应的合规管理和监督职责。

组织应根据合规义务来识别、分析和评估其面临的合规风险。

——组织应依据合规义务来识别其活动、产品、服务和相关运营方面的合规风险。

——组织应评估与外包和商业伙伴的相关的合规风险。[①]

与合规义务的梳理工作一致，合规风险评估也应当定期进行，甚至频次应高于合规义务识别。除了定期评估之外，每当环境或组织背景发生重大变化时也要重新进行评估。一些重大变化的情况通常包含如下情况。

- 外部环境出现重大变化（如冲突或战争）。
- 企业战略或组织管理架构发生较大变更，如并购或剥离等。
- 企业制度政策与流程发生较大调整。
- 企业推出新业务、产品或服务模式。
- 企业进入新的国别 / 地区市场。
- 重大外部事件，如涉及金融、市场竞争、客户关系等事件。
- 合规义务的重大变化（如政策法规的重大变更、新出台法律法规、新的海外环境等）。
- 企业及下属单位已发生不合规行为，面临或已受到处罚。
- 同行业其他企业出现了不合规行为，面临或已受到处罚。
- ……

当以上触发点发生时，企业需要第一时间开展风险评估工作。在内外部环境出现重大变化后，识别和评估往往伴有明显的合规主题特色。比如，当企业要开展境外业务时，可能需要重点聚焦出口管制、经济制裁等合规领域的工作；当企业进行投资并购时，极大可能需要关注并购双方合规文化融合的相关工作；当企业进入新地区开展业务时，必须了解当地的合规环境，以当地的合规要求为标尺建立合规管理体系，等等。所以当企业在进行合规义务识别和风险评估时，可以先圈定几个必要的合规领域，之后再以重点合规领域为

① 摘自 ISO 37301：2021《合规管理体系　要求及使用指南》。

核心开展全面的风险识别工作。

企业对合规风险的评估通常采取的方法有问卷摸底、打分评估、面谈评估等。

6.3.1 问卷摸底

问卷摸底是一种可以覆盖较大范围的风险调研方法，一般由合规人员针对当前情况设计好合规风险评估问卷，然后发放至相关人员作答。问卷摸底是通过问卷的形式对重点领域、重点部门的合规管理工作进行了解，是一种对合规管理现状进行普查的方式；而打分评估是由专业领域的人员对合规义务进行逐条分析和判定，最终得出风险的结论。

问卷摸底可以采取全员统一问卷或重点领域特定问卷的模式进行摸底。以全员统一问卷摸底为例，可以利用情景模拟对相关人员的合规意识、合规知识进行测试，通常问题可以以选择题为主，后附几道开放性问题。最后，要留出空白让员工留下与合规管理相关的反馈和意见。问卷摸底也属于一种合规沟通的形式。

问卷的设计要遵循简要、明确、易懂的思路。

首先，要让答卷人概括填写相关的身份信息，样例如下。

您目前的职务级别是：

（1）高层管理者

（2）中层管理者

（3）基层员工

您所在组织的海外业务涉及的国家或地区为：

（1）无海外业务

（2）与非欧美且非美国管制国家有业务往来

（3）与欧美地区市场有业务往来

（4）我不清楚

在对答卷人有基本的身份和业务背景了解后，可以开始步入正题，进一步考察其对合规管理的认知程度。

您所在组织对 2021 年发布的 ISO 37301 的了解情况是：

（1）知晓该标准已经发布，但具体内容不了解

（2）知晓该标准已经发布，对内容有一定了解，但不知如何根据标准要求落地

（3）不知晓

除了选择题之外，也可以设置对“符合程度”打分的题，样例如下。

您所在组织已经编写了对实际工作具有指导意义的合规政策，如商业道德行为准则、利益冲突申报政策等，并已传达到全员，员工每年签署对其遵守的承诺书。您认为以上描述的符合程度为：

1～9分（9分为完全符合）

之后，可以设置情景类问题，样例如下。

当您发现企业内部有疑似违规行为发生时，您会首先咨询企业内部的法务/合规人员。您认为以上描述的符合程度为：

1～9分（9分为完全符合）

最后，留出开放性的问题，样例如下。

您还有什么需要向合规部反馈的吗？

要注意，尤其在设置情景性问题时，如果情景过于敏感，可能引发答卷人的反感，这时需要引入虚拟的“第三人称”进行问题描述，如“××收到来自供应商的好处，价值5000元……”。这可以将答卷人抽离出情景，更客观地作答。

问卷的最后，要对答卷人表示感谢。

感谢您的参与，您的支持是我们进行合规工作的基础。

当然，以上仅仅是简要的问卷样例，当我们进行问卷设计时，要考虑到特定的部门、特定的主题，之后再对问卷进行综合设计。问卷摸底是一种简便有效的评估形式，有助于合规人员迅速了解当前企业合规管理的基础，其结果可以作为辅助合规人员判断合规风险的依据。但是问卷摸底不可过于频繁，以免干扰员工的正常工作和生活。

6.3.2　打分评估

打分评估指的是对合规风险的可能性与影响力进行排序，从而得到合规风险重要程度的顺序，得出企业目前亟待解决的风险点。

可能性指的是风险发生的概率；影响力指的是风险一旦发生对企业影响的严重程度，即企业可能遭受法律制裁、监管处罚、重大财产损失和声誉损失，影响经营资质、股票市值、行业地位和业务开展等重大后果。

依照企业对风险的管理深度，打分可以按 1 ～ 9 分、1 ～ 5 分或以高、中、低来区分。以 1 ～ 5 分打分为例。

可能性的程度分为：非常可能为 5 分，有可能为 4 分，相对可能为 3 分，不太可能为 2 分，不可能为 1 分。

影响力的程度分为：非常严重 5 分，严重 4 分，较严重 3 分，一般 2 分，轻微 1 分。

通常，应当选择部门负责人或者在部门有一定资历的人员作为打分人，要保证该打分人对企业的管理有充分的认知和熟悉度，能够通盘考量该风险发生的可能性和影响力。但是，若合规风险库中有成百上千条风险，打分人很难对数量众多的风险进行打分，这时，就需要合规人员对风险进行提前分类和筛选。依照经验，完全不符合当前管理策略的风险，可以不纳入打分的范畴。同时，若企业规模较大，没有必要让某一部门的打分人对所有的合规风险进行打分。合规人员可以提前对合规风险库进行拆解，排除与打分人工作职能相去甚远的内容。将特定内容给特定部门的人员进行打分，可以确保工作的有效性。

打分完成后，合规人员负责收集并整理，剔除那些明显不符合要求的打分问卷，如对所有的风险打出一样的分数，或没有进行完整的打分，等等。之后合规人员对问卷进行综合测算，测算结果作为评估合规风险的依据之一。

6.3.3　面谈评估

面谈评估指的是由合规人员与业务人员以面对面的形式探讨合规风险的评估结果。面谈评估可以采取一对一的方式，也可以采取一对多或多对多的方式。

头脑风暴是经常被采用的一对多的评估形式，合规人员可以组织多个部门或者一个部门的多位人员进行有重点的头脑风暴。合规人员是头脑风暴的组织者和主持人，合规人员需要提前挑选出用来讨论的重点合规风险，然后组织会议的参与人员进行逐条讨论，让大家畅所欲言地探讨每条合规风险对企业、对部门的影响程度，最后，形成初步的讨论结论并现场公布。头脑风暴可以在短时间内比较深入地探讨合规相关的问题，但是对合规人员本身的组织和沟通能力要求非常高。通常，参加讨论的人员应当是企业中有一定级别的管理者，要想让他们在会议上畅所欲言，同时其他讨论者可以不受层级所限，也充分发表自己的观点，这就需要组织者尽可能营造融洽的氛围，让讨论者不受其他因素的干扰。若头脑风暴变成了某些管理者的一言堂，或者成了按次序发言的发言大会，则就失去其意义了。

除头脑风暴之外，对于一些较敏感的合规风险，合规人员也可以与相关部门专业人士进行一对一的讨论。

面谈评估的结果，也可作为评估合规风险的依据之一。

6.3.4 其他评估

除了上述风险评估的方法，还有其他的合规风险评估方式，如要求业务部门定期上报合规风险、合规人员或管理层暗中走访调查风险、对离职人员进行关于合规风险的面谈等。

在通过各种评估方式得出风险的分项结论后，合规人员要对评估结果进行汇总和分析。以上种种方法均可作为评估的辅助手段，虽然上述方法是在合规风险评估中常见的手段，但是都有一个共性问题，即对风险程度的量化不可能百分之百准确。比如，在进行打分评估时，风险发生可能性的程度 6 和程度 7 的界限在哪里；在进行全员问卷调查时，一般符合和比较符合的界限在哪里。这些都很难进行量化判断。并且，风险评估是一种将来性的行为，很难做到完全量化。这时，合规人员就需要发挥专业性，将无法量化的评估尽可能地拆解，增加定量的比重，减少定性的比重。

比如，合规人员可以按照企业的情况设置符合当下的合规风险评估公式。以上述某汽车企业为例，该企业的合规风险评估公式（样例）如表 6-9 所示。

表 6-9 合规风险评估公式（样例）

合规风险程度 $=W_1\times$ 影响力 $\times W_2\times$ 可能性 $\times W_3\times$ 专家判定
其中：影响力 $=W_4\times$（财务影响＋声誉影响）$+W_5\times$ 既往损失
可能性 $=W_6\times$ 制度管控水平 $+W_7\times$ 员工意识程度
其中，W 为权重，制度管控水平参考合规管理体系成熟度模型

将原本过于概括的影响力拆分成财务影响、声誉影响及既往损失等子指标，将可能性拆分为制度管控水平与员工意识程度等子指标。

在进行对企业非常重要的风险评估工作时，合规人员还可将每项子指标继续进行细分，拆解为二级子指标、三级子指标等，直至大部分指标可以用定量的方式进行收集。

通过对合规风险的分析，某汽车企业最终得到了图 6-4 所示的合规风险分布图

（样例）。

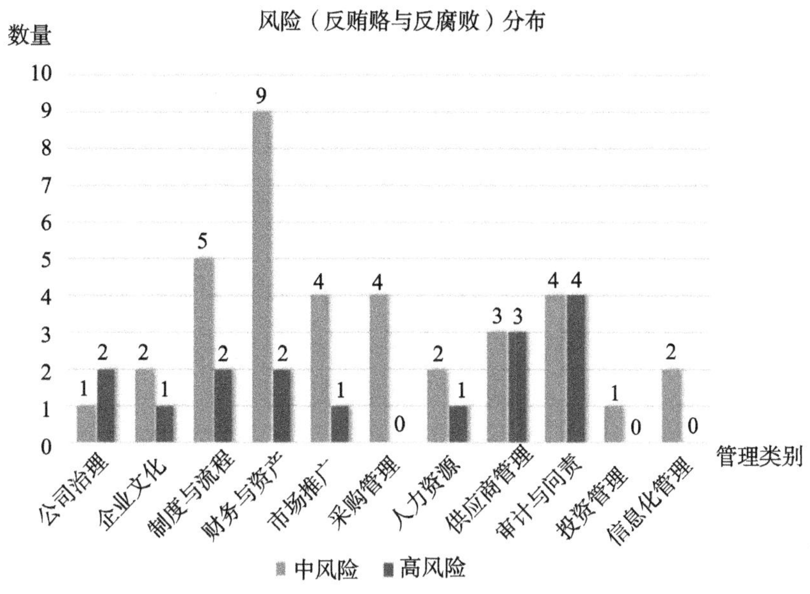

图 6-4　合规风险分布图（样例）

最后，还应当撰写合规风险报告（见图 6-5），将其作为合规风险工作成果进行存档。合规风险报告的模式一般为：介绍，即简要介绍本次风险评估工作的方式方法、涉及人员等；综述，即综合说明本次合规风险评估的结果及相关建议，可以用图表 + 文字形式予以展示；分项说明，即将评估结果分类进行列举及说明，每项风险后面应当有其清晰的程度结论，如高、中、低；附录，即简要说明本次风险评估工作参考了哪些文件等。

合规风险报告

介绍

· 评估方法

· 涉及人员

综述

分项说明

· 分项评估结果

· 分项风险程度

附录

· 参考文件列表

· 访谈列表

图 6-5　合规风险报告（样例）

练习

请列出您企业的合规风险评估的公式。

6.4 有效性审查

合规义务梳理和风险评估工作，同样也有相应的有效性指标可以对其进行量化检查。对合规义务梳理及风险评估工作有效性的审查工作涉及以下几点。首先，要审查风险评估工作是否建立在了解企业业务、了解企业经营模式的基础上。比如，在进行风险评估的有效性审查时，要考虑到合规义务梳理和风险评估的工作是否密切绑定了企业当下的经营特点，如业务模式、地理范围、是否有并购因素、是否涵盖了商业伙伴等。其次，要审查企业领导层对合规风险评估工作的重视度，如在多大范围内进行了审查，投入了多少人力、物力和工作时间等。再次，要审查企业启动合规义务梳理和风险评估工作的契机是否合理，是否在该启动时切实启动了相关工作，如在进行投资并购时，是否应当启动但是未启动相应的梳理和评估工作等。需要强调的是，是否发生了违规行为不应当成为审查合规义务梳理和合规风险评估工作有效性的指标之一，对该项工作有效性的审查应当更多聚焦于工作方法和工作流程。

6.4.1 对梳理方法的考量

企业采取何种方法识别、收集、总结、分析、应对其面临的特定合规义务？企业收集、利用了哪些信息或指标，以帮助检测存在问题的不当行为？这些信息或指标如何影响企业的合规管理体系？

6.4.2 对管控恰当性的考量

企业是否把过多的时间花在监管低风险领域而非中高风险领域？企业是否依照约定和要求对高风险交易（例如，与高风险国家的政府机构签订大额合同）进行了更严格的审查，而不是把重点放在更温和、更常规的接待和娱乐活动方面？

6.4.3 对评估持续改进的考量

企业的合规义务风险评估公式是什么，是否合理？合规风险评估制度是否是现行制度并依照企业需求定期修订？这些修订是否对之前发现的违规行为做出了管理上的弥补？

练习

以下不能作为合规风险评估工作有效性指标的是：①

（1）合规风险评估制度的更新频次；

（2）违规事件发生的次数；

（3）企业进行风险评估的方法；

（4）企业对高风险领域的管理力度。

① 答案：（2）。

第 7 章　合规尽职调查工作指引

合规尽职调查是在合规管理工作中常用的风险防控手段，尽职调查的对象可以是合作伙伴、个人、项目等。与传统的法律尽职调查不同，合规尽职调查关注的是重点领域的预警信号和防控措施，评估调查对象的合规风险和合规管理能力。比如，在进行以反贿赂与反腐败为主要内容的合规尽职调查时，需要对调查对象的政府背景，既往违规情况，自身的反贿赂与反腐败管控现状等进行调查。每个调查对象所面对的重点领域不同，这就需要合规人员在启动合规尽职调查前做好前期的摸底工作，将数量庞大的合规主题聚焦在与调查对象有关的、重点的内容上。

合规尽职调查的结果可以辅助业务决策，以避免潜在的违规行为给企业带来合作上的风险。通常，企业更注重被调查方的业务能力，却往往忽略了合规情况，合规水平和合规管理能力应当与业务能力同等重要，对合规情况的调查应与业务能力的调查同步进行，以便决策人员能够进行综合的判断。

需要强调的是，合规尽职调查的最终目的不是发现风险，而是在发现风险的基础上进行判断及处理，比如，确定哪些风险可以消除，不阻碍企业的正常合作；而哪些风险是硬伤，如果合作，就会给企业带来不可挽回的巨大损失。发现风险、解决风险、辅助商业决策，是合规尽职调查应当起到的作用。

7.1　制度的撰写

以商业伙伴、个人、项目等为对象的尽职调查制度，可以被分别整合至企业对商业伙伴的管理制度、人力资源对员工的招聘和管理制度及并购制度中。以商业伙伴尽职调查制度为例，企业需要结合对商业伙伴的管理进行撰写。制度大纲（样例）一般如图 7-1 所示。

简介 目的 范围和适用性 管理 全球与地方法律法规合规性 定义 流程要求 管理与审查 服务范围 审计与监控 报告与合规 处罚与后果

图 7-1　对商业伙伴的尽职调查制度大纲（样例）

其中，对商业伙伴尽职调查的描述（样例）如图 7-2 所示。

根据本企业《全球商业道德与行为准则》和《反贿赂政策》，企业仅可与完全遵守本政策要求的商业伙伴建立合作关系，避免滋生贿赂和腐败。 为遵守本政策，企业需完成以下流程要求。相关程序文件中详细说明了流程步骤和辅助文档。 一、甄别 甄别和挑选合适的商业伙伴非常重要。为此，企业需要通过评估合作事由、收集商业伙伴所有相关信息，以及开展商业伙伴访谈 / 问卷调查来评估企业对商业伙伴的需求。 二、风险评估 需对所有商业伙伴进行风险评估，以确定其法律和商业风险级别（低、中、高），从而开展有针对性的尽职调查评估。企业全球法务与合规部门在具备充分正当理由的情况下，可以选择开展等级评定。 三、尽职调查与培训 尽职调查等级由风险评估的整体评级结果决定。每个风险级别（低、中、高）对应不同的尽职调查要求，会对企业或商业伙伴形成不同的成本影响。 四、缔约与声明 企业与商业伙伴签订的所有合约均需包含强制和不可转让的道德行为条款。 所有商业伙伴每年均需与企业签订合规声明文件。

图 7-2　对商业伙伴尽职调查的描述（样例）

对商业伙伴尽职调查工作的管理与审查可涵盖以下内容。

企业需对商业伙伴的表现进行定期审查，并需逐年：

（1）根据企业要求评估与商业伙伴的关系；

（2）根据已定标准评估商业伙伴的表现；

（3）评估所有实质性变更；

（4）评估商业伙伴的道德状况和遵守企业要求的能力。

在制定相应的制度后，需要匹配执行尽职调查制度的相应流程，其内容如图 7-3 所示。

简介与目的 流程概览 流程要求 沟通 问卷 风险评估 尽职调查 培训 缔约 声明 年度审核 其他指导

图 7-3　对商业伙伴尽职调查的流程的大纲（样例）

除流程之外，合规人员也需要给出固定的模板文件供相关部门进行填写，收集商业伙伴的基础信息。相关文件如《合规问卷》《合规声明》等。

《合规问卷》样例如下。

1. 商业信息	
1.1 贵公司成立的时间和地点？请提供一份营业执照复印件（正本及副本）	
1.2 贵公司股权结构如何？请提供一份盖章证明的组织结构图复印件	
1.3 贵公司在哪些国家开展业务并提供服务	
1.4 贵公司是否持有必需的行业资格经营许可，请提供复印件	
1.5 贵公司是否设有任何结盟企业、特许经营企业或合资企业？请提供细节信息	
1.6 请提供贵公司股东和董事的全名与联系方式	
1.7 贵公司的业务范围和服务领域涉及什么	
1.8 贵公司有多少员工，分布在哪些地方	
1.9 哪些关键人员会协助公司为客户提供服务？请提供这些关键人员的全名和联系方式	
2. 关系	
2.1 贵公司或贵公司中任何个人是否与政府官员存在任何关联？若有，请提供相关信息	
2.2 贵方是否会因与公司的合作而与政府官员交流？若有，请提供细节信息	
2.3 贵方与公司客户或潜在客户是否存在任何关联？请提供细节信息	

（续）

3. 工作背景与服务	
3.1 贵方在向公司或公司客户提供服务的过程中是否会用到分包商？若是，请列出分包商名称和所提供的服务	
3.2 为什么贵方需要使用其他商业伙伴的服务	
3.3 贵方合作的商业伙伴是否与政府存在联系	
3.4 贵方是否与合作分包商订立了合约	
3.5 贵方是否为其他跨国公司提供服务？请提供细节信息	
4. 其他事项	
4.1 贵公司是否制定了反贿赂政策或行为准则？请提供复印件	
4.2 贵公司是否为员工提供合规培训？请提供细节信息	
4.3 贵公司是否曾牵涉到贿赂或腐败或任何不道德行为事件中？请提供细节信息	
4.4 贵公司或贵公司任一员工是否曾经受到调查？请提供细节信息	
4.5 贵公司是否破产过？请提供细节信息	
4.6 贵公司或贵公司任一员工是否曾牵涉到任何法庭案件或诉讼中？请提供细节信息	
4.7 贵方是否会向客户或商业伙伴提供礼品和款待服务	
4.8 贵方是否提供赞助或慈善捐助？若是，请提供细节信息	
4.9 为确保收据、发票和支付款项的透明度，贵公司制定了哪些流程	

本人在此确认以上提供信息完整、属实，且本人经过合法授权代表 ×× （公司名称）做出以上申述。

签名

____

姓名

____

职位

____

日期

____

《合规声明》样例如下。

签署本声明后，××（公司名称）同意并保证：

我方将履行与贵企业及下属全资子公司订立协议中规定的义务，包括但不限于协议中道德行为条款规定的要求。

我方（及任何授权分包商）全体员工将严格遵守下述规定：

1.《商业和道德行为准则》；

2.《反贿赂政策》；

3. 任何其他相关政策或程序及以上文件的修订版本。

我方已采取了所有必要步骤和措施确保我方具备适当的政策和控制方案，满足地方和全球反贿赂法律法规的要求，包括美国的《海外反腐败法》和英国的《反贿赂法案》。

所有服务企业客户的相关员工及新员工都需完成企业要求的所有培训。

我方未曾也不会在未得到企业事先许可的情况下雇用任何未完成企业合规和尽职调查流程的第三方、代理商、分包商或签证供应商去提供服务。

我方未曾也不会直接或间接向政府官员或其他任何人提供、授权、承诺提供或给予任何款项、礼品、服务或其他任何触犯所有适用的反贿赂法律法规的有价物或利益。

我方未曾牵涉到任何不道德商业行为事件中，且未发现任何不合规问题。我方了解立即向企业披露此类事宜的义务。

我方了解可能会为任何可能导致监管惩罚或控制的不合规行为负责，并且了解如果发生此类问题，贵企业有权立即终止合作关系。

签名

____

姓名（公司董事总经理）

____

公司注册名称

____

日期

____

以上文件应当作为商业伙伴的档案进行保存。除上述文件外，企业也可定期给合作伙伴发放沟通信函，或者发放审计时的通知信函等。所有与商业伙伴的往来文件均应作为档案保存。

7.2　对商业伙伴、第三方的尽职调查

商业伙伴、第三方是经常出现在合规管理中的名词。那么，它们之间有何不同？企业在进行合规管理时有哪些重点呢？

首先来看一下商业伙伴与第三方。

商业伙伴的英文全称为 Business Party，指不隶属于企业，但与企业发生商业往来的独立实体。

第三方的英文全称为 The Third Party，指的是具有独立性的商业实体。第三方明显的特点就是独立性，即脱离组织后能够独立存在。员工、股东等虽然属于利益相关方，但是其脱离了组织本身就不复存在了，所以并不是独立的实体，不应被认定为第三方；企业的项目合资方等，与企业本身有组织上的关联关系，所以也不应算作第三方。在某种程度上，商业伙伴应当包含第三方。

通常，企业可以对商业伙伴或第三方进行合规尽职调查。尽职调查可以分为对公开信息的尽职调查及对非公开信息的尽职调查。当企业处于市场中的强势地位时，可以要求商业伙伴提交相关内部文件以便进行非公开信息的尽职调查，在完成对公开信息的尽职调查后，补充非公开信息的尽职调查。

7.2.1　尽职调查的方法

一、收集信息

合规人员可以利用相关政府机构网站，获取调查对象的公开信息，并将此类信息进行汇总与分类。

常用的信息抓取网站如下。

主体信息检索：

- 国家企业信用信息公示系统；
- 信用中国；
- 中国执行信息公开网。

背景信息查询：

- 巨潮资讯网；
- 主管部门 / 行业网站。

在完成调查对象信息收集后，要对相关信息进行分类、整理，同时形成相应的尽职调查框架，如图 7-4 所示。

图 7-4 企业商业伙伴合规尽职调查框架（部分）

二、审查重点

合规尽职调查审查的重点为合规预警信号，即重点审查那些可能引发违规行为的信号，以及即将产生违规后果的风险。

对商业伙伴合规尽职调查来说，以反贿赂与反腐败的合规尽职调查为例，可能引发风险程度加强或给企业带来违规可能性的预警信号如下。

1. 与资质合规有关的预警信号

（1）商业伙伴是否是合法实体（有企业成立、备案、上市的文件和固定地址等）

比如，被调查实体营业期限是否合理；经营范围是否合理；商业伙伴是否正常经营；注册资金能否覆盖业务需求；是否上市或曾经拟上市或退市；是否为刚刚成立的新企业；企业法定代表人是否有既往违规记录；企业高管是否有既往违规记录；企业注册地与经营地是否合理；企业中英文名称是否一致；企业是否受到或曾受到境外政府或境外机构的制裁；企业是否有历史违规记录；企业账号是否在避税天堂国家和地区注册；等等。

（2）商业伙伴的行业资格

商业伙伴的相关资格证书是否完备，是否在有效期内，是否临期，是否遭到吊销，等等。

2. 和反贿赂与反腐败相关的预警信号

（1）高风险的政府关系

比如：商业伙伴股东方是否是来自政府的人员或组织；商业伙伴是否牵涉与政府交易的商业行为；商业伙伴是否与处在能影响有利于企业的决策位置的政府官员有密切联系；商业伙伴是否牵扯入（境外）当地党派的斗争中；商业伙伴是否对（境外）当地政治人物进行赞助；等等。

（2）内部的反贿赂管理

商业伙伴是否有其内部的反贿赂管理政策；商业伙伴是否进行定期的反贿赂培训；商业伙伴员工是否签署了《反贿赂承诺函》或类似文件；商业伙伴高级管理层对反贿赂与反腐败的态度；商业伙伴是否有专人进行反贿赂管理；等等。

（3）商业伙伴的“异常点”

商业伙伴的付款模式是否异常；佣金的金额和给予的方案是否合理，收到的报酬或其他财务好处是否超出相关行业或当地的正常数额；收款人（方）与实体名称是否统一；商业伙伴是否采取异常的支付方法（例如，指向第三国的收入）；是否授权给商业伙伴的条款对于该行业或国家来说是不常见的（例如，延长付款期限、异常的高额折扣、过于严厉的合同罚则）；商业伙伴是否是客户指定的（例如，最终客户要求使用特定的商业伙伴）；商业伙伴是否坚持匿名合作；商业伙伴是否缺乏履行合约服务所需的技能、资源或记录；商业伙伴开具的发票是否缺少与服务相匹配的细节或说明；商业伙伴是否只在合同签订前需要参与。

3. 其他预警信号

和反贿赂与反腐败相关的其他预警信号的审核。除反贿赂与反腐败之外，其他对商业伙伴的尽职调查，如与反垄断相关的、与信息安全相关的、与境外合规相关的等，合规人员也可以列出相应的审核要点，供企业在尽职调查中使用。

7.2.2 尽职调查的结论与建议

当合规人员对商业伙伴完成了预警信号的审核后，要形成相应的结论与合作建议。一般可以把调查对象整体的风险情况分为高风险、中风险、低风险三个风险档次。然后，对每个预警信号也应当设定对应的风险档次，汇总后，最终得出调查对象整体的风险程度。

尽职调查的结论应当依照相应的预警信号及审核对象的整体风险档次给出恰当的建议，如不建议合作、可以合作、消除相应的预警信号后再合作等。对于预警信号的处理，明显可能涉及违法违规行为的，应当及时指出并严肃给出明确结论；对于模糊不清的风险点，则需要调查对象进行配合，澄清事实，再由合规人员对给出的事实进行二次审查。

案例分享

ZY 公司是一家经营医疗器械（大影像诊断）的企业，计划引进新渠道商。市场部挑选了红星公司作为新渠道商的备选，红星公司是一家大型的医疗器械代理商，在市场上经营近十年，年营收达 10 亿元。红星公司在北方地区有强大的关系网络，与多家公立、私立医院的科室主任有良好的业务关系。正巧，ZY 公司希望在未来的三年内大力开展北方业务，红星公司的条件刚好匹配。

合规人员李明看到市场部送来的候选公司，开始对红星公司进行商业伙伴合规尽职调查。李明搜集到了以下基本信息。

企业名称（中文）：北方红星医疗器械销售中心

企业名称（英文）：Liaoning Hongxing Medical Device Sales Center

工商注册号：310××××××××××

统一社会信用代码：913×××××××××××××××

企业机构代码：082××××××-×

法定代表人：周楠

联系电话：131××××××××

企业类型：个人独资企业

所属行业：批发业

经营状态：存续

注册资本：100 万元人民币

注册时间：2013-11-13

注册地址：北京市朝阳区财富路 5 号 5 幢二层

营业期限：2013-11-13 至无固定期限

经营范围：医疗器械（详见许可证），办公自动化设备，计算机、软件及辅助设备（除计算机信息系统安全专用产品），仪器仪表销售，计算机网络工程，计算机软件开发，计算机维修，计算机信息系统集成服务，计算机信息技术咨询服务，企业管理咨询（除经纪），会务服务，设计制作各类广告，建筑装饰设计工程，机电设备、工业自动化设备（除特种设备）安装维修，楼宇保洁服务，摄影摄像服务。（依法须经批准的项目，经相关部门批准后方可开展经营活动）

登记机关：北京市市场监督管理局

核准日期：2016-05-11

法律风险：曾受到行政处罚

税务信息：税务评级过去 3 年非 A 级

企业经营信息：社保信息 3 人，其他信息未公开

舆情信息：在某论坛发现帖子称该企业对员工升职选拔有不公情况

李明对红星公司进行了如下预警判定。

（1）目标企业中文名为北方红星医疗器械销售中心，英文名称为 Liaoning Hongxing Medical Device Sales Center，中英文名称不匹配。

（2）经查，目标企业法定代表人周楠无行业从业经验，且本市最大三甲医院南方医院院长为周楠舅舅。

（3）目标企业联系电话为 131××××××××，同时为其他 7 家企业的联系电话。

（4）目标企业注册资金 100 万元人民币。

（5）经查，目标企业曾因贿赂科室主任遭到处罚。

（6）目标企业并非新注册企业，但税务评级较低。

（7）目标企业为年营收 10 亿元人民币的企业，但在册人员仅 3 人，无法匹配营收。

（8）目标企业舆情信息有负面信息。

在经过与红星公司的沟通和事实澄清后，李明得出了对红星公司合规尽职调查的风险判定及建议。

（1）目标企业中文名为北方红星医疗器械销售中心，英文名称为 Liaoning Hongxing Medical Device Sales Center，中英文名称不匹配。

经红星公司澄清，其进行了英文名称的修订。

（2）经查，目标企业法定代表人周楠无行业从业经验，且本市最大三甲医院南方医院院长为周楠舅舅。

经与红星公司沟通，法定代表人周楠确实无从业经验，且确为南方医院院长亲戚。此处判定为“高风险”。

（3）目标企业联系电话为131××××××××，同时为其他 7 家企业的联系电话。

另 7 家企业与目标企业确实享有共同的联系方式，此处怀疑为关联企业。此处判定为“中风险”。

（4）目标企业注册资金为 100 万元人民币。

注册资金无法满足大影像诊断业务的需求，存在着经营风险。此处判定为“高风险”。

（5）经查，目标企业曾因贿赂科室主任遭到处罚。

经与红星公司核实，确有此事。此处判定为“高风险”。

（6）目标企业并非新注册企业，但税务评级较低。

经与红星公司核实，税务评级确实较低。此处判定为“中风险”。

（7）目标企业为年营收 10 亿元人民币的企业，但在册人员仅 3 人，无法匹配营收。

经与红星公司核实，为规避公司成本，另有 20 人未在册，红星公司收到李明的反馈后，已经进行整改，完成另外 20 人的用人手续。此处判定为“低风险”。

（8）目标企业舆情信息有负面信息。

经查，该信息显示在某非官方论坛，不应作为官方信息进行参考。此处判定为“低风险”。

最终，李明给出红星公司“高风险”的结论，并且不建议合作。

练习

请列出以反垄断为主要内容的合规尽职调查的要点。①

7.3　关于人员的合规背景调查

对人员的合规背景调查一般可以在员工入职前、转岗前或升职前进行。许多国央企干部任命前用人部门都要征求纪检纪委部门的意见。合规部门也可以起到相同的作用。

人员的合规背景调查与外部独立人事背景调查企业的工作不同。除了关注员工的业绩表现之外，合规背景调查更多关注候选人在合规管理方面的表现。首先是调查对象本人行为的合规性，其是否有违反企业合规管理制度的行为，是否受到过相应的违规处罚。其次要了解调查对象在合规管理工作中的配合度，如合规培训参与度及培训后的考核结果，或调查对象是否被牵扯进相关的合规案件中；若调查领导岗位，还要考察其对部门合规工作的领导程度，如对下属人员合规管理工作的监督是否到位等。

合规人员在调查完人员的合规背景后，也要给出相应的报告及结论，并且出具具体的建议，比如：调查对象无违规情况，可以任用；或调查对象有违规情况，不可任用；等等。

7.4　有效性审查

一个设计良好的合规管理体系应包含对商业伙伴、第三方、人员等基于合规风险的尽职调查。虽然适当的尽职调查深度和主要调查内容可能因企业或交易的规模和性质而异，但企业有义务对其合作的商业伙伴、第三方、人员等相应的合规情况进行考察和了解。

其中，重点的考察方向应包括：调查对象的声誉和与国内外官员的关系，既往违规情况，合规管理的能力，在商业合作中调查对象的角色。以商业伙伴为例，应分析调查对象的合规管理能力、既往合规表现、合同履行的情况、工作执行的情况、违规整改的情况等。而且，企业应通过更新的尽职调查、培训、审计和/或给予商业伙伴的年度合规认证，对商业伙伴的合规情况进行持续监测。

① 参考答案：
（1）与销售商的合同是否有限价内容；
（2）企业是否利用其市场支配地位通过捆绑另一种产品来有条件地出售某种产品；
（3）是否有操纵价格的预警信号，如与其他企业协商统一对某种产品或服务收取相同的价格。

企业的合规尽职调查工作是评估企业合规管理体系有效性的重要依据，是帮助企业预判相关合规风险的重要手段。

7.4.1 对相关流程的考量

企业对商业伙伴、第三方及员工的尽职调查流程如何与企业识别的风险的性质和水平相对应？该流程如何被整合到相关的采购、供应商管理及人事管理流程中？

7.4.2 对管控措施的考量

企业如何确定与商业伙伴、第三方和员工的合作是出于适当的商业理由而非其他非商业因素？如何考量调查对象的潜在不当行为？企业与这些调查对象合作的原因是什么？存在哪些机制来确保合同条款明确描述了商业伙伴将要履行的服务、支付条款是否合适、所述合同工作是否得以完成，以及薪酬是否与所提供的服务相称？

企业如何考量、分析与应对商业伙伴、第三方及员工的薪酬和激励机制？企业如何监控其调查对象？企业是否拥有查阅分析商业伙伴账簿和账目的审计权利，企业过去是否行使过这些权利？企业如何对商业伙伴、第三方及员工进行合规风险培训，以及如何管理相关受控人员？企业如何激励商业伙伴、第三方及员工的合规和道德行为？

7.4.3 对预警信号管理的考量

企业是否对在对商业伙伴、第三方及员工进行的尽职调查中发现的预警信号进行了跟踪、处理？企业是否保留未通过尽职调查或已被终止服务的调查对象的记录，且是否采取措施确保日后不再与这些调查对象合作或重新合作？如果调查对象曾被政府机构进行违规调查，尽职调查时或雇佣调查对象后企业是否发现了这些危险信号，这些问题是如何解决的？是否有类似的调查对象由于合规问题而被暂停、终止服务或接受审计？

练习

以下可以作为合规尽职调查工作有效性的考量要点的有：①

（1）是否对目标实体或个人进行了基本合规性的考察；

（2）是否有激励目标实体或个人合规和道德行为的明确措施；

（3）考察目标实体或个人的业绩情况；

（4）是否对在合规尽职调查中发现的预警信号进行持续监控并处理。

① 答案：（1）（2）（4）。

第 8 章　合规审批工作指引

合规审批工作指的是合规专业人员对经营过程中的合规预警信号进行审核与批准，合规人员对申请人提交的相关申请材料进行浏览和分析，利用合规专业经验，判断其中是否有预警信号，并予以审核和管控。若未发现预警信号或发现低风险的预警信号，则可以批准；若发现中风险或高风险的预警信号，要予以核查，并深度分析；一旦发现会给企业造成严重损失的风险，则不予批准。

要使合规管理在企业经营中切实发挥作用，就需要在制度设置环节将匹配制度的流程设置到经营节点当中，并且将相应的审批权授予合规人员。

8.1　制度的撰写

审批工作是合规管理体系落地与否的重要指标，是合规工作与业务流程的连接点。审批工作的重点在于对合规预警信号审查节点的设置，以及对审批流程中各层级、角色与权限的设置。审批工作是合规管理体系在预防和监督过程中的重要把控工具，但是，对企业来说，关键在于如何设置恰当的审批流程。审批流程过于冗长，可能影响工作效率，给企业带来负面效果；审批流程过于简化，可能无法实现对风险的有效防控。不同合规领域的审批流程的设置要根据企业的具体管理情况而定。

通常情况下，设置相应的审批流程时可考虑如下要点。

一、适用范围

适用范围通常指的是该流程适用于哪些合规管理领域，比如，适用于对商业伙伴的合规管理领域，还是适用于礼品招待的合规管理领域，抑或是适用于投资并购中的合规管理领域，等等。

二、适用制度

适用制度通常指该流程承接的是哪项制度，如《商业伙伴合规管理制度》《礼品与招待合规管理制度》《投资并购合规管理制度》等。

三、流程概括

通常，可以用文字描述或流程图的方式简要进行审批流程的概括。流程图更加直观，对审批流程有较好的示范说明作用，如图 8-1 所示。

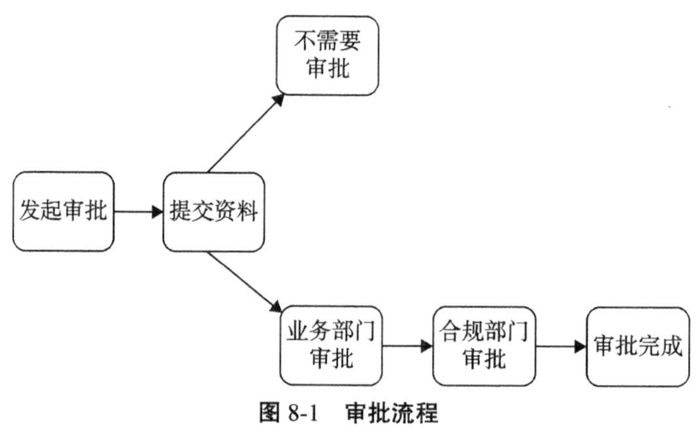

图 8-1　审批流程

四、流程中的角色

在审批流程中需要设置发起人、一级审批人、二级审批人……最终审批人的节点，各级人员需要按自身职责审查相应的合规要点。

五、具体审批流程

具体审批流程指的是对概括流程的细化，依照不同的合规领域管理深度，企业应当匹配不同的审批流程。比如，某企业经过对合规风险的梳理后，界定反垄断领域为高风险领域，那么在反垄断领域方面，就要有更加深入的具体审核流程。比如，流程可以设定：在何种情况下，合规人员需要带领团队进行对项目的反垄断风险审核；或在内部人员参加外部行业会议前，合规人员应当作为把控者提前对内部人员对外分享的内容进行反垄断合规审查；等等。

六、其他支持工具

除了设置审批流程之外，还有其他管理工具可以辅助合规审批工作，如培训、信息化工作等。合规人员可以对需要提起审批的相关人员进行培训，也可以利用企业的信息化平台设置合规审批节点，辅助合规审批工作。

练习

以下属于合规审批程序的内容的有：[1]

（1）适用制度；

（2）流程概括；

（3）流程中的角色；

（4）具体审批流程。

8.2　合规审批工作的关键

8.2.1　角色与职责

在进行合规审批流程的设置时，关键的一点就是要设置好审批流程上各级人员的角色。界定好相应的审查范围，保证审批中不会出现“真空”或“重复”的环节。一般的审批流程涉及发起人、审批人、监督人等角色。审批人可以依照被审批事项的重要程度设置，可以有多层级的审批人员。审批人需要按业务审批人—合规审批人的顺序设置。一般情况下，合规审批人需要在业务审批人之后再进行审批，以把关业务合规性。

一、发起人

发起人是审批流程的启动者，对审批项目全面负责。发起人负责推进审批的进程，获取所需的全部确认、审批和审查结果，并提供审批和审查所需的全部信息。此外，发起人还应当与管理层共同商议，决定该审批事项是否需要启动额外的审批辅助工作。一般而言，可以由发起人本人提起审批申请，但是为提高工作效率，也可以由部门助理、秘书等代表发起人提起审批申请。

发起人的职责如下：

- 收集审批所需的数据；
- 根据企业的相关规定，与业务管理层共同商议，决定该审批是否需要通过额外辅助工具如信息化流程等完成，进行登记和审批；
- 如果需要，在信息化流程中输入审批事项；

① 答案：（1）（2）（3）（4）。

- 如果需要，确保获得业务管理层的审批和合规人员的审查和许可；
- 如果需要，获得额外的上级批准；
- 如果需要，向业务管理层或合规人员提供更多的信息；
- 如有疑问，咨询业务管理层或合规人员；
- 确保审批根据相关制度要求正常开展；
- 如适用，记录审批后实际发生的事项与审批申请时的偏差（如参与者名单更改、费用增减等）；
- 负责输入正确的数据和信息；
- 将敏感参与者告知业务管理层和合规人员（如政府官员等）。

此处需要强调的是，发起人在发起审批时录入的信息可能与实际情况发生时的信息有偏差，这时，发起人就需要再次提供实际信息，以供相关审批人再次衡量。即使发起人再次提供信息时事件已经完成，若事件的变更涉及相关预警信号，其也需要及时采取处理或补救措施。

二、审批人

1. 业务管理层的审批人

在业务管理层处至少设置一个审批人，该审批人必须是业务管理层的一员，且其级别应当高于发起人，一般可以选择发起人的领导作为审批人。当发起人提出申请后，系统可以自动生成相应的审批人，形成审批流程。业务管理层审批人不仅负责从商业角度审查提请事项，还负责从合规角度对审批进行把控。业务审批人应当负责审核关键事项，如相关申请是否符合企业政策、是否需要通过信息化系统进行审批、是否符合业务的需要等。

业务管理层审批人的职责如下：

- 向发起人确认需要审批的相关事项和信息；
- 严格审查提请事项是否符合企业的相关准则；
- 监督该提请事项是否正常开展；
- 如有疑问，咨询合规人员；
- 在合规人员开始审查前进行审批；
- 可对事项本身和事项的执行情况进行判定。

2. 合规审批人

合规审批人要非常熟悉企业内部的合规管理信息化工具，了解何种情况下需要使用何种信息化审批工具，并指导发起人使用。若发起人或业务审批人在使用中遇到问题，合规审批人应当予以解答。合规审批人代表合规部门负责审查已通过业务层审批的事项，审查重点是其是否有可能涉及违规的预警信号或违规事项。

合规审批人的职责如下：

- 对输入的事项和数据进行合规审查；
- 如需要，要求发起人提供更多与事项和事项参与者有关的信息；
- 如适用，与业务管理层审批人共同通过信息化系统工具对事项进行审查和批准；
- 审查与潜在违规风险相关的参与者名单，并锁定名单；
- 在所有合规事宜方面为发起人和业务管理层提供支持；
- 在其职责范围内掌握提请事项的整体情况；
- 如适用，否决业务管理层的审批；
- 确定提请事项中涉及的相关支出的合理性与合规性；
- 在提请事项变更后，再次进行审批与核查。

三、监督人

在审批的过程中也可以设置监督人的角色，目的在于监督审批流程上的相关人员是否合理使用了审批工具，是否对相关的风险点进行了专业核查。监督人不直接参与批准，但可以时时关注审批状态，一般监督人来自合规部门的领导层。比如，当发起人对某大额市场赞助活动提起申请，由于涉及金额较大，可以额外设置监督人对整体审批流程进行监督与把控。

监督人的职责如下：

- 浏览事项审批的情况；
- 监督事项审批的进度；
- 对审批节点中的相关疑问做出解答。

四、合规委员会

对于重大审批事项，还可以提请合规委员会进行共同商讨和审批。

发起人和审批人是审批流程中的必备角色。监督人及合规委员会可以按实际需要参与到审批中。

案例分享

合规人员李明在接手新业务的合规审批后，对审批流程进行了审核。李明发现，对新业务的审批存在着审批角色设置不合理的问题。以往的审批流程基本无法对审核事项的合规性进行把控，完全以业务的需求为决策依据。

李明发现，在以往的审批流程中，合规人员被设置为一级审批人，合规人员审批后还有业务负责人、业务部门管辖副总经理进行审批。即使合规人员提出合规问题，发起人更改后，到后续审批时，也常常会出现申请事项的变更，而变更的多为高合规风险的事项，但业务审批人大多忽略了相关预警信号，而且进行了审批。这导致诸多高风险申请的产生。

之后，李明修改了审批流程，将业务负责人、业务部门管辖副总经理设置为一级审批人与二级审批人，而将合规人员设置为最终审批人，对提请事项进行最终的合规风险把控。

8.2.2 文件的留存

审批工作的另一个关键要点是对执行审批过程痕迹的留存。对外部监察机构来说，一旦企业涉及相关的违规行为，其需要调取的证据多为文件性证据。那么，企业如何证明在合规管理工作中切实尽责呢？企业需要提供相应的过程性文件来证明自身落实了日常的合规管理工作。而审批文件作为合规制度落地的关键文件，可以强有力地证明企业是否将合规工作落到实处、是否与业务进行了有效结合。

对于审批文件的存留，合规人员需要注意文件的完整性和逻辑性。

关于审批文件留存的完整性。一个审批事项需要有从发起到审批完成到再次审批等完整的过程性文件。若其中有缺失，如缺少业务管理层审批或缺少发起人提起事项变更的文件等，那么对该审批事项来说，其文档是不完整的，无法给企业提供有效的证明。审批文件一般可以保留纸质文件或直接在企业的信息化系统中存档，而且应当保存一定的年限。

关于审批文件留存的逻辑性。一是要看审批的方式是否遵照了相应制度，是否有与制度相悖的地方。二是要看文件之间的逻辑性。比如，提请要素相同的两个审批事项，一个审批事项获批但是另一个审批事项没有获批；或者一个审批事项被审核的要素多，另一个审批事项只是走了过场。显然，其中一个审批事项可能违背了正常的商业逻辑，在文件的留存上是有瑕疵的。

练习

合规审批工作中的人员角色有：[①]

（1）发起人；

（2）合规审批人；

（3）管理层；

（4）监督人。

8.3　合规审批工作与信息化流程的结合

设置了相应的审批流程后，合规人员就可以进行合规审批工作了。合规审批工作中的“审”是审预警信号和违规行为，“批”是审查之后给出的结论性建议。

既然审的是预警信号和违规行为，那么合规人员需要利用自己的专业技能对预警信号和违规行为进行识别和判断。对违规行为的判断要以相关外部法律法规、内部制度为依据。难点在于对预警信号的判定，一些预警信号非常隐蔽，甚至被包装为“正常”的信息，如果合规人员疏于防范，可能导致相关预警信号从眼前溜走，进而酿成损失。

案例分享

合规人员李明收到发起人提起的一项对外会议的申请。发起人提交了以下信息。

> 会议名称：学术交流会
> 会议时间：2022 年 12 月 24 日
> 会议地点：北京，长城脚下公社
> 会议邀请人数：15 人
> 会议时长：两天一夜
> 会议预算：25 万元
> 会议目的：与潜在客户交流产品最新市场情况

① 答案：（1）（2）（4）。

附件 1：参会人员名单

姓名	单位	职务
张三	北京药监局	处长
李四	北京 ×× 医院	科室主任
王五	北京 ×× 医院	科室主任
……	北京 ×× 医院	科室主任
……	北京 ×× 医院	科室主任
……	北京 ×× 医院	科室主任
……	北京 ×× 医院	科室主任

附件 2：花费明细

事项	人均 / 元	共计 / 元
交通费	500	7500
会议场地费	3333	50 000
餐费	1100（每顿）	50 000
住宿费	1000（每晚）	15 000
礼品费	8200	12 300
门票费	300	4500

附件 3：邀请函

邀请函

诚邀您参加本月 24 日于北京举办的学术交流会议。

×× 公司

附件 4：会议日程

时间	事项
24 日 17:00	到达酒店
24 日 19:00	晚餐
25 日 9:30	学术讨论
25 日 11:30	午餐
25 日 14:00	景点游览

经审查，李明发现了如下预警信号。

1. 参会人员包含政府官员，本公司为美国上市公司，应当遵循美国的《反海外腐败法》相关规定进行管理。

> 2. 会议地点在旅游景点旁的奢侈酒店，不符合学术交流会议的需求。
>
> 3. 会议时间为平安夜和圣诞节，有借节日之际游玩度假的嫌疑。
>
> 4. 会议花费不合理，餐费、住宿费明显超标，礼品费更是高风险预警信号。
>
> 5. 会议邀请函不合格，未写清会议的具体信息。
>
> 6. 会议日程不合格，学术交流时间过少，容易被认定为以学术交流为名、宴请旅游为实际目的的变相行贿行为。
>
> 经判定，李明认为此项申请风险过高，可能给公司带来极大的违规风险，故拒绝了该项申请。

合规人员在进行审核时，可能会面对数量众多的待审核要点。如果一一确定，势必会产生过量的工作，这时，企业就需要利用信息化系统来协助合规人员进行审核。

首先，信息化系统可以使审批过程更加顺畅。在发起人提起申请后，依照审批结果，系统可以自动将事项推送给下一位审批人，不用专人提醒和催促。若审批人超多日未审批，则系统可以自动提醒，如审批人超 7 日未审批也未提出建议，则系统会发送邮件或短信进行催促，协助推动审批进程。

其次，企业可以在系统内设置一些基础的风险判断的后台逻辑，申请一旦命中，则需要发起人补充额外信息或该申请直接被拒绝。比如，企业可以设置系统对“政府官员”的判定，在后台将相关政府官员进行归类，一旦申请命中，则需要发起人补充额外的信息或该申请直接被拒绝。另外，企业也可以在系统中设置相应的计算逻辑，如系统自动依照预警信号判断对外礼品与招待是否存在风险，预警信号可以从宴请的金额、对象、对象的职位级别、地点、频次等方面进行设置。当发起人填写相关的内容后，系统可以自动进行测算，并综合得出结论。例如，对于对外赞助活动的申请和审批，信息化系统可以从以下要点进行逻辑计算：

- 活动的基本信息，如时间、地点、人员等；
- 花费明细（要有财务或采购人员认可的报价单）；
- 活动目的；
- 活动流程（含每日的日程表）；
- 活动参与人员背景；
- 是否与该活动举办方有长期赞助的协议；
- 活动参与人员是否包含政府官员。

企业可以汇总需要进行事项审批的合规重点领域，提取其中可由信息化系统进行管理和判定的要素，统一在后台进行逻辑设置。之后，简要的、基础的审核工作可由信息化系统自动进行，这样合规人员可以专注于更复杂的预警信号的审核。

最后，信息化系统可以使过程文件的存档和提取更加便捷。所有的审批记录都被留存于信息化系统中，一旦有需要，相关人员可以直接从系统中调取，更加高效。

当然，信息化系统的建设需要在企业预算允许的范围内进行。业务面广泛的企业可以针对每个重点管控的合规领域进行逐个的合规信息化设计，明确每个系统所管辖的范围及审批人员的职责。小型企业若无额外的合规预算，可以用简单的办公软件进行日常的监控和管理。

练习

在对外赞助活动的合规审核中，以下与审核强相关的要点有：①

（1）活动的举办地；

（2）活动的参与人；

（3）活动的花费；

（4）活动举办的时长。

8.4 有效性审查

一个设计良好的合规审批系统应包含针对重点合规领域的完整审批流程。不同的合规事项对应的审批流程不尽相同，企业有义务在合规管理中为相应的合规事项设置与之匹配的审批流程。其中，重点的合规审批领域可以包括商业伙伴管理、礼品与招待管理、利益冲突管理、高风险付款管理、对外赞助管理、反垄断、个人隐私数据管理等。企业的合规审批系统是评估企业合规管理体系是否切实落地的重要因素，可以帮助企业监督相关合规风险。

8.4.1 对审批角色的考量

企业是否在审批流程中设置了相应的审批角色？角色的定位是否恰当？角色的审批职

① 答案：（1）（2）（3）。

责设置是否清晰？审批层级的设置是否合理？

8.4.2　对审批的考量

审批流程的设置是否符合企业相应的制度？在审批流程中，是否对相关审批元素有明确的说明以保证审批人充分了解需要审查的要点？审批中的每位审批人是否充分发表了意见，而且该意见被留存在审批的过程中？对于需要再次审核的要点，是否有额外的信息辅助判断？发生变更的事项是否经过了再次审批？

8.4.3　对审批文件留存的考量

对审批文件是否设置了专门的文件夹进行留存？是否有信息化系统辅助审批文件留存和调取？留存的文件是否完整？留存的文件是否符合逻辑性的要求？文件留存的时间是否符合企业的需求？

练习

以下可以作为合规审批工作有效性的考量要点的有：[①]

（1）文件是否符合逻辑性的要求；

（2）审批流程上的人员设置是否合理；

（3）信息化工具是否使用恰当；

（4）合规委员会是否参与审批。

① 答案：（1）（2）（3）。

第 9 章　合规检查工作指引

合规检查工作与合规审批工作不同，合规检查工作聚焦于在合规事件完成后对事件完成的效果进行抽样检查或专项检查，有些类似于审计工作中的监督与检查工作。在审计监督与检查工作中需要结合相关项目开展监督，审计机关在实施审计项目时，会将被审计单位的内部审计制度建立健全情况、内部审计工作开展情况及质量效果等内容，纳入审计监督评价的范围，督促被审计单位按照规定建立健全内部审计制度。同样，合规检查工作也需要结合相关项目展开，并且合规人员要对被检查项目的合规制度制定情况、执行情况、执行质量等进行检查，督促完善相关制度和流程的优化。

同样，在审计监督检查中需要开展专项检查。专项检查是围绕内部审计制度建设与执行，由审计机关组织开展的对各单位内部审计工作情况的检查。合规检查也可以从专项检查入手，专注于对某个项目的合规定点检查。

合规检查工作可以在极大程度上借鉴审计工作的方法，但是其审查的角度有所不同。合规检查并不围绕检查对象本身的财务表现而展开，而是更多以操作中的合规性为出发点，包括检查对象对合规制度和流程的执行情况。

9.1　制度的撰写

对于合规检查制度的撰写，除了要包含相应的定义和相关制度的要求外，还要对检查的范围和内容予以界定，明确检查的方式方法。其中，对检查领域的设定要特别进行明确，不可与审计工作相混同。合规检查制度主要内容可以包含合规检查的定义、适用的相关制度、检查领域的设定、检查方法的设定（包含定性与定量的检查要求）、检查过程的设定、检查中重点工作的要求等，最后需要附有相关的附件作为支撑合规检查有效性的证据，如检查底稿、检查报告等。图 9-1 所示为合规检查工作制度概要。

定义
相关制度
检查领域
检查方法——定性与定量
检查过程
检查重点工作的要求
附件：
检查底稿
检查报告

图 9-1 合规检查工作制度概要

9.2 合规检查工作的执行

9.2.1 合规检查项目的筛选

合规检查对象既可以是项目，也可以是某个合规领域或某个业务群。如何确定合规检查的对象要视企业的实际情况而定，但是可以采取一些通行的考量标准。

重大对象是合规检查的重点。重大对象即发生违规风险的可能性高，或一旦发生违规后果，可能给企业带来严重损失的对象。

确定重大对象需要结合企业的运营模式，合规人员可以通过内部访谈、摸底，或结合审计相关的工作、行业或企业内的既往违法违规案例等进行分析。对涉及高风险的对象进行重点考量。在进行全面分析后，划定重大对象，划定合规检查的范围。

可以纳入重大对象的有：

- 金额重大的对象；
- 意义重大的项目，如跨境并购、股权转让、合资项目等；
- 接受过法律制裁、监管处罚或曾造成重大财产、声誉损失的对象；
- 内外部审计、投诉中发现重大问题的对象。

9.2.2 合规检查工作的执行过程

合规检查应当设定具体的检查标准和检查方法。有效的合规检查需要重点关注审查对象本身的合规性，包括与商业伙伴、承包商的外部关系，特别是要重点审查与政府机构相关的主体和商业关系。合规检查可以聚焦以下要点：

- 合规制度的符合性；
- 相关报告，如财务报告、法律风险报告、审计报告等；
- 相关流程执行的记录；
- 记录保存的情况；
- 合同条款的适当性和遵守情况；
- 商业伙伴的合规性；
- 员工的合规意识；
- 重点合规领域，如反回扣和其他不正当商业关系问题等；
- 重点管理领域，如市场营销等；
- 其他。

除上述建议的检查要点外，企业还应根据其运营模式确定具体的检查要点。例如，上市公司应定期检查上市合规相关的内容，非营利组织应定期检查其专用资金是否得到恰当使用，食品分销商应定期检查其经营是否符合食品药物管理规范要求，餐厅应根据卫生部门的相关要求进行食品安全检查，等等。对任何先前经内部或外部机构确定的关键领域均应定期开展细致的合规检查。

在进行切实的合规检查前，合规人员要进行检查底稿的制作，将需要检查的要点逐一列出并做出分析，保证在检查中不会有遗漏。表 9-1 所示为合规检查底稿样例（节选）。

表 9-1　合规检查底稿样例（节选）

重点领域	检查要点	法规依据	检查方法	检查文件名称	衡量标准	自查情况	检查情况
合规管理架构	管理层是否尽责	……	文件查阅	董事会会议纪要	……	……	未发现问题

通过合规检查，合规人员可以发现检查对象中潜在的违规风险并进行必要的修复。当合规人员发现重大问题时，需要第一时间进行汇报，或联系内部或外部律师，由其对所涉及的风险进行初步评估。

一、合规检查中的员工访谈

在合规检查中，合规人员可以进行相关的员工访谈。员工是防范合规风险的第一道防线。在合规检查中，合规人员可以采取对检查对象进行实地访问，或与参与管理、业务、合同、营销、财务和其他相关活动的人员进行面谈的方法进行检查。在与员工访谈的过程中，合规人员要真诚公开，开诚布公地向他们询问风险，询问他们的日常操作流程、程序是否健全，询问他们是否在操作中遵守了制度和流程。除了现场访谈外，合规人员还可以定期向员工发放调查问卷，编制问卷调查表，调查本项目员工和工作人员的合规意识水平；组成工作小组，共同深入研究问题。在访谈时，合规人员要向员工明确，组织实行杜绝报复政策，员工不会因为在访谈或问卷中所反馈的问题而遭受打击报复。

合规人员应当首先与管理人员，即熟悉检查对象的人员谈话。这也是了解合规管理体系运营情况的良好机会。谈话开始时应当由合规人员先介绍检查背景和与检查相关的规划。合规人员一定要向被访谈人员解释谈话和检查的目的，如有可能，应提及拟采取的后续程序。合规人员在访谈中需要先以对方熟悉的问题开始，避免被访谈人员因紧张而无法说出真实的情况，例如：您的具体工作是什么？您在项目中的职责是什么？破冰之后可以逐步深入，提出核心问题。以下是常见的在合规检查访谈中提出的问题：

- 您的日常工作是什么；
- 您在项目中的角色是什么；
- 经常出现问题的职能和 / 或控制措施是什么；
- 该项目当前的合规环境怎么样；
- 问题监督程序及信息报告的方式是什么；
- 如何发布新制度和流程及其相应的变更；
- 如何在部门内开展内外部要求的培训；
- 如何保存培训出席记录；
- 如何制定和更新部门的政策和程序；
- 如何核实制度和流程是否得到准确执行；
- 直接报告沟通的一般方法有哪些。

合规人员在访谈中要对谈话进行详细记录，而且在访谈后要得到被访谈人员对访谈记录的认可。若有变更，则需要在访谈记录中做出相应的调整并且得到被访谈人员的确认。

二、合规检查中的文件追踪

合规检查中也需要进行文件的追踪工作。在合规检查中，合规人员需要检查涉及检查对象的相关书面材料和文件，如合同、承诺函、往来邮件、发票单据、工作表、说明、法律意见、财务分析、日程表、领导批示等。数据收集和跟踪是检查的关键，相关数据和文件是证明检查对象是否遵守了制度和流程的重要支持性文件。

在进行合规检查中的文件审查工作时，合规人员应首先仔细查看往期所有的审查报告、审计报告或风险评估结果，仔细检查各项建议是否已传达给相关方，是否得到实际执行。此外，合规人员应审查和检查所有制度和流程是否阐述详尽和准确，还应检查制度和流程的执行性，以及执行痕迹是否已妥善存档。

9.2.3 合规检查报告

合规检查完成后，检查小组应向管理层提交一份报告。例如，一些企业要求合规人员至少每年向首席执行官、董事会和合规委员会提交对项目的书面检查报告。若某单位属于更大企业实体的下属分支，则应定期向上级组织进行报告和解释相关检查结果。合规检查报告应确定所有不符合标准和应对方案。合规检查报告是制定合规制度的新的起点，也将作为未来检查的基准线。在进行最终报告的定稿前，检查小组应与管理层讨论检查结果和所有建议，确定任何未调查的问题或利害关系。检查小组应当编写一份完整、准确、可行且能够满足组织需求的报告。鉴于审计报告的部分内容是根据与相关人员的访谈整理出来的，如有可能，检查小组应向相关人员发送一份最终报告及一封感谢信。同时，如果在检查过程中发现任何严重不当或明显的欺诈活动，必须咨询内部和/或外部法律顾问的意见，还应立即叫停相关不当活动。

合规人员提交上级的合规检查报告应包括针对不当行为的调查结果或相关预警信号的说明，以及为处理和解决潜在问题所采取的措施。合规检查报告内容（样例）如图 9-2 所示。

一、报告概述
（一）项目背景
（二）检查目的
（三）检查范围
（四）检查计划与小组
（五）检查流程与方法
（六）发现问题与建议
（七）检查结论
二、报告正文
（一）检查内容
1. 项目执行情况总体评估
2. 初期调研与立项阶段
3. 项目论证与申报阶段
4. 收购执行与备案阶段
5. 档案建立阶段
（二）发现问题与建议
（三）结论性意见
三、项目大事记
附件：文件检索清单
（一）项目立项阶段相关资料
（二）项目审核阶段
（三）项目尽职调查报告

图 9-2 合规检查报告内容（样例）

9.3　有效性审查

合规检查是一项回溯性的审查工作。对其有效性的判定应当聚焦于其检查的工作内容，如检查工作是否依照相关制度进行、是否有制度和流程执行上的疏漏等。

9.3.1　对检查制度的考量

企业对于合规检查是否有相应的制度？是否规定了清晰的检查对象划定方法？是否阐述了检查的流程？是否对检查结果有明确的衡量标准？是否明确区分了合规检查和普通审计工作的工作目标和工作范围？

9.3.2　对检查过程的考量

企业对合规检查中涉及的文件是否汇总完整？企业对文件的检查是否到位，是否审查了文件的逻辑性、连贯性、合理性？检查的方式是否恰当？相关人员是否对检查结果进行了有效呈现，并提出了改进建议？

练习

以下方法可以用于合规检查的有：[①]

（1）员工面谈；

（2）实地走访；

（3）文件审查；

（4）问卷摸底。

① 答案：（1）（2）（3）（4）。

第 10 章　合规举报与调查工作指引

举报工作指的是员工或外部合作方通过各种方法举报潜在问题或提出担忧的问题。举报渠道是否畅通是检验合规管理体系有效性的重要指标。畅通的举报渠道应当让员工觉得可以畅所欲言，公开讨论任何潜在问题而不必担心被打击报复。

在收到举报后，合规人员要对收到的问题开展合规调查。合规人员必须记录和跟踪所有举报且对调查过程进行严格记录，如何时接到举报，由谁处理举报，何时处理举报等。同时，要对举报的具体内容、所涉及的部门、调查结果和采取的行动等进行记录。良好的举报处理方式和及时的反馈，可以增强员工对合规管理体系的信心。

10.1　制度的撰写

对广大员工来说，与合规举报相关的制度主要有两种：一种是与举报本身相关的制度，主要内容是如何设置举报渠道、如何举报等；另一种是与纪律处罚流程相关的内容。制度和其匹配的流程必须保障公平性、公正性和一致性。同时，企业应在合规举报相关的制度中阐明适当的惩处措施。

10.1.1　举报制度

对于合规案件的举报制度，合规人员需要预先对相关重点内容进行规定。首先是对于合规案件的定义，要明确如何区分合规案件与非合规案件；其次需要明晰每位员工都有报告合规案件的义务；再次要向员工或外部人员公布相应的举报渠道；最后要明确表示企业采取严格的反报复政策，保证举报人不会因举报行为受到不公正的对待。

合规案件的定义应当放在制度的开篇，让阅读人员第一时间明白什么是合规案件。合规人员可以依照企业的具体合规领域定义合规案件，例如：

- 所有关于可能违反刑法或行政法的案件，或违反企业内部规定（如商业行为准则、反贿赂承诺）的举报；
- 所有涉及企业或员工的将发生或已发生的刑事或行政诉讼；
- 多边银行项目（如世界银行、亚投行等）中可能发生的违规行为；
- 涉及内部财务和审计的相关预警信号，如所有关于故意违反会计规定的行为；
- 所有涉及故意损坏企业固定资产的行为；
- 所有关于蓄意诬告的行为；
- 其他违规行为。

对于报告合规案件的义务，劳动合同中可以包含相应的条款，并且合规人员要在进行合规培训时进行反复强调和说明。此部分内容在举报制度中可以简要呈现，起到足够的提示作用即可。比如，企业可以在制度中这样描述：作为企业员工，每个人都有义务在发现疑似违规的预警信号时向相关部门汇报，以帮助企业杜绝更大的风险。制度中需要将企业内已有的举报渠道一一列出，如电话、邮箱、内部网站等，方便员工选择。

最后，制度中必须包含对反报复政策的阐述，让员工对举报行为无后顾之忧。比如，制度可以这样描述：企业禁止针对诚实举报人进行任何形式的报复，这种禁止适用于任何直接或间接损害举报人雇佣关系、潜在收入、奖金分红、职业发展或其他工作相关利益的行为。

《举报制度》大纲（样例）如图 10-1 所示。

对合规案件的定义 报告合规案件的义务 合规案件报告渠道 反报复政策

图 10-1《举报制度》大纲（样例）

10.1.2　处罚制度

处罚制度围绕着应对违规行为的措施及处罚流程等内容展开：首先要界定本制度适用的范围，以及遵循的相应原则；其次要明晰执行纪律处罚的部门、相应的纪律处罚流程、执行纪律处罚的措施等；最后要有相应的决策依据和标准。图 10-2 所示为《违规行为的措施及纪律处罚流程》制度框架（样例）。

适用范围 相应原则 执行纪律处罚的部门 纪律处罚流程 执行纪律处罚的措施 相应决策依据和标准

图 10-2 《违规行为的措施及纪律处罚流程》制度框架（样例）

其中，核心的内容应当围绕企业相关部门对于案件处理的分工、处罚流程、措施等展开。企业对不同级别员工、不同性质的案件应当有清晰的处理流程，不能“一刀切”。比如，对于相关部门如何对案件的处理进行分工，可参考表 10-1 所示的样例。

表 10-1 案件处理分类（样例）

涉案员工级别	案件类型	案件处理组织
高级管理层员工	全部类型	合规委员会
资深员工	严重类型	合规委员会
	反腐败案件	纪检纪委部门
	普通类型	合规部门、人力资源部门
普通员工	严重类型	合规委员会
	反腐败案件	纪检纪委部门
	普通类型	合规部门、人力资源部门

对于处理流程，也要有清晰的描述。若为普通类型案件，无须合规委员会介入，合规部门、相应的责任部门应协同人力资源部门共同负责案件的处理。普通案件的处理采用一般纪律处罚流程，可由涉案员工的经理与负责的人力资源经理、负责的合规人员一同评估和决定针对违规行为的适当处理措施。

对于确定相应处罚措施所依据的标准，也要有清晰的描述。处罚措施要遵循适用的法律法规。此外，当确定针对违规行为的适当处理措施时，相关人员在评估过程中还应考虑以下因素（如适用）：

- 违规行为的性质和严重程度；
- 参与程度；
- 违规行为的持续时间和实施频率；
- 员工是被教唆还是自愿实施违规行为；
- 故意行为还是疏忽所为；
- 个人获利情况或意图；

- 对企业的损害程度；
- 雇佣期限；
- 是否有违规行为前科；
- 可能助长违规行为的企业内部因素和环境；
- 违规行为的发生时间及之后表现；
- 当违规行为发生时，员工的职位级别和职责；
- 员工是否有可免除 / 减轻处罚的情形；
- 在案件调查 / 纪律处罚流程进行期间涉案员工的配合度及态度；
- 违规行为举报中的自我坦白；
- 涉案员工对违规行为的认识；
- 在同类案件中制定的标准 / 采取的措施。

制度中还应当确定相应的惩处措施，关于惩处的内容应包括五个要点：

- 违规行为将受到惩处；
- 不举报违规行为将受到惩处；
- 惩处程序概要；
- 负责采取适当行动的各方；
- 承诺惩处具有公平性和一致性。

制度中必须强调“该做不做”和“不该做而做”都将受到惩处。未举报违规行为属于严重的不合规行为，应与实际做出不当行为者受到同样的惩处。制度中要强调合规是一个主动性、持续性的过程，是每个人都应负的责任。对于惩处措施，合规部门可以与人力资源部门进行密切协作。大多数企业的人力资源部门已经制定了惩罚政策和程序，合规部门的惩处措施需要与其保持一致。同时，合规部门可以与人力资源部门一起将惩处的相关措施提前告知员工，要适当地向所有员工传达信息。如果员工因不了解或不知晓企业的政策而发生了违规行为，在开展调查和惩处工作时，合规人员将遇到极大的挑战。

10.2　合规举报渠道的设置

合规举报渠道的有效设置，可以让企业员工甚至外部合作方能够无后顾之忧地通过各种方法便捷地举报潜在问题或提出担忧的问题。这就需要企业设置多种举报渠道并保证渠道的畅通性。

首先，合规人员要帮助企业为员工打造一个畅所欲言、可以公开讨论潜在问题的环境。打造该环境的目的在于让员工明确认识到举报并不会受到报复或打击。反报复政策是合规管理体系的基础，明确说明采取反报复政策是建立举报体系的第一步。因为被报复的危险是切实存在的，如果员工担心可能会遭到报复，就没人愿意挺身而出，很难使组织避免风险。

其次，保证举报信息的保密性。相关的政策和流程应尽可能保证所有举报过程的保密性和匿名性，并且保证只有应该知道的人才知晓举报的详细信息。保密性与反报复密切相关。例如，如果保密性未做到位，导致主管获知下属员工举报了自己的违规问题，这可能会影响对员工晋升的决策过程；或当合规部门接到举报后，未做好保密工作，导致嫌疑人得到了自己被举报的消息，迅速离职，将给后续的案件调查带来极大的困难。制度和流程应向员工确保企业对举报信息的保密性，但是也有例外，比如，在某些案件中，法律规定必须披露身份，在这种情况下，合规人员可以与企业的法律顾问进行商讨。

举报渠道有多种形式，如热线电话、电子邮件、投递信箱等。

（1）热线电话

热线电话需要由专人负责管理，且保证该热线电话只被用于案件的举报而不用于其他。有些企业将办公室电话或秘书处电话同时作为举报电话，这可能会给举报工作带来不便。这是因为：首先，无法保证办公室和秘书处的所有人员具备接听举报电话的能力，且无法保证接听人能够做到完全符合制度和流程的要求；其次，有可能因电话占线导致举报电话无法拨通，合规人员会错过第一时间发现风险的机会。所以，除了需要专人专线外，对大型集团企业来说，其还可以考虑聘用专门的团队负责 24 小时的举报热线；对规模较小的组织而言，其可能只需要通过相关外包公司提供服务就能满足举报渠道管理的要求。

对于热线电话的管理，合规人员必须清楚和迅速地将热线号码和程序告知员工，除在制度和流程中注明外，还可采取其他补充性措施。比如，在公告栏张贴举报电话号码，确保每个人都了解可以拨打这个电话号码，反馈相关问题。

（2）电子邮件

除了举报电话外，企业还可以设置内部电子邮件举报邮箱。在信息技术部门的帮助下，企业可以配置专门的电子邮箱以方便员工举报，如 Raiseconcern@×××.com。电子邮件举报的优势是员工可以利用非个人名义的邮箱进行举报，可以畅所欲言。但同时，这也是电子邮件接收举报的劣势。合规人员无法确定究竟是谁发送的电子邮件，如果举报信息不全，合规人员还需要通过邮件联系举报人去获取更多信息；而且由于邮件发送的隐秘性，某些别有用心的人可能将该渠道作为泄私愤的途径，从而产生诬告案件。所以，基于以上这些原因，电子邮件不应当作为收集举报信息的唯一途径，作为其他举报渠道的辅助渠道即可。同时，企业可以在向员工发布接收举报的电子邮箱地址的同时强调：为方便对举报人进行案件进展和调查结果的反馈，建议举报人在发送电子邮件时附上真实的可以取得联系的联系方式，方便合规人员与其联系。

（3）投递信箱

投递信箱是一种传统的接收举报的方式，目前已经鲜有企业采用。但是，设置实体邮箱是对举报行为的一种很好的宣传，可以侧面鼓励员工进行举报。

案例分享

依照合规管理要求，ZY 公司设置了对员工和合作伙伴的举报电话和举报邮箱，并且在公司的网站、《商业道德与行为准则》、制度中进行了公示，而且印刷了宣传画贴在公司各处。为鼓励员工进行举报，ZY 公司更推出奖励制度，对帮助公司发现重大问题的举报人予以奖励。

但是，仍然鲜有员工进行举报。并且，ZY 公司近期由于频繁发生违规行为而受到行政处罚。

合规人员李明对这一情况进行了梳理，他认为，首先 ZY 公司依照相关合规义务制定了准确的举报制度与流程，其次也对相应的举报渠道进行了公示，并且给员工与商业伙伴进行了充分的培训。但是，ZY 公司遗漏了重要的一点：没有将反报复政策与举报渠道一并向员工进行宣传。首先，反报复政策并没有同举报渠道一同进行公示，相关的宣传画、网站等仅有举报渠道的信息；其次在进行对员工与商业伙伴的培训中，没有强调反报复政策的适用性，仅对举报渠道进行了培训。员工与商业伙伴对 ZY 公司的反报复政策了解得不充分，对举报行为有后顾之忧，这可能是 ZY 公司很少收到举报的重要原因。

之后，李明对上述管理中的缺失进行了弥补。半年后，ZY 公司的举报渠道开始活跃起来，并且成功为公司杜绝了不少违规隐患。

举报工作应当是双向的，合规人员应充分对举报渠道进行宣传，如定期持续地沟通，重申反报复承诺；还可将对举报的宣传纳入现有的合规宣传，例如，在组织内部的通信系统中设置合规专栏、在公告板上张贴海报、在食堂张贴海报等。

当举报制度与流程发生变更或增减条款时，合规人员必须向员工和商业伙伴进行针对更新内容的沟通。简要的内容可以用邮件发送全员，复杂的内容可以开设相关的培训进行传达。再次强调，无论选择何种沟通方式，一定要保存针对该次沟通的副本并存档，记录所传达的内容、方式、对象和时间。同时，可以在企业内部刊物、企业内网网页、员工会议上进行简短的介绍，所有这些沟通方式均为确保员工能够全方位对举报制度和流程进行充分理解。

练习

举报渠道可以包含：[①]

（1）电话渠道；

（2）邮件渠道；

（3）实体邮箱；

（4）员工大会。

10.3　合规调查工作的执行

当企业建立了举报渠道后，需要确保渠道的畅通性。畅通性体现在对案件的处理速度和处理质量上。合规人员收到投诉或举报后，必须启动相应的调查工作。

首先，合规人员需要对相应的文档文件进行保存和固定。依照相关涉案要求，文件是非常重要的，合规人员必须记录和跟踪所有投诉或举报的内容。合规人员要针对案件的接听记录填写相应的记录表，记录表要记录举报的详细信息，之后还应补充一份针对具体举报问题的表格。仅仅说明已收到举报还不够，还必须记录举报的具体内容、所涉及的部门、调查结果和所采取的行动。另需建立明确程序，说明上述表格的使用方式，特别是有哪些人能够得到表格副本及如何将信息纳入书面报告。其次，合规人员需要定位举报渠道。许多组织为每个举报电话分配了专属编号，以便来电者可以通过回拨电话了解举报调查的进展，如投诉是否已处理，由谁处理，何时处理等。

执行恰当的合规调查工作是确保调查制度和流程在企业顺利执行的关键。通常开展合规调查工作首先要确定案件的类型，其次对案件进行逐步调查。

① 答案：（1）（2）（3）。

10.3.1　案件的类型

违规案件通常通过合规调查解决，调查工作的难点是既要发现该案件可能给企业带来的风险，又要确保调查的方法和内容遵循适用的法律法规。企业的违规案件可以分为三类，每类由不同部门负责牵头进行调查。

第一类是关于明显违反刑法、行政法或其他适用法律法规的案件，例如：

- 针对企业股份，其关联企业或雇员的刑事或行政诉讼及任何相关信息披露；
- 将发生或已发生的由多边开发银行或信贷保险公司提起的诉讼；
- 关于会计实务的投诉（财务报告、独立审计报告等）；
- 故意违反会计规定；
- 故意损坏企业无形或有形资产；
- 蓄意误报诬告。

对于此类明显违反我国相关法律的案件，一经收到，应立刻诉诸相关国家机关进行进一步调查。

第二类是与人力资源管理相关的案件（涉及企业内部人员的案件），例如：

- 与正常 HR 流程相关（如雇用、解聘、发放工作许可证等）；
- 关于工作环境、薪酬、奖励、奖金计算、工作负荷、加班，或相关程序；
- 关于不当偏袒、工作场所恐吓、各种形式歧视、骚扰等指控；
- 与出差或机构开销异常相关的指控；
- 与不当使用企业资产相关的指控；
- 与工会事务相关的指控；
- 与养老金事务相关的指控。

此类需要由企业 HR 主持案件的调查工作。

第三类是合规案件，除第一类、第二类之外的其他案件，例如：

- 违反企业合规管理主题的案件，如商业贿赂案件、反垄断案件、信息安全案件、境外合规案件等。

以商业贿赂案件为例，可以包括如下案件：

- 以折扣的名义支付；
- 以佣金的名义支付；
- 以人员费用名义报销；

- 以购货礼券形式贿赂；
- 疑似行贿政府官员；
- 通过关系密切的企业取得发票，掩盖行贿费用；
- 接受指定人员及其相关人员的异常消费；
- 提供免费“会议”或免费“参观考察”的机会。

此类案件大多需要合规人员牵头处理。对国内企业来说，在涉及反贿赂与反腐败的案件时，要协同或辅助纪检纪委部门进行处理。当企业进行案件处理时，即使不是合规案件，也建议合规人员参与其中，以保证调查工作执行中的合规性。

10.3.2 案件的调查

企业一旦意识到可能存在的违规行为，应当尽快进行调查，尽量在内部解决问题。调查的形式包括企业自主调查，以及聘用外部机构（如律师事务所、咨询机构等）进行针对违规性的审查并提供调查报告及合规风险评估报告。

一、调查的方法

合规部门收到举报人的投诉后，需要按照制度和流程展开调查。调查通常由四个步骤组成：评估举报的可信度及与合规的关联度、与相关人员进行访谈、形成初步的调查结论及形成最终决策。

1. 评估举报的可信度及与合规的关联度

首先，需要对举报人进行审查。如果举报人是匿名举报的，需要审查相关指控来自哪个部门，并判断相关的举报信息是出于个人目的还是私人恩怨。通常，如果指控是具体的并且举报人与结果无关，那么这些指控就很可能成立。

其次，在调查前要做好准备。要对举报人（如果知道）和嫌疑人进行调查，调查工作包括审查人事记录、审查刑事和民事诉讼记录、在网络中检索负面信息、分析异常行为、分析其社交媒体等。

最后，确定案件与合规的关联度，即案件属于合规部门管辖的范畴，还是应转入其他部门如人力资源部门，进行处理。相关的合规调查的主题往往围绕着贿赂、腐败（国企、央企多属于纪检纪委部门管辖）、舞弊、欺诈、反不正当竞争、个人隐私数据、反垄断等，也包含对企业重大利益造成损害的事件，如内幕交易、利益冲突、商业秘密、信息安全等。

2. 对相关人员进行访谈

开始调查后，合规人员应当避免首先与当事人进行交谈。面对涉嫌不法行为的嫌疑人，过早的交谈可能会给他们提供时间来为自己寻找说辞，或直接提出离职，给后续调查带来困难。过早的交谈也可能给嫌疑人提供足够的信息供其参考，甚至可能导致其联络其他相关人员进行串通，合伙掩盖违规行为，增加调查阻力。因此，合规人员必须确保仅在合适的时间和情况下才可以与嫌疑人进行交谈。通常合适的访谈方式是：首先与周边相关人员进行交谈，充分获取信息和情况，掌握足够的证据后，与嫌疑人进行交谈，且要提前做好防控措施，即一旦出现嫌疑人不配合的情况，应将其立刻带离工作场所，并对其相应的工作系统权限进行禁止和限制，以防出现更大的违规风险。

若嫌疑人是企业的高级管理层，则更需要在封闭的环境中进行访谈，不可因对管理层的访谈造成员工的误解，影响正常的生产经营。

3. 形成初步的调查结论

合规人员在完成面谈、资料收集、公开检索等工作后，需要对相关的事实进行认定，对相关的证据进行固定。合规人员完成了对案件的初步调查工作后，需要形成初步的结论，以提交至管理层进行决策讨论。合规人员形成结论时要注意摒弃任何主观的判断，要以查询到、了解到的客观事实为依据。

4. 形成最终决策

合规人员提交了初步调查结论后，需要商讨对当事人的处理措施。一般内部的处理措施为警告、批评、观察、解雇等；外部的处理措施有起诉或追究相应刑事责任等。在形成最终决策前，尤其在涉及重大案件时，合规人员需要将初步结论提交至企业的合规委员会进行集体决策讨论，讨论时要留出当事人陈述的时间，以保证对当事人的尊重和流程的完善。决策层在进行决策时，不仅要考虑案件的具体情况，还要结合案件对企业内外部的影响力、案件对企业的冲击力等进行综合决策。

二、违规处理与持续改进

合规人员处理完案件后，需要对内部管理流程进行查漏补缺，以防类似的案件再次发生。在进行系统化的整改后，执行人需要对整改后的效果进行监督与实时汇报。如果通过调查确实发现有违规操作，企业可以通过撤换高管等手段进行内部风险的初步排除。但是，即使有全方位的预防和监察措施，也可能有漏网之鱼给企业带来危害。此时，企业需要采取风险显现后的应对措施将损失降到最低。应对措施是企业合规管理的后端防线。若应对不当，则可能造成“洪水决堤”。应对所采取的常用方法有违规处理、矫正与补救。

1. 违规处理

对于不涉及违法犯罪的违规行为，经济有效的方式是企业以自查的方式处理。一旦发现违规案件，要立刻启动内部调查程序，排查风险。处理方法及结果应当遵循企业事先颁布的制度与流程。处理办法需要与企业人力资源部门、法律顾问及员工所属业务部门的相关领导进行商讨，共同决策。讨论完毕后，企业要举行对该员工的听证会，需要其对处理结果明确知晓并确认接受。

一般，企业会设置专门的调查部门，该部门可以独立于法律合规部门之外，有独立的调查权，可以随时查阅有关案件的任何信息和对当事人进行面谈。此外，企业也可直接雇佣第三方，对案件进行独立调查。

2. 矫正与补救

矫正与补救旨在通过发现管理的内部漏洞而进行弥补，避免类似的问题重复发生。通常，合规人员在处理违规个案后需要进一步审查与该违规案例有关的企业内部制度和流程，找出违规案件发生的根源。如果是制度与流程出现了漏洞，需要第一时间对其做出修订并公示；若是因为员工对该政策流程认识不足、了解不深入而发生的问题，则需要加强对员工该方面的培训与沟通，保证员工在商业行为中了解企业的要求；若是员工的个人原因，则需要联合 HR 及相应部门的业务领导讨论是否在招聘人员时加强对人员合规方面的考察，或加深入职前的背景调查。企业需要定期对查实的管理漏洞进行总结和分析，用以矫正管理战略和具体实施。

案例分享

合规部门接到邮件举报，举报市场营销部负责人王五从长江旅行社处收取现金好处数十万元，并于 2022 年 3 月 18 日转入其账户。举报附有王五在银行办理业务的照片，照片时间为 3 月 18 日。

随后，合规部门的合规人员张强展开了对此案件的调查。

合规部门的张强与人力资源部门的向珍是好朋友。一次吃饭时聊天，王五和他们打招呼，张强表现得有些不自然，向珍开玩笑地说：“不会是王老板有什么案子在你手里吧？”张强笑了笑。

在随后的调查中，张强了解到王五的下属赵六是举报人，想找赵六了解情况，但是赵六已离职。

随后，由于案件关键证人离职，张强向领导李明反映了情况。李明在与张强的复盘中，认为赵六的离职有蹊跷。随后展开了调查，调查发现是向珍向王五进行了暗示，王五随后查出赵六对自己的举报，赵六害怕可能遭到报复，随后离职，且已离开了本市。

李明对张强提出了严肃的批评，称："公司有严格的反报复政策，若不能保证举报人的利益，则公司的举报渠道形同虚设，合规管理体系也会受到挑战。"李明认为，虽然张强没有明确向他人陈述此案，但是本身作为合规人员就应当对保密要求有更高的标准，合规人员的一言一行甚至一个眼神都有可能被他人捕捉到信号，从而给案件的调查带来阻力。

李明希望张强引以为戒，在案件调查和处理中更加谨慎。

随后，合规部门除了开展对王五的案件调查之外，对向珍的行为也启动了相关调查。

10.4　合规调查中的重要文件

文件是合规调查中的核心内容。从接到举报到完成调查，其中的每个步骤都要有文件进行支持和说明。在众多的调查文件中，调查计划和调查报告是关键性文件，调查计划是对整个调查行为的设计，调查报告是对调查工作的总结。

10.4.1　调查计划

调查计划是当合规人员接到举报后对整体调查所做的规划。完整、合理的调查计划是保证案件调查顺利进行的第一步。调查计划一般包含四个部分：第一部分是对案件基本情况的整理，如案件编号、案件类型、指控内容、涉案人员等，是调查人员对案件关键要素的提炼；第二部分是与证据收集有关的内容，如相应的访谈计划、文件收集列表等；第三部分是对案件的处理，如此案件有可能会涉及哪些处理措施，以及对风险的查漏补缺；第四部分是关于办案时间的计划，如预计的调查时间和预计的案件完成日期等。表 10-2 所示为调查计划（样例）。

表 10-2　调查计划（样例）

项目	案件描述
第一部分　基本情况整理	
案件编号	
案件类型	

（续表）

项目	案件描述
案件发生的地区和国家	
指控的详细描述	
涉案人员	
涉案期间	
案件是何时发生的、如何发现的	
第二部分　调查流程	
列出需要进行访谈的人员	
列出任何需要收集或审阅的文件的名称，包括向谁索取这些文件	
列出需要获取的其他证据，去哪里找证据，或者找谁要证据	
列出与调查相关的联系人，包括部门经理、工会代表、内部法律顾问、合规人员等	
制订一个寻找资源的计划（例如，寻找外部律师并支付聘请律师的费用，或预订用于访谈的私人会议室）	
第三部分　预防措施	
列出任何需要采取的预防措施（例如，对潜在违规者做停职或解雇处理）	
采取了何种方法来防止未来的隐患（如果有）	
纪律处分办法（由主管机构确定）	
其他	
第四部分　预计调查时间	
预计调查时间（小时 / 天或周）	
预计调查完成的日期	
如果调查预计需要两周以上的时间，做好更新和沟通的计划	

10.4.2 调查报告

在完成调查工作后，合规人员需要形成正式的调查报告。调查报告要包括案件概要、调查的范围及总结。一般，第一部分要包含案件的详细信息，如报告编号、调查员姓名，重要的是对案件来源和举报内容的描述，一定要尊重客观事实，详细地描述案件的来源和案件事实。第二部分是对调查行为的相关陈述，如调查范围、获取的事实、得出的结论、对下一步所应采取的措施的建议等。在进行事实与结论的阐述时，切忌将调查员本身的主观判断包含其中。第三部分是相应的附件，如调取的相关文件、与被访谈人的访谈记录等。其中，访谈记录要获得被访谈人的书面认可。表 10-3 所示为调查报告（样例）。

表 10-3　调查报告（样例）

报告编号 调查员姓名 案件来源 最初举报内容 指控摘要 相关方 调查范围 调查总结 文件列表 事实与结论 下一步建议 附件：案件支持性文件 　　附件 1：访谈记录 　　附件 2：案件简述 　　附件 3：与领导层商讨的记录 　　附件 4：与人力资源部门商讨的记录

案例分享

下属张强向李明提交了一份案件调查报告，该案件是围绕市场营销部负责人王五违规收取长江旅行社的好处而展开的。在进行了充分调查后，张强在调查报告的事实与结论处写道：

“通过对财务数据的调取，发现市场营销部负责人王五曾多次向该供应商批准发放明显高于既往水平的市场推广费用，且其下属表示，王五曾数次通过其接受供应商的现金，总计 5 万余元。

“我认为，王五有重大的违规行为，且其既往有不公平地对待下属的行为，协助其进行费用转移的人员经常获得升职的机会。并且，王五经常对合规工作不配合，且出言不逊，曾说出‘合规就是业务最大的阻碍’之类的话。”

李明在阅读张强的初步调查报告后，向张强指出了调查报告中存在的问题。

1. 在进行事实陈述时，要有具体的描述。如“发现市场营销部负责人王五多次向该供应商批准发放明显高于既往水平的市场推广费用”，此处的“多次”具体指几次？如果不能一一列出，要援引相应的财务文件作为附件。“且其下属表示”，此处的“下属”指的是谁？“王五曾数次通过其接受供应商的现金”，此处的“数次”指的是几次？

2. 结论中不应当掺杂调查员的主观判断，如“我认为，王五有重大的违规行为”。

3. 与本案不相关的事实不应当被列入其中，如“其既往有不公平地对待下属的行为，协助其进行费用转移的人员经常获得升职的机会。并且，王五经常对合规工作不配合，且出言不逊，曾说出‘合规就是业务最大的阻碍’之类的话”。

经修改，张强提交了最新的调查报告，其中事实与结论处的内容为：

“通过对财务数据的调取，市场营销部负责人王五曾3次向长江旅行社批准发放明显高于既往水平的市场推广费用，分别发生于2019年4月、2020年3月和2021年12月。其下属郑燕表示，王五曾10次通过其接受长江旅行社的现金，总计5万余元，详情见附件列表。

“同时，在进行了第5次现金转移后，王五曾明确向郑燕表示‘你继续帮我，我升你做区域经理’，郑燕表示同意。之后的一个月，郑燕升至区域经理。王五连续3年未完成规定的合规培训。”

李明看到张强最新的调查报告后，表示张强的进步很大。

练习

你认为张强提交的调查报告中“事实与结论”的部分还能写得更好吗？

10.5 有效性审查

畅通的举报渠道是有效合规管理体系的重要标志，企业需要让员工无顾虑地对违反企业行为准则、违反企业制度与流程、涉嫌违法违规或已发生的违法违规行为进行举报。企业举报渠道畅通与否的主要评价指标有：企业的投诉处理程序是否包括采取主动措施；企业是否打造了员工不怕报复威胁的工作环境；企业是否有适当的投诉上报程序及保护举报人的措施；企业是否有恰当的处理案件的程序，如调查程序、案件分配程序、处罚程序等。

10.5.1　对举报机制的考量

企业是否有匿名举报机制？如果没有，为什么没有？如何向企业员工与商业伙伴宣传举报机制？有员工举报过吗？企业如何评估收到的举报的严重性？合规人员是否有权获得举报的信息？

10.5.2　对调查行为的考量

企业如何确定哪些投诉或危险信号值得被进一步调查？企业如何确保调查的范围是适当的？企业采取了哪些步骤来确保调查是独立的、客观的、适当进行和适当记录的？企业如何决定谁应该负责进行调查，谁负责做决定？

企业是否采取案件调查完成时间来作为衡量合规人员对举报的响应能力的指标？企业是否时时监控调查进展，并确保对调查的进展和结果进行了反馈？

10.5.3　对调查资源的支持及对持续改进的考量

企业支持举报和调查行为的资金和资源是否充足？企业如何从举报机制中收集、跟踪、分析和使用信息？企业是否定期对举报和调查结果进行分析？企业是否对调查中发现的预警信号进行处理，处理是否到位？

练习

以下不应作为考察举报与调查工作有效性指标的是：[①]

（1）是否有匿名举报机制；

（2）如何确保调查范围是适当的；

（3）支持举报和调查行为的资金是否充足；

（4）嫌疑人被移送司法机关的比例。

① 答案：（4）。

第三部分 重点合规主题

合规管理是“1+2”的结构，即“一个框架 + 两个纵深”。“一个框架”是指合规管理的顶层架构，即有关合规管理的方法，如合规义务识别、合规风险梳理、合规文化建设、合规制度建设、合规监督、合规举报、合规报告等。

“两个纵深”是指合规主题领域的纵深与经营管理领域的纵深。其中，合规主题领域的纵深是合规管理的核心。当前热门的合规主题有反贿赂与反腐败、反垄断、数据安全、商业伙伴、境外合规、突击检查、反不正当竞争、高管行为、反舞弊、反洗钱、劳动用工、固定资产、地域合规等，如下页表所示。本部分将对反贿赂与反腐败、反垄断、数据安全、商业伙伴、境外合规、突击检查等重点合规主题领域进行阐述。

表　合规主题领域

合规主题领域
反贿赂与反腐败
反垄断
数据安全
商业伙伴
境外合规
突击检查
反不正当竞争
高管行为
反舞弊
反洗钱
劳动用工
固定资产
地域合规
其他领域

前面的部分主要介绍了合规管理的基础知识及基本方法，本部分将围绕合规管理的主题进行阐述，分别从反贿赂与反腐败、反垄断、数据安全、商业伙伴、高管行为、境外合规、突击检查等七个重点合规主题介绍合规管理工作。

第 11 章　反贿赂与反腐败

在外资企业中，反贿赂与反腐败是合规管理的重要工作。对国企和央企来说，纪检纪委部门主要承担反腐败的工作职责。

11.1　反贿赂与反腐败的基础知识

首先来看一下反贿赂与反腐败的关系。

1. 贿赂与商业贿赂

（1）贿赂

以财物买通别人。——《辞海》

（2）商业贿赂

商业贿赂行为是指经营者采用财物或者其他手段进行贿赂以谋取交易机会或者竞争优势。

2. 腐败与腐败犯罪

（1）腐败

① 腐烂：不要吃 ~ 的食物丨木材涂上油漆，可以防止 ~ 。

②（思想）陈旧；（行为）堕落：~分子。

③（制度、组织、机构措施等）混乱、黑暗：政治 ~ 。——《辞海》

（2）腐败犯罪

腐败犯罪指经济类犯罪和法纪类犯罪，具体包括贪污受贿性犯罪和渎职、侵权类犯罪。

由此看来，贿赂偏向于主动的、向外的以财物或有价物进行行贿的行为；腐败偏向于本身的、已经败坏的行为，如套取或者收取财物或有价物的行为。

在合规实践中，反贿赂多用在对内部人员对外部行贿行为的管控中，如《对外礼品招待管控》《对外捐献管控》《对外赞助管控》等。反腐败侧重于对内部人员或内外牵连可能引发贪腐行为的管控，如《利益冲突管控》《第三方合规管控》《公司固定资产管控》等。

反贿赂管控多用于有境外业务、受到境外法律管辖的企业，如受美国《反海外腐败法》管辖的企业；反腐败多用于国内企业中的国企和央企。当然，贿赂常以行贿和受贿两种形式出现，其中行贿行为是反贿赂中所管控的主要内容，而对受贿的管控更多可与反腐败相关管控并行。表 11-1 所示为贿赂与腐败的比较情况。

表 11-1　贿赂与腐败的比较

项目	贿赂	腐败
定义	以财物利益买通他人	（制度、组织、机构措施等）混乱、黑暗
常见的犯罪形式	商业贿赂	腐败犯罪
行为特点	主动的、向外的以财物或有价物进行行贿	本身的、已经败坏的行为
管控制度	《对外礼品招待管控》《对外捐献管控》《对外赞助管控》等	《利益冲突管控》《第三方合规管控》《公司固定资产管控》等
适用范围	有境外业务、受到境外法律管辖的企业	国内企业（以国企、央企为重点）
适用的合规义务	境外法，如美国的《反海外腐败法》	境内法律法规（国企、央企以党纪为重点）

当前，企业对反贿赂与反腐败的合规管理更多发源于欧美。

在“水门事件”后，美国政府意识到仅靠政府行为对腐败行为进行管理有巨大的滞后性，反腐败管控需要更多依靠企业自身进行自我管控，但是没有政府指引的自我管控也可能是失灵的。因此，美国政府出台了著名的《反海外腐败法》（Foreign Corrupt Practices Act，FCPA）。美国政府出台此法，一方面是为企业自我合规管理指明方向，另一方面是为了挽回因“水门事件”丧失的公众信任。

国内的反贿赂与反腐败管理更多源于党内纪律，尤其针对反腐败行为有更多的管控措施。对当前的国内企业来说，其一方面可以借鉴外企的反贿赂与反腐败管理方法，将其作为合规管理的重要组成部分；另一方面要做好合规部门与纪检纪委部门的配合，合规部门除了配合反腐败工作之外，还要密切关注反贿赂工作及其他由此引发的预警信号。

11.2　和反贿赂与反腐败相关的合规义务

和反贿赂与反腐败相关的合规义务有许多，常见的有境内的《中华人民共和国刑法》（下称《刑法》）、《反不正当竞争法》，境外的如美国的《反海外腐败法》、英国的《反贿赂法案》、法国的《萨宾第二法案》等。表 11-2 所示为境内反贿赂与反腐败合规义务列表（部分）。

表 11-2　境内反贿赂与反腐败合规义务列表（部分）

法律规范名称	效力级别	实施日期
中华人民共和国刑法（2020 修正）	法律	2021-03-01
中华人民共和国公司法（2018 修正）	法律	2018-10-26
中华人民共和国反不正当竞争法（2019 修正）	法律	2019-04-23
全国人民代表大会常务委员会关于批准《联合国反腐败公约》的决定	条约	2005-10-27
国务院关于印发近期开展反腐败斗争实施意见的通知	国务院规范性文件	1993-09-18
最高人民检察院关于贯彻中发〔1993〕9 号文件进一步开展自身反腐败斗争的实施意见	司法解释性质文件	1993-10-22
司法部关于贯彻《国务院关于近期开展反腐败斗争的实施意见》的具体措施	部门工作文件	1993-10-07
司法部关于印发《司法部机关贯彻落实 2007 年党风廉政建设和反腐败工作部署的分工意见》的通知	部门工作文件	2007-03-07
公安部关于当前反腐败工作着重解决几个问题的意见	部门规范性文件	1996-05-28
国际商会事务部关于邀请参加国际商会中国国家委员会企业责任与反腐败委员会成立会议的通知	部门工作文件	2016-06-22
国家工商行政管理局关于贯彻落实中纪委二次全会和国务院第六次反腐败工作会议精神的意见	部门工作文件	1998-02-18
国家工商行政管理局关于印发《关于贯彻中纪委第八次全会和国务院第五次反腐败工作会议精神的意见》的通知	部门工作文件	1997-03-26
国家工商行政管理总局关于公办学校收受商业贿赂行为是否受《反不正当竞争法》调整问题的答复	部门规范性文件	2006-05-15
国家监察委员会关于开展反腐败国际追逃追赃工作情况的报告	部门工作文件	2020-08-10
国家林业局关于局直属机关 2007 年党风廉政建设和反腐败工作的安排意见	部门工作文件	2007-01-21
国家人口计生委关于印发 2011 年党风廉政建设和反腐败工作要点的通知	部门工作文件	2011-01-25
国家税务总局关于调整总局反腐败工作领导小组成员的通知	部门工作文件	1997-02-06
国家税务总局关于开展反腐败斗争落实三项任务情况调查的通知	部门工作文件	1994-11-03

（续表）

法律规范名称	效力级别	实施日期
国家文物局关于印发《国家文物局 2008 年党风廉政建设和反腐败工作任务分工》的通知	部门工作文件	2008-03-12
国家中医药管理局关于反腐败抓源头工作的实施办法	部门规范性文件	2001-02-09
海关系统反腐败抓源头工作实施办法	部门规范性文件	2001-04-02
科学技术部反腐败抓源头工作实施办法	部门规范性文件	2000-08-30
民政部党风廉政建设和反腐败工作领导小组关于调整、完善《民政部直属机关反腐倡廉宣传教育工作联席会议制度》相关事项的通知	部门工作文件	2008-05-15
人口计生委关于开展学党章守纪律树形象活动，做好 2006 年党风廉政建设和反腐败工作的意见	部门工作文件	2006-01-23
人事部关于深入开展反腐败斗争的通知	部门工作文件	1993-10-09
人事部关于印发《关于人事部门反腐败抓源头工作实施办法（试行）》的通知	部门规范性文件	2000-09-28
体育总局办公厅关于召开 2017 年体育总局党风廉政建设和反腐败工作会议的通知	部门工作文件	2017-02-06
中共中央、国务院关于反腐败斗争近期抓好几项工作的决定	党内法规制度	1993-10-05
中共国土资源部党组关于 2016 年党风廉政建设和反腐败工作的实施意见	党内法规制度	2016-02-05
依法治国 依规治党 坚定不移推进党风廉政建设和反腐败斗争——在中国共产党第十八届中央纪律检查委员会第五次全体会议上的工作报告	党内法规制度	2015-01-12
中共教育部党组关于成立教育部党风廉政建设和反腐败工作领导小组的通知	党内法规制度	2014-11-18
中共教育部党组关于印发《教育部党风廉政建设和反腐败工作领导小组办公室工作规则》的通知（2014）	党内法规制度	2014-11-18
中共国土资源部党组关于 2014 年党风廉政建设和反腐败工作的实施意见	党内法规制度	2014-02-25
聚焦中心任务 创新体制机制 深入推进党风廉政建设和反腐败斗争——在中国共产党第十八届中央纪律检查委员会第三次全体会议上的工作报告	党内法规制度	2014-01-13
中共国土资源部党组关于 2013 年党风廉政建设和反腐败工作的实施意见	党内法规制度	2013-01-23
中共国家粮食局党组关于印发《2011 年国家粮食局党风廉政建设和反腐败工作实施意见》和《2011 年国家粮食局党风廉政建设和反腐败工作任务责任分解意见》的通知	党内法规制度	2011-02-10
中共国家粮食局党组关于印发《2010 年国家粮食局党风廉政建设和反腐败工作实施意见》和《2010 年国家粮食局党风廉政建设和反腐败工作任务责任分解意见》的通知	党内法规制度	2010-01-29

（续表）

法律规范名称	效力级别	实施日期
中国共产党国家测绘局党组关于印发《中共国家测绘局党组关于2009 年党风廉政建设和反腐败工作的实施意见》的通知	党内法规制度	2009-03-02
中共国土资源部党组关于 2009 年党风廉政建设和反腐败工作的实施意见	党内法规制度	2009-02-20
中共国家粮食局党组关于印发《2009 年国家粮食局党风廉政建设和反腐败工作实施意见》和《2009 年国家粮食局党风廉政建设和反腐败工作任务责任分解意见》的通知	党内法规制度	2009-01-23
中共国土资源部党组关于 2008 年党风廉政建设和反腐败工作的实施意见	党内法规制度	2008-03-27
中国共产党国家测绘局党组关于印发《中共国家测绘局党组关于2008 年党风廉政建设和反腐败工作的实施意见》的通知	党内法规制度	2008-03-05
中共国家粮食局党组关于印发《2008 年国家粮食局党风廉政建设和反腐败工作实施意见》和《2008 年国家粮食局党风廉政建设和反腐败工作任务责任分解意见》的通知	党内法规制度	2008-02-03
中共中央纪委、最高人民检察院、监察部关于纪检监察机关和检察机关在反腐败斗争中加强协作的通知	党内法规制度	1993-11-05
中共中央纪委、监察部《关于坚持不懈地抓紧抓好中央近期反腐败斗争三项工作的通知》	党内法规制度	1993-12-24
中共建设部党组关于党风廉政建设和反腐败工作责任制的暂行规定	党内法规制度	1998-02-19
中央纪委驻民政部纪检组关于印发《民政部反腐败抓源头工作实施意见》的通知	党内法规制度	2000-08-23
中共国家工商行政管理局党组关于印发《全国工商行政管理系统反腐败抓源头工作方案》的通知	党内法规制度	2000-09-20
国土资源部中共党组关于做好 2003 年党风廉政建设和反腐败工作实施意见	党内法规制度	2003-03-07
中共中央纪律检查委员会关于纪委协助党组织协调反腐败工作的规定（试行）	党内法规制度	2005-07-26
中共中央纪委、中共中央统战部、监察部关于向民主党派通报党风廉政建设和反腐败工作情况、邀请民主党派参加党风廉政建设专项检查的实施意见	党内法规制度	2006-02-06
中国期货行业反商业贿赂诚信公约	行业规定	2006-09-07
中国银行业监督管理委员会办公厅关于《中国银行业反商业贿赂承诺》《中国银行业从业人员道德行为公约》《中国银行业从业人员流动公约》《中国银行业反不正当竞争公约》等有关材料的批复（银监办发〔2006〕180 号）	行政许可批复	2006-07-03
中国证券投资基金业协会关于发布《中国证券投资基金业协会会员反商业贿赂公约》通知（2012 修订）	行业规定	2012-12-21

一、境外合规义务

1. 美国《反海外腐败法》

美国《反海外腐败法》（FCPA）于1977年诞生，是世界上第一部关于反腐败的法案。

20世纪中期，美国社会曾受到贪腐行为的严重影响。1977年，美国证券交易委员会在报告中披露，有400多家美国企业涉嫌行贿外国官员，行贿金额高达30亿美元。美国有众多知名企业，且分支遍布全球。若其海外分支长期以贿赂作为主要的市场开拓手段，不仅会给美国企业带来严重的影响，也会影响美国本土的政治经济发展。鉴于此，美国政府通过并开始实行FCPA，这也是目前对全球反腐败影响最为深远的一部法律。从1977年到1997年，美国是世界上唯一对贿赂外国政府官员的行为追究刑事责任的国家。

根据FCPA的规定，其管辖范围是在美国境内经营业务的企业，或者企业的涉事职员为美国公民，或者涉事企业的股票或债券在美国的证券交易所上市交易。这意味着，该法案适用于所有在美国上市的中国企业，并且适用于任何雇用了美国员工及与美国企业发生业务的中国企业。若有员工以企业的名义实施了贿赂行为，即使贿赂行为发生在美国境外，企业也可能会面临巨额罚款。

FCPA主要适用于针对政府官员的贿赂行为。

FCPA有两项主要规定：①反腐败行为规定；②会计与记录编制规定。虽然这两项规定单独使用，但是它们互相补充。其中，会计与记录编制规定仅适用于在美国上市的企业。

当企业参考FCPA时，反腐败行为规定是首要被考虑的事项。反贿赂行为规定中重点规定了承诺提供、有价物、政府官员、政府单位、贿赂行为等相关内容。

此条款能否被深入解读，是企业能否有效进行反腐败合规建设的关键，其中的关键点如下。

（1）承诺提供

承诺提供或提供有价物给某位政府官员以滥用其职权是要受到惩罚的，无论该有价物是否实际给予。

案例分享

美国一名男子向某国官员承诺会给予其金钱，但其后该给予行为并未发生，但是因其承诺行为，该男子仍被判入狱两年半。

（2）有价物

有价物指任何形式的好处或益处，不管是不是金钱性质的。此项下风险最高的物品之一即为“现金及现金等价物”。依照对有价物的风险界定，以下行为均可能给企业带来违反 FCPA 的相关风险：

- 承诺向某官员给予好处；
- 向某官员亲属无端授予奖学金；
- 向以某官员或其密切关系人命名的慈善机构捐款；
- 使用企业车辆用作私人用途，如旅游、开顺风车等；
- 赠送客户高级健身俱乐部会员资格；
- 利用业务机会或关系将机票提升到头等舱；
- 为官员家庭成员提供不符合其履历背景的本企业岗位；
- 对政治候选人提供不正当的赞助等。

（3）政府官员

将有价物给予某美国之外的官员，如当地国的政府官员或任何为政府效力的人员，都是违反 FCPA 的。FCPA 界定的政府官员具体指任何在政府单位或代表政府单位工作的人、任何政治职位的候选人、政党官员或职员，或政党、非政府组织人员等。另外，政府官员还包括非政府企业的高管、董事或职员。这些非政府企业的员工因为地位或其他原因享受政府官员待遇。政府官员还包括政府控股或入股企业的相关员工，若对于是否控股难以判断，可以默认有政府持股的企业，其工作人员均可被认定为 FCPA 界定的政府官员。

另外，有价物收受对象也包括政府官员的相关方，即近亲属，如父母、子女（包括其配偶或生活伴侣）、兄弟姐妹（包括其配偶或生活伴侣）及亲侄子侄女、亲外甥外甥女，以及配偶或生活伴侣和亲密的朋友等。

（4）政府单位

政府单位的定义很广，包括国家、省或地方政府或政府部门、机关、机构和其他政府实体，以及国际公共企业、政党及非政府组织等。其中，“国际公共企业”包括任何由两个或多个政府参与的企业。政府单位还包括“政府控制的企业”。

（5）贿赂行为

以下述标准进行判断，若属实，则该行为可能被认定为给予了不正当利益，属于贿赂行为：

- 如果不送礼，该官员就不会采取行动；

- 正在进行支付的目的是增加该官员采取所需行动的可能性；
- 该官员就是否采取行动可以自行决断（即，他有选择权）；
- 想要该官员利用其对政府或私人部门中其他人的影响力；
- 不想让此次给予被公开（如在报纸文章中被披露）；
- 不正当利益包括但不限于：

赢得一份本不应赢得的合同、税款缴纳金额减少、相关责任减少、获得了本不应获得的许可证、获得了立法方面的倾斜、不进行本应进行的执法行动等。

需要特别注意的是，先提供礼品或娱乐而未来获利的模式或做法，也可能被认为违犯FCPA。实施贿赂行为的企业可能会面临最高数百万美元的罚款，而企业的涉事董事、领导、股东、员工及代理人也可能会面临罚款及监禁。

FCPA 还要求受其管辖的各家企业建立有效的内部合规控制机制，严格遵守全球性或区域性的反贿赂法规。这些法规适用于企业的全体员工，无论员工在哪里任职或跟谁有业务往来。

练习

以下属于 FCPA 界定的政府官员的有：①

（1）医院的医生；

（2）小米集团的总裁；

（3）清华大学经济管理学院院长；

（4）世界银行业务经理。

2. 英国的《反贿赂法案》

英国的《反贿赂法案》的英文全称为 UK Bribery Act，简称 UKBA，于 2011 年 7 月生效。UKBA 被誉为当今最严格的反贿赂法案。其管辖对象为：

- 英国的合伙制企业；
- 英国的注册法人企业；
- 全部或部分生意在英国的法律实体，不管此实体在哪个国家登记或者注册。

UKBA 和 FCPA 的区别主要如下。

（1）对未能防范贿赂行为实施严格归责原则。UKBA 规定，如果某企业的关联人员实

① 答案：（1）（3）（4）。

施了贿赂行为，该企业需承担责任，除非该企业能够证明其已经实施了充分程序以防范贿赂行为。相比之下，FCPA 并无该项规定。

（2）外国的受贿者也应承担责任。UKBA 规定，外国的受贿者也应承担责任；FCPA 并没有规定外国的受贿者也应承担责任。

（3）未包含有关“通融费”[①]的条款。FCPA 规定了通融费，但是，UKBA 没有规定该项费用。

UKBA 适用于针对公共机构及个人的贿赂行为，其适用范围更为宽泛。主动索贿或被动受贿，以及行贿的商业企业均将受到该法案的严厉处罚。可能受到的处罚包括：对个人的 10 年以上监禁和 / 或无上限的罚款；对企业的无上限的罚款和 / 或永久禁止参与公共合同的竞标。

3. 法国的《萨宾第二法案》

法国的《萨宾第二法案》的英文全称为 Sapin II Law，国内通常简称《萨宾二》。其大部分规定于 2017 年 6 月 11 日生效。

《萨宾二》的主要目的是在法国建立一个真正的反腐机制，要求企业在经济制裁的惩罚下参与到这场反腐的斗争中来。该法案的制定以 FCPA 为基础，同时兼容了法国相关的地区特色和特殊性。《萨宾二》在推进法国反腐败管控中起到了重要作用。其要求和特点如下。

（1）设立法国反腐败局（Agence Française Anti-corruption，AFA），负责监测私营企业和公共部门内部预防腐败方案（“反腐败合规方案”）的执行情况，并有权调查和实施制裁。

（2）对具有一定规模的法国企业强制实施反腐败合规管理体系。企业可能因未设立反腐败合规管理体系而受到处罚。

（3）在不承认有罪的情况下确立刑事和解制度，主要针对腐败行为、洗钱和税务欺诈。

（4）扩大和保护了举报人。

（5）大幅扩大了法国刑事法院对国际腐败行为的管辖权。

2019 年 2 月 4 日，法国反腐机构根据《萨宾二》的要求，发布了有关实施强有力的反腐败合规计划的新实践指南。《萨宾二》第 17 条第 1 款规定：满足以下用工人数标准和营业收入标准的企业应当建立合规制度：①拥有超过 500 名员工的公司，或者是拥有超过 500 名员工且其母公司总部设在法国的集团公司；②年收入或合并年收入超过 1 亿欧元的

① 通融费：为加速政府官员办理事务，给予的低金额好处费。例如，过某些国家的海关时，需要给 10 美元的通融费。

公司。

二、境内合规义务

1.《刑法》

刑法规定的是较为严重的贿赂行为，最高可判处无期徒刑。刑法中对贿赂行为的重要规定有两点：

（1）刑法适用于企业、企业人员的贿赂犯罪和国家工作人员 / 机构的贿赂犯罪；

（2）根据中国刑法，行贿和受贿都属于贿赂犯罪。

国家对《刑法》的几次修订均体现了对行贿受贿行为的管控。2015 年，《中华人民共和国刑法修正案（九）》（下称《刑九》）出台，《刑九》显著的修订特点便是明显加大了对贪污贿赂腐败的处罚力度，也加大了对行贿罪的打击力度。其中显著的变化是，贪污罪和受贿罪均拟取消原来的对具体数额的限制，以“数额较大或者有其他较重情节”“数额巨大或者有其他严重情节”和“数额特别巨大或者有其他特别严重情节”代替。《中华人民共和国刑法修正案（七）》增加了利用影响力受贿罪，《刑九》进一步将向国家工作人员关系密切的人行贿的行为也规定为犯罪，加强了对行贿受贿的管控。《中华人民共和国刑法修正案（十一）》提高了公司、企业、基层群众自治性组织中的非国家工作人员受贿罪、职务侵占罪、挪用资金罪的刑罚配置。可以看出，我国与全球管理趋势同步，在立法层面不断加大对腐败犯罪的打击力度。

2.《反不正当竞争法》

《反不正当竞争法》在行政领域作为反商业贿赂的核心规定经过了数次修订，以适应当前市场的发展与变化。除此之外，《关于禁止商业贿赂行为的暂行规定》进一步明确了商业贿赂的认定标准，旅游、医药、保险、证券等行业纷纷出台反商业贿赂细化规定，促进了本行业内的规范工作。《反不正当竞争法》修订后加大了对商业贿赂行为的惩处力度，处罚金额从原来的“一万元以上二十万元以下的罚款，有违法所得的，予以没收”调整为“没收违法所得，处十万元以上三百万元以下的罚款，情节严重的，吊销营业执照”。

11.3　商业活动中腐败贿赂风险的高发领域

11.3.1　商业合作伙伴[①]

一、基本定义

商业合作伙伴，也叫商业伙伴，英文全称为 Business Partner，简称 BP。其指不隶属于组织，但与组织发生商业往来的实体。

第三方的英文全称为 The Third Party，简称 TTP，指独立于企业外的人或机构[②]，如咨询机构、监测机构等。

ISO 37301 中表示：所有的商业伙伴均涉及第三方，但并非所有第三方都是商业伙伴。

二、对商业伙伴分类

按商业习惯，商业伙伴可以分为作为中介类的商业伙伴与作为非中介类的商业伙伴两类。

第一类：作为中介类的商业伙伴。

其指的是该类商业伙伴可以作为中间商，至少产生两次商业交易，其中包含与供应链上游企业的交易，以及与最终用户的交易。在一个完整的交易链条中，除上述两次交易之外，企业还可能与其他相关方发生交易。该类商业伙伴常见的类型有渠道商、经销商等。

第二类：作为非中介类的商业伙伴。

其指的是该类商业伙伴仅与采购方产生商业交易，如供应商、承包商、项目合作商、业务咨询服务商、报关商、物流商等。

其中，中介类的商业合作伙伴，由于其一方面代表企业进行服务，另一方面其并非企业的内部组织，但需要接受企业的日常监督和管理，故在商业活动中存在更高的风险性。第二类非中介类的商业合作伙伴多作为企业的供应商出现，若不严肃管理，企业内部会滋生贪污行为。

三、对商业伙伴腐败行为的管控

在某些情况下，商业伙伴的腐败行为可能对企业产生直接影响。通常认为，商业伙伴不属于企业的管辖范围，所以其不但能为企业进行延伸的业务活动，还可以成为事发后的挡箭牌，为企业承担风险。但是目前，对商业伙伴的行贿问题已达成共识，即：反腐败法

① 类似词语：合作伙伴、中介机构、商业伙伴。
② 摘自 ISO 37301：2021《合规管理体系 要求及使用指南》。

并不会区分是企业还是代表企业的商业伙伴做出的行贿行为，即使商业伙伴不是企业的附属部门，但其仍可以在商业活动中作为企业的代理人，代表着企业的形象。所以无论违规行为是否为企业直接所为，最终的责任人都应归属于企业本身。国内外法律均明确禁止企业通过商业伙伴提供或收取任何有价之物，如果情况表明其全部或部分有价物有可能被提供给政府官员（或商业交易对手），从而影响官员的行为或使其做出倾向性决策，那么此行为必然会违反相关法律法规。

合作前，为了避免与高风险商业伙伴合作，企业应积极展开尽职调查并采取所有必要的预防措施，确保只与声誉良好的商业伙伴和代表建立商业关系。[①] 因此，在聘请特定商业伙伴或与这些商业伙伴签订任何合同前，企业必须进行适当的风险分类和尽职调查。且企业内部进行商业伙伴管理的责任人员需在其责任范围内谨慎选择商业伙伴并在商业关系维系期间持续实施监控。

合作中，企业应对商业伙伴有不低于企业自身的合规要求。当有证据表明在与商业伙伴的合作中存在潜在的合规风险时，企业应遵循“此行为是否在市场中常见”的通行自查原则来进行初期判断。具体工作内容遵循商业伙伴尽职调查的相关工作要求。一旦发现预警信号，则标志着商业伙伴可能存在腐败相关的风险，企业必须引起高度重视，可以暂停合作并让相关人员进行风险排查。

案例分享

合规人员李明在进行对公司供应商的合规检查过程中发现：相关部门确实依照公司对商业伙伴合规管理的要求进行管理——在合作前对商业伙伴进行了合规尽职调查，之后与符合要求的商业伙伴签订合同，但是供应商的违规行为依然持续发生。

以蓝天公司为例，蓝天公司是公司的金牌供应商，合作时间长达 5 年。但是近几年其频繁因违规行为被监管机构处罚，究其原因主要是：产品质量违规，与相关政府官员有不正当往来。去年，公司内部接到举报，举报公司与蓝天公司的联络人——市场部邱总，接受了蓝天公司不当利益 20 万元。之后查实，邱总被移送司法机关。

李明分析后认为，公司当前对商业伙伴的管控缺失了监控环节，虽然在合作前进行了完整的商业伙伴合规尽职调查工作，也筛选出了合作前符合要求的商业伙伴，但是在合作之后公司忽略了商业伙伴情况的变化，没有对及时出现的预警信号进行处理，造成了管理环节的缺失。

① 美国司法部网站《反海外腐败法》业外人士指南。

> 以蓝天公司为例，在合作后，公司发现其屡次因违规行为而受到处罚，但是公司内部并未启动对相关预警信号的排除工作，最终导致了内部违规行为的发生，给公司带来了损失。
>
> 随后，李明补充了对与商业伙伴合作后合规监控环节的制度与要求。

11.3.2　招待与馈赠

中国作为文明古国注重礼尚往来，中国人乐于通过招待与馈赠表达情感。企业在日常的商业行为中也免不了涉及对外的招待与馈赠，尤其逢年过节，许多企业会在节日期间与相关合作方进行友好往来。但是，即使是善意的招待与馈赠，如果进行得不恰当，也可能涉及贿赂、腐败、贪污等风险。甚至在某些情况下，涉事员工也可能遭受到民事或刑事处罚。以下的招待与馈赠可能会给企业带来违规风险。

一、招待与馈赠的高风险事项

1. 日常高风险的招待与馈赠

提供和接受礼品、招待与馈赠常常是商务礼仪的一种形式，也是一种常见的商业行为。但是，在进行招待与馈赠时，若显示出以下风险信号，则有可能被视为不恰当的行为。

- 收到或赠送现金或现金等价物，现金及现金等价物包括但不限于：现金卡、礼品卡或购物卡、借记卡或信用卡、礼品券、贷款、贵金属、股票及股票期权。
- 提供给商业伙伴或从商业伙伴收到的任何有价值的物品或接待，包括但不限于：礼品、文化活动和体育赛事门票、餐饮招待、交通、住宿、旅行、免费服务或其他特殊优惠等。

对于经营时的附赠，《关于禁止商业贿赂行为的暂行规定》中明确禁止在商品交易中向对方单位或者个人附赠现金或者物品。此举对现金或现金等价物进行了明确禁止，类似于 FCPA 的相关条款。但若依照行业惯例或市场习惯，经营者所赠送的小额广告礼品除外。此处的小额广告礼品多指带有生产者商标的、表示好意的低价值物品。

2. 与政府官员发生的招待与馈赠

各个国家对与政府官员进行的招待与馈赠都有严格的管控。当企业需要向政府官员进行招待或馈赠活动时，必须遵守相关的法律和法规，包括但不限于《刑法》《反不正当竞争法》《关于禁止商业贿赂行为的暂行规定》及中华人民共和国最高人民法院和中国共产党党内颁布的其他任何法规，以及适用的海外法律如 FCPA 及 UKBA 等。

在《关于对党和国家机关工作人员在国内交往中收受的礼品实行登记制度的规定》（1995 年 4 月 30 日发布施行）中表示："党和国家机关工作人员在国内交往中，不得收受可能影响公正执行公务的礼品馈赠，因各种原因未能拒收的礼品，必须登记上交。党和国家机关工作人员在国内交往（不含亲友之间的交往）中收受的其他礼品，除价值不大的以外，均须登记。"

在 1995 年 9 月 2 日中共中央直属机关事务管理局、国务院机关事务管理局印发的相关办法中也有明确规定："中央党政机关工作人员在国内交往中（不含亲友之间的交往），因各种原因未能谢绝的其他礼品，参照市场价格一次合计价值人民币 100 元以上的（含 100 元），必须登记；200 元以上的（含 200 元），必须登记上交。一人一年之内收受礼品累计价值超过 600 元的，超过部分必须登记上交。"

大多数外资企业对与政府官员的招待与馈赠也有着明确把控。例如，禁止与政府官员发生现金和现金等价物的往来；与政府官员的任何招待与馈赠，不单以金额为限，也要以是否恰当合理为判断标准，但是一律要进行明确的登记和严格的审批。

3. 招待与馈赠的未入账

对于企业账外暗中的给予有可能以行贿论处。

《反不正当竞争法》第七条规定："经营者不得采用财物或者其他手段贿赂下列单位或者个人，以谋取交易机会或者竞争优势：（一）交易相对方的工作人员；（二）受交易相对方委托办理相关事务的单位或者个人；（三）利用职权或者影响力影响交易的单位或者个人。经营者在交易活动中，可以以明示方式向交易相对方支付折扣，或者向中间人支付佣金。经营者向交易相对方支付折扣、向中间人支付佣金的，应当如实入账。接受折扣、佣金的经营者也应当如实入账。"

为了方便产品的销售，行贿人提前与决策人确认暗中回扣的范围。在交易发生后，回扣多以现金的形式支付，此行为是明确违反《反不正当竞争法》的。但对于明示的折扣或手续费等，法律并未禁止，可见，对于违法与否的界定，关键点在于其是否被透明入账。同时，除相关反贿赂合规义务外，招待与馈赠也需要遵守税收制度。因为在某些情况下，接受或提供招待与馈赠会导致纳税义务的产生。

《反不正当竞争法》第七条最后的描述为：经营者的工作人员进行贿赂的，应当认定为经营者的行为；但是，经营者有证据证明该工作人员的行为与为经营者谋取交易机会或者竞争优势无关的除外。其中，"经营者有证据证明该工作人员的行为与为经营者谋取交易机会或者竞争优势无关的除外”强调了经营者的事先管理行为及管理证据可作为企业相关出罪的依据。那么，企业在经营中对该等行为的合规管理痕迹即可作为证据。

二、合规的招待与馈赠的标准

合规的招待与馈赠应当依照如下标准进行。

1. 符合经营地适用的法律法规

目前，在政府反腐倡廉的要求下，国内一系列有关规范招待与馈赠的法律法规也相继出台。企业应该在进行内部招待与馈赠管理时首先考虑到相关法规中的重要管控点。同时，在境外经营的企业也要考虑当地对招待与馈赠的要求，不可违反当地法律法规。

2. 赠送或接受与情形和人物相适应

企业不可武断禁止他人向企业表示感谢的好意，或企业向他人表示感谢的好意，但是所要表达的好意要和环境、情形相匹配和适应。例如，在节日期间，员工向客户赠送果篮表示感谢是恰当的，但是如果赠送数千元的物品或现金券则会被认为是过度的馈赠，会给受赠人带来误解，从而产生违规的可能性。

3. 赠送人应不期望得到回馈

企业的员工必须避免接受或提供会使对方感觉到应对提供方或接受方承担义务的招待与馈赠，或可能影响或看似会影响相关人员商业判断的招待与馈赠。在与供应商、客户或其他单位进行业务往来时，若接受招待与馈赠会导致接受人感觉到需要为此承担义务，或看似会影响接受人的商业判断，则不得接受此招待与馈赠。例如，为接受人提供价值上万元的赴欧洲景点免费旅游考察机会，或为接受人在豪华酒店举办生日晚宴，等等。

按以上标准，企业在与供应商、客户或其他单位进行业务往来时，若提供礼品或发出邀请会导致接受方感觉到有负担、有亏欠，或会影响接受方的判断，则不得提供礼品或发出相关邀请。对于有效地防止招待与馈赠的风险，企业需要在现有价值观的指导下制定管理政策，以确保企业员工遵守所在地适用法律法规和限制条款。且企业在提供或接受招待与馈赠前，需要完成内部的审批流程，做到对潜在风险的事先预防。此审批流程应按风险级别的不同，对应设置不同级别的审批人，保证权责分明且不增加额外的内部运营成本。

案例分享

李明收到财务总监宋超超的申请，供应商邀请宋超超去观看在本市举办的足球比赛，宋超超不知道如何处理。

依照申请表，相关信息显示：

（1）该供应商是本场足球赛的赞助商，不排除该票面价值1000元的票是赞助票；

（2）除宋超超以外，供应商还邀请了30家长期客户的财务总监前去观看；

（3）目前，与该供应商的合同顺利进行，并未到合同磋商期。

李明认为：

（1）该供应商赞助了足球赛，经查，此票确实为赞助票，实际价值可忽略不计；

（2）该供应商对宋超超的邀请，并不是单独邀请，而是邀请其所有客户参加；

（3）与该供应商未处于合同磋商的敏感期，且该供应商在过去一年也从未对宋超超或本公司的任何人员进行过邀请或馈赠。

故，李明判断，此次邀请合规风险较低，宋超超可以去观看这场足球赛。

合规人员可以就招待与馈赠的活动设置相应的风险自测表（见表11-3），供员工使用。自测表分为两部分：第一部分是关于招待与馈赠活动的相应基本信息，如招待与馈赠的发生地、日期、金额等；第二部分为风险评估，可以列出相应的关键点供员工进行自评，如是否涉及政府官员、是否在合同磋商期、是否频繁为该客户提供招待与馈赠、是否频繁接受同一对象的招待与馈赠等。若在风险评估部分有任何一项为“是”或“不确定”的答案，则员工要立刻向合规人员求助。

表11-3　招待与馈赠风险自测表（样例）

基本信息	
申请者详细信息	××公司
日期	××××年××月××日
发生地点	××
说明（包括涉及的人数）	
预计总费用（单位：人民币）	
提供方详细信息（包括企业名称、职位和联系方式）	
接受方详细信息（包括企业名称、职位和联系方式）	
风险评估	
礼品或馈赠的商业理由是否充分	
礼品或馈赠的价值是否严格依照企业的规定	
提供的招待是否位于高消费场所？如高尔夫球场、风景区等	
本年度是否已提供或接受过礼品与招待	
参加人员是否有非双方商务人员，如家属等	

（续表）

风险评估	
是否涉及政府官员	
是否处于或在未来六个月将处于合同谈判期或公开招标阶段	

11.3.3　赞助与活动的举办

赞助与活动作为宣传企业形象和扩大市场知名度的有效途径，各大企业会经常举办，并以此来提升企业的影响力。由于赞助与活动是企业的重要推广举措，因此其所涉及的人员较广，金额较大，若监管失灵，则将给企业带来违规的风险。曾有相关案例显示，有些企业利用进行赞助与活动的途径，从事行贿或洗钱等活动；有些企业通过学术会议、海外考察等形式，向有决策权的政府官员、有处方开具权的医疗人员等行贿。同时，也有案例表明，有的企业通过赞助与活动举办的方式套取市场费用，用于贪污和行贿活动。

一、赞助与活动的判断原则

合规人员在判断赞助与活动是否恰当时，可以遵循以下几点原则。

（1）没有（或很少）考虑回报的赞助可以被视为不恰当的行为，可能被用作影响决策者的工具。

企业经营的目的是扩大商业价值或声誉，其行为应当有明确的商业目的。若赞助与活动给企业所带来的回报甚微，则可被视为不恰当的赞助。比如，赞助大笔费用给与企业品牌不符的市场活动，或赞助巨款给个人（此处不考虑政治候选人因素）等，均很小概率为企业带来与付出对等的回报，那此行为可被列为异常范畴，不予支持。

（2）进行恰当的支付和记录。

若对赞助与活动的举办未进行恰当的支付和记录，则可能违反相关合规义务。例如，美国的 FCPA 规定，违反反腐败条款或会计准则是违法行为。

（3）接受企业赞助和捐款的对象有较强的合规性。

若对不恰当的对象进行赞助和捐赠，则企业可能因捐赠对象引起的违规行为受到牵连，导致声誉受损。企业需要有完善的事前预警制度对赞助与捐赠进行详细的合规风险排查。例如：设立专门委员会定期讨论赞助与捐赠的可行性和有效性；设立专项的审批和备案制度以保证权责人员对赞助与捐赠的细节明确知晓与确认。

二、赞助与活动合规性判断要素

在进行赞助与活动举办的合规性判断时，可以从以下要素进行审查。

1. 基础信息

- 赞助与活动的申请人。
- 赞助与活动的名称。
- 被邀请人的具体信息和背景等。

2. 赞助与活动的具体信息

- 参加人员（详细到姓名、职位、单位等）。
- 会议日程（详细到每小时的日程与安排）。
- 会议地点。
- 会议花费（详细到每人住宿费、每人每餐费用、用车费用等）。

3. 支持审批的附件

- 会议邀请函。
- 会议日程表。
- 会议地点报价单。
- 住宿分配表。

案例分享

李明收到业务部门发起的第二季度会议申请。申请内容如下。

（1）基础信息

- 赞助与活动的申请人：吴思聪，北方区销售部部门助理。
- 赞助与活动的名称：第二季度市场推广会议。
- 被邀请人的具体信息和背景等：拟邀请行业相关研究专家、大学学者、潜在客户等 20 人参加，讨论行业最新研究成果。

（2）赞助与活动的具体信息

- 参加人员（详细到姓名、职位、单位等）：

姓名	职位	单位
李成功	处长	本市市场监督管理局
王亮	市场部负责人	某央企
……	……	……

- 会议日程（详细到每小时的日程与安排）：

日期与时间	内容	主讲人
3 月 20 日		
9:00—12:00	经验分享	演讲嘉宾 A
12:00—14:00	午餐	
14:00—17:00	游览	演讲嘉宾 B
3 月 21 日		
9:00	退房	演讲嘉宾 C

- 会议地点：某风景名胜区。
- 会议花费（详细到每人住宿费、每人每餐费用、用车费用等）：共计 100 000 元。

（3）支持审批的附件

- 会议邀请函：

尊敬的来宾，
现邀请您参加 3 月 20—21 日举办的会议，望您出席。

××公司
2月1日

- 会议日程表：同会议日程。
- 会议地点报价单：共计 93 328 元。

经审查，李明提出了本申请不符合要求的内容。

（1）活动名称需要具体界定该活动的内容、性质等，如关于某某产品的研究与发展。

（2）被邀请人的具体信息和背景等应当突出活动的商业目的而非营销目的，如对参加人员中的“潜在客户”描述不当。

（3）赞助与活动的具体信息中的“……”描述不恰当，应当将所有参加人的具体信息一一列出。

（4）会议日程的描述不详细，应当有具体的安排，如“9:00—10:00，就××主题进行研讨”。

（5）会议日程中有半日都是游览，与正当的商业研讨目的不符，需要重新安排日程。

（6）会议地点在某风景名胜区，有假借商业会议之名游玩的嫌疑，请重新确定恰当的会议地点。

（7）会议花费需要详细列表而非仅给出总价。

（8）会议邀请函需要明确会议主题、地点及邀请目的。

（9）支持性附件不完善，需要完善后再进行审核。

随后，李明将本次申请的意见填写完毕并驳回申请，等待提请人员重新安排会议后再申请。

练习

以上的申请还有需要修改和完善的地方吗？

11.3.4 利益冲突

合规管理中的利益冲突指当企业利益与个人利益产生冲突时，员工为牟私利而损害企业的经济利益，通常表现为员工以公谋私，或从事与企业相竞争的兼职工作或者持有竞争企业的权益。利益冲突也指员工或者其家庭成员的个人活动或人际关系直接或间接与企业利益产生冲突，影响到企业的最优利益。此处的“家庭成员”包括但不限于父母、兄弟姐妹、配偶、孩子、姻亲、祖父母、孙辈、继父（母、子、其他）及其他亲朋好友。

利益冲突还可指当企业利益与外部相关决策人的利益产生冲突时，企业为谋取外部决策人的倾向性决策而牺牲企业的当下利益，通常表现为企业向利益相关方决策人提供好处或向其近亲属提供好处（如提供享有优厚待遇的职位等）以换取商业优势等。

利益冲突的发生不区分行业，其常发生于各类型企业的内部管理中。利益冲突的风险可能存在于企业经营的各个领域，如雇佣关系、财务利益、礼物和招待、与其他同事的个人关系、与供应商的个人关系、保护个人和商业信息及信息共享等。

一、常见的可能产生利益冲突的情形

因员工个人谋利而损害企业利益的情形是利益冲突的关键风险点。可能引发个人利益和企业利益冲突的风险预警信号包括：

- 员工或其亲属自营或非自营产品与企业竞争；
- 员工在同行业企业兼职；
- 员工亲属经营或受雇于与企业有业务往来的对象；
- 员工或员工亲属直接或间接持有竞争企业、关联企业或附属企业的权益；

- 员工亲属在同一企业或其他关联企业工作；
- 员工利用内幕信息谋利；
- 员工内部关系有可能产生或已经产生了员工间的偏袒现象；
- 其他情形。

对于潜在的利益冲突风险，企业除了在发现预警信号时尽早处理之外，更要采取有效的事前预防措施。此类风险排查的关键在于员工是否进行了报备：若员工确实提前进行了报备，企业应对该风险点进行评估，评估是否可能产生后续不良影响，从而进行处理，争取在风险发生的早期将风险点弱化；但是若员工知而不报，则可能产生风险隐患。所以，利益冲突的管理重点在于打造一个员工可以无后顾之忧地进行利益冲突风险报备的环境，让员工充分理解报备利益冲突并非要对其进行处理，而是让企业有的放矢地做出判断，保障所有员工和企业的双重利益。

合规人员要针对利益冲突的报备义务对员工进行相关教育，如在入职培训时就对可能引发利益冲突的情形进行说明，且向员工说明报备是员工的义务。同时，员工在进行报备时要填写利益冲突声明书及利益冲突申报表，其样例如表 11-4 所示。

表 11-4　利益冲突声明书及利益冲突申报表（样例）

利益冲突声明书
本人理解并认可： • 作为企业员工，我有责任采取行动去清除利益冲突或利益冲突的预警信号； • 一旦有潜在利益冲突发生，我将无保留地向企业合规团队书面披露，以便用于核查和审批； • 如果我故意未披露潜在的利益冲突预警信号，我明白本人有可能遭受企业内部规定的惩处，包括但不限于终止劳动关系； • 我将进行年度的利益冲突识别工作； • 一旦企业高级管理层及合规团队确认对我采取有效的风险规避行为，我将同意使自己远离利益冲突关系（无论此关系是否已确认或待确认）； • 截至签字日期，在此问卷中我所提供的一切信息都是真实有效且完整无误的。 **我已阅读并且知晓企业利益冲突政策和利益冲突披露表格，并且声明：** ☐ 否。就我所知晓的范围内，我及任何我直系亲属没有参与到任何可能涉及与企业有利益冲突的活动中。 ☐ 是。有潜在的利益冲突并已列示在附件表格中。 注释：即使您多年前曾披露过潜在利益冲突，如果此关系依然存在，每年也必须再进行重新的披露以用于更新和记录。 说明：可能的利益冲突情形包括但不限于以下内容。 • 利用工作时间谋取私利或为第三方谋利。

（续表）

- 在企业的供应商、合作伙伴或竞争对手处兼职或担任顾问。
- 与亲朋好友（家庭成员、亲近人员等）进行企业的业务往来，或与企业重大利益相关方有业务往来。
- 用您的个人账户与企业买卖方进行物料采购、供应商付款、设备或产品采购的往来，或者进行企业供应商感兴趣的产权业务。
- 为企业业务往来方或竞争对手担任主管、高管或顾问。
- 持有竞争对手或企业业务往来公司的重大股份。
- 接受的礼品或款待违反了企业的合规政策。

无论是否获取盈利，我正处在可能产生利益冲突风险的关系中：

☐ **否**

☐ **是**　请填写附件表格。

利益冲突申报表

员工姓名：	
员工工号：	
员工职位：	
签字：	**日期：**

请于截止日期前发送邮件至：COI@×××.com.cn 。

潜在利益冲突人员名单

潜在利益冲突人员	具体信息（例如，员工在董事会的具体职位、潜在利益冲突描述等）

练习

以下有极大可能引起利益冲突风险的情形有：[①]

（1）员工亲属在竞争对手企业工作，但进行了报备；

（2）员工在企业某供应商处持有 20% 的股份；

（3）员工作为行业专家给其他企业提供指导；

（4）医药行业员工下班后兼职开专车。

① 答案：（2）（3）。

二、违规雇佣

违规雇佣是利益冲突的一种特别形式。短期看来，企业违规雇佣重要决策人的利益相关人也许可以为企业谋取利益；但是长期看来，由于违规雇佣极大可能被认定通过利益相关人向决策人行贿，因此可能给企业带来极大的风险与损失。违规雇佣通常表现为企业以雇佣的名义向决策人的利益相关人发放薪资，但是实际未到岗人员；或以高薪高职位雇佣不够资质的利益相关人员；等等。

2016 年，美国证券交易委员会宣布，因摩根大通违规雇佣官员子女（子女计划），违反了 FCPA 相关条款，摩根大通被处罚 2.644 亿美元。摩根大通因此行为违反 FCPA 而向 SEC 支付 1.3 亿美元罚金，支付给美国司法部 7200 万美元，支付给美国联邦储备委员会 6190 万美元。

摩根大通的“子女计划”被用于雇佣当地掌权官员的子女，这些子女并不符合摩根大通的岗位要求，但是其父母的影响力可以为摩根大通带来业务。摩根大通认为，雇佣官员的子女可以使企业和政府的关系更加紧密，从而带来更多的“好处”。虽然摩根大通没有直接向当地官员行贿，但是其违规雇佣的行为与行贿无异。

综上所述，企业在实践经营中对涉嫌违规雇佣的利益冲突的管理方法可遵循四点。

（1）流程透明

始终保持用人流程的透明，保证招聘流程适用于所有候选人。企业在进行人员招聘时要保证每个行为和节点与既往的招聘和入职流程一致，且在招聘的过程中，对所有招聘文档进行留存。不要为了某些敏感候选人而临时制定特殊的招聘流程，不要对候选人的家庭背景表示出特殊的关心，不要调整、修改或降低对任职资格如学历、经验等的标准。同时要明确，是否聘用候选人的决定权归属用人部门，而不是某一个人。

（2）有效控制

相关部门在招聘前要与用人部门进行充分沟通，保证用人部门知晓具体的招聘政策和流程，且切实对招聘结果负责。若候选人背景敏感，则有必要成立招聘委员组（由企业高管组成），共同讨论对候选人的招聘细节，共同做出决策。员工入职后，企业要严格对其背景、资历、能力等进行定期考核，一旦发现其不符合职位要求，则立刻做出整改，不可处理失衡。如有必要，企业应及时引入内部合规人员和外部律师共同处理。

（3）培训与沟通

合规人员要定期对人力资源部门和用人部门进行关于利益冲突违规风险的培训，使其明确时时排查利益冲突违规情形的重要性。在面试前，人力资源部门需要和用人部门与合规部门沟通具体面试问题，确保流程合规、面试的内容合规。

在敏感候选人入职后，企业要第一时间进行合规沟通和培训，使其明确知晓企业的合规政策，并在每次培训后列出培训内容、时间、参与人，让其签署确认函。

（4）设置关于利益冲突领域的问答文档

企业可以通过设置有关利益冲突的问题及对应的答案，让员工了解在实际运营中所存在的利益冲突隐患，提前聚焦企业经营中的利益冲突风险。通过问答文档的设置，以事件举例的形式让员工了解违规情形，理解制度和流程的运用。问题的回答通常可用于补充企业的《商业行为准则》等制度文件，且其通常比理论文件更容易理解。

问答文档在优化与利益冲突相关的合规措施方面可发挥极大作用。因为在利益冲突领域提出的问题往往是典型案例，且具有多变性。相比于其他形式的培训与沟通，员工更喜欢以案例问答的方式了解企业的合规政策。

在设置利益冲突问答文档时，企业需要制定一份非常全面的文件，详细介绍可能产生利益冲突的主要风险领域，如财务利益、礼物和娱乐、外部雇佣、与其他同事的个人关系、与供应商的个人关系、保护个人和商业信息及信息共享等。对于每一种典型的疑似违规情形，在问答文档中都应当列出相关的企业制度和处理方案，并在后面追加一个或多个连带问题和答案。

案例分享

人力资源部门向合规人员李明咨询：业务部门欲介绍一名员工担任技术总监，该员工毕业于某著名大学的工业工程专业，且在知名同行业企业工作八年，离职时为助理总监，但是该员工是本企业大客户——某家央企副总裁的独生子。雇佣此候选人是否会产生利益冲突的风险呢？

从履历上看，该候选人确实有竞争此岗位的资格，且此岗位空缺近一年，技术部门对此岗位人员的招聘有急迫性。人力资源部门希望李明给出处理方案。

从候选人背景来看，其具有应聘本岗位的资格。但是人力资源部门的顾虑在于其有客户相关的背景。李明认为，可以采取如下措施对风险进行排查和防范。

1. 评估其所应聘的岗位是否和该客户有直接的联系，该岗位是否可能影响客户做出有利于本企业的决策。

2. 对其采取的招聘流程要与其他应聘人员保持一致，不可以让其走特殊流程。

3. 若应聘成功，其需要填写相关利益冲突报备表格，且每年进行报备。

4. 若该员工入职，要对其进行不少于每年一次的有关于利益冲突的培训。

之后，人力资源部门按照李明的建议进行了处理，但是该员工并未通过最终面试，未能入职。

练习

对于上述案例中李明给出的建议，你还有补充的地方吗？

11.3.5　其他高发的反贿赂与反腐败风险点

其他涉及反贿赂与反腐败行为高发点的违规风险情形有：

- 企业资产的滥用、盗窃；
- 采购时的违规操作；
- 会计虚假做账；
- 给政府官员通融费；
- 慈善捐赠中的违规操作；
- 洗钱。

第 12 章　反垄断

反垄断是合规管理中的重要主题。19 世纪末期，反垄断就成了各国政府重点管控的对象，各国均制定了严厉的法律法规来进行对反垄断违规行为的管控。2007 年，为了应对市场经济发展的挑战、适应融入世界贸易体系的需要，我国出台了《反垄断法》，反垄断制度由此建立。

12.1　反垄断的基础知识

企业对垄断行为的管控主要集中在：经营者达成垄断协议；经营者滥用市场支配地位；具有或者可能具有排除、限制竞争效果的经营者集中。合规人员要通过对上述管控重点的分析，依照企业的具体情况，将反垄断合规落实在对具体操作经营的管理中。

一、经营者达成垄断协议

经营者达成垄断协议指的是企业与竞争对手互相串通从而达成协议以限制贸易和竞争的行为。具体表现形式包括：

- 操纵价格（如各企业均同意对某种产品或服务收取相同的价格）；
- 共享成本信息；
- 透露企业是否准备投标某一项目；
- 限制供应量从而抬高市场价；
- 同意限制或停止提供某种产品或服务从而保持价格虚高；
- 故意打压竞争对手；
- 统一分割或细分市场。

案例分享

红星公司和蓝天公司是行业内的龙头企业。据悉，两家公司商讨后达成了协议：红星公司同意只在本国的南部销售产品，蓝天公司则同意只在本国的北部出售其产品，则这两家公司可能因统一分割或细分市场的违规行为而违反《反垄断法》。

除经营者达成垄断协议外，还禁止经营者与交易相对人达成以下垄断协议：

- 固定向第三人转售商品的价格；
- 限定向第三人转售商品的最低价格；
- 国务院反垄断执法机构认定的其他垄断协议。

二、经营者滥用市场支配地位

滥用市场支配地位指的是企业利用其市场支配地位操纵市场的行为。具体的表现形式包括：

- 以不公平的高价销售商品或以不公平的低价购买商品；
- 低价倾销；
- 拒绝交易；
- 限定交易；
- 搭售商品或附加不合理条件；
- 差别待遇；
- 其他滥用市场支配地位的行为。

三、经营者集中

经营者集中指的是具有或者可能具有排除、限制竞争效果的经营者通过不正当手段获得或保持垄断地位的非法行为。具体表现形式包括：

- 低于成本销售产品从而把竞争对手排挤出市场；
- 禁止竞争对手获得进入市场所需的基础设施；
- 收购所有竞争对手，并设置不合理的门槛来阻止新的竞争对手进入市场。

对于企业内部反垄断的合规风险管控，要从员工的意识层面树立正当竞争意识。企业必须明确认识到，只有充分竞争的市场才是健康的，才是良性循环的。所以，任何因与他人串通的恶性竞争而损害了最终用户利益的行为，必须被严格管控。

12.2 与反垄断相关的合规义务

在反垄断管控方面，全球已有超过100个国家制定了此类法律且积极实施。多年前，反垄断法原本只在一些传统市场经济国家，如美国、加拿大、欧洲或德国得到大力实施。但是近年来，一些新兴经济体，如巴西、俄罗斯、印度和中国，也已经开始积极实施反垄断法。

对国内企业来说，其首先要明确需要符合的相关反垄断合规义务。常见的国内企业需要符合的反垄断合规义务（部分）如表12-1所示。

表12-1 国内企业需要符合的反垄断合规义务（部分）

法规名称	效力级别	实施日期
最高人民法院发布二十起人民法院反垄断和反不正当竞争典型案例	司法解释	2022-11-17
市场监管总局关于试点委托开展部分经营者集中案件反垄断审查的公告	部门规章	2022-8-1
陕西省市场监督管理局关于受委托开展部分经营者集中案件反垄断审查的公告	地方规范性文件	2022-7-29
中华人民共和国反垄断法（2022修正）	法律	2022-8-1
内蒙古自治区公用企业反垄断合规指引	地方规范性文件	2022-6-17
黑龙江省市场监督管理局关于发布《黑龙江省经营者反垄断合规指引》的通告	地方规范性文件	2022-2-25
市场监管总局关于附加限制性条件批准超威半导体公司收购赛灵思公司股权案反垄断审查决定的公告	部门规章	2022-1-21
市场监管总局关于附加限制性条件批准环球晶圆股份有限公司收购世创股份有限公司股权案反垄断审查决定的公告	部门规章	2022-1-20
中国（海南）自由贸易试验区反垄断委员会办公室关于印发公平竞争审查举报处理暂行办法的通知	地方规范性文件	2022-1-1
市场监管总局关于附加限制性条件批准SK海力士株式会社收购英特尔公司部分业务案反垄断审查决定的公告	部门规章	2021-12-19
市场监管总局关于附加限制性条件批准伊利诺斯工具制品有限公司收购美特斯系统公司股权案反垄断审查决定的公告	部门规章	2021-11-18
陕西省经营者反垄断合规指引	地方规范性文件	2021-11-15
企业境外反垄断合规指引	部门规章	2021-11-15
国务院反垄断委员会关于原料药领域的反垄断指南	部门规章	2021-11-15

（续表）

法规名称	效力级别	实施日期
中国（海南）自由贸易试验区反垄断委员会办公室关于印发公平竞争审查第三方评估办法（试行）的通知	地方规范性文件	2021-10-1
最高人民法院发布十起人民法院反垄断和反不正当竞争典型案例	司法解释	2021-9-27
江苏省经营者反垄断合规指引	地方规范性文件	2021-9-22
宁夏回族自治区市场监管厅关于印发《宁夏回族自治区市场监督管理部门反垄断执法规定（试行）》《宁夏回族自治区市场监管厅反垄断执法人才库建设与管理办法（试行）》的通知	地方规范性文件	2021-8-20
天津市经营者反垄断合规指引	地方规范性文件	2021-8-10
市场监管总局关于禁止虎牙公司与斗鱼国际控股有限公司合并案反垄断审查决定的公告	部门规章	2021-7-10
市场监管总局关于附加限制性条件批准丹佛斯公司收购伊顿股份有限公司部分业务案反垄断审查决定的公告	部门规章	2021-6-4
国务院反垄断委员会关于平台经济领域的反垄断指南	部门规章	2021-2-7
反垄断工作补助经费管理暂行办法	部门规章	2021-2-1
市场监管总局关于附加限制性条件批准思科系统公司收购阿卡夏通信公司股权案反垄断审查决定的公告	部门规章	2021-1-4
湖北省经营者反垄断合规指引	地方规范性文件	2020-9-18
经营者反垄断合规指南	部门规章	2020-9-11
河北省经营者反垄断合规指引	地方规范性文件	2020-8-31
市场监管总局关于附加限制性条件批准采埃孚股份公司收购威伯科控股公司股权案反垄断审查决定的公告	部门规章	2020-5-15
市场监管总局关于支持疫情防控和复工复产反垄断执法的公告	部门规章	2020-4-4
市场监管总局关于附加限制性条件批准英伟达公司收购迈络思科技有限公司股权案反垄断审查决定的公告	部门规章	2020-4-16
上海市经营者反垄断合规指引	地方规范性文件	2019-12-26
市场监管总局关于附加限制性条件批准高意股份有限公司收购菲尼萨股份有限公司股权案反垄断审查决定的公告	部门规章	2019-9-18
市场监管总局关于附加限制性条件批准卡哥特科集团收购德瑞斯集团部分业务案反垄断审查决定的公告	部门规章	2019-7-5
市场监管总局关于印发《反垄断案件专用文书格式范本》的通知	部门规章	2019-4-3
市场监管总局关于附加限制性条件批准浙江花园生物高科股份有限公司与皇家帝斯曼有限公司新设合营企业案反垄断审查决定的公告	部门规章	2019-10-16
国务院反垄断委员会横向垄断协议案件宽大制度适用指南	部门规章	2019-1-4
国务院反垄断委员会垄断案件经营者承诺指南	部门规章	2019-1-4
国务院反垄断委员会关于知识产权领域的反垄断指南	部门规章	2019-1-4
国务院反垄断委员会关于汽车业的反垄断指南	部门规章	2019-1-4

（续表）

法规名称	效力级别	实施日期
市场监管总局关于反垄断执法授权的通知	部门规章	2018-12-28
2008—2018 年中国法院反垄断民事诉讼 10 大案件案情简介	司法解释	2018-11-16
国家市场监督管理总局反垄断局关于经营者集中申报文件资料的指导意见（2018 修订）	部门规章	2018-9-29
国家市场监督管理总局反垄断局关于经营者集中简易案件申报的指导意见（2018 修订）	部门规章	2018-9-29
国家市场监督管理总局反垄断局关于施行《经营者集中反垄断审查申报表》的说明（2018 修订）	部门规章	2018-9-29
国家市场监督管理总局反垄断局关于规范经营者集中案件申报名称的指导意见（2018 修订）	部门规章	2018-9-29
国家市场监督管理总局反垄断局关于经营者集中申报的指导意见（2018 修订）	部门规章	2018-9-29
经营者集中反垄断审查办事指南（2018 修订）	部门规章	2018-9-29
国务院办公厅关于调整国务院反垄断委员会组成人员的通知	国务院规范性文件	2018-7-11
商务部公告 2018 年第 31 号 关于附加限制性条件批准拜耳股份公司收购孟山都公司股权案经营者集中反垄断审查决定的公告	部门规章	2018-3-13
商务部公告 2017 年第 46 号 关于附加限制性条件批准博通有限公司收购博科通讯系统公司股权案经营者集中反垄断审查决定的公告	部门规章	2017-8-22
商务部公告 2017 年第 25 号 关于附加限制性条件批准陶氏化学公司与杜邦公司合并案经营者集中反垄断审查决定的公告	部门规章	2017-4-29
晋城市发展和改革委员会关于转发省发展改革委《关于转发国家发展改革委〈2017 年价格监管与反垄断工作要点〉的通知》的通知	地方规范性文件	2017-3-8
中国（广东）自由贸易试验区深圳前海蛇口片区反垄断工作指引	地方规范性文件	2017-12-30
商务部公告 2017 年第 92 号 关于附加限制性条件批准贝克顿 - 迪金森公司与美国巴德公司合并案经营者集中反垄断审查决定的公告	部门规章	2017-12-27
商务部公告 2017 年第 77 号 关于附加限制性条件批准马士基航运公司收购汉堡南美船务集团股权案经营者集中反垄断审查决定的公告	部门规章	2017-11-7
商务部公告 2017 年第 75 号 关于附加限制性条件批准加阳公司与萨斯喀彻温钾肥公司合并案经营者集中反垄断审查决定的公告	部门规章	2017-11-6
商务部公告 2017 年第 81 号 关于附加限制性条件批准日月光半导体制造股份有限公司收购矽品精密工业股份有限公司股权案经营者集中反垄断审查决定的公告	部门规章	2017-11-24
商务部公告 2017 年第 58 号 关于附加限制性条件批准惠普公司收购三星电子有限公司部分业务案经营者集中反垄断审查决定的公告	部门规章	2017-10-5
商务部公告 2016 年第 88 号 关于附加限制性条件批准雅培公司收购圣犹达医疗公司股权案经营者集中反垄断审查决定的公告	部门规章	2016-12-30

（续表）

法规名称	效力级别	实施日期
商务部公告 2016 年第 38 号 关于附加限制性条件批准百威英博啤酒集团收购英国南非米勒酿酒公司股权案经营者集中反垄断审查决定的公告	部门规章	2016-7-29
湖南省价格监督检查与反垄断局关于做好汛期市场价格监管工作的紧急通知	地方规范性文件	2016-7-11
商务部公告 2015 年第 64 号 关于附加限制性条件批准恩智浦收购飞思卡尔全部股权案经营者集中反垄断审查决定的公告	部门规章	2015-11-25
中国（天津）自由贸易试验区反垄断工作办法	地方规范性文件	2015-10-15
律师办理反垄断调查业务操作指引	行业规定	2015-10
四川省工商行政管理局关于加强反垄断执法工作的指导意见	地方规范性文件	2015-7-9
湖南保监局关于进一步贯彻执行《中华人民共和国反垄断法》的通知	地方规范性文件	2014-10-31
山东省商务厅关于做好我省经营者集中反垄断工作的通知	地方规范性文件	2011-12-22
国务院反垄断委员会关于印发《关于相关市场界定的指南》的通知	部门规章	2009-7-6
河南省经营者反垄断合规指引	地方规范性文件	2008-8-1
国务院办公厅关于国务院反垄断委员会主要职责和组成人员的通知	国务院规范性文件	2008-7-28
外国投资者并购境内企业反垄断申报指南	部门规章	2007-3-8

12.3 商业活动中垄断风险的高发领域

12.3.1 与同行的交往

企业与同行的交往稍有不慎可能会违反《反垄断法》的相关要求，该类违规行为经常会发生在诸如与同行达成垄断协议、与同行交换信息等情况中。

一、与同行达成垄断协议

企业在与同行合作时，需要签署相应的协议。协议中如果出现以下内容，那么可能违反《反垄断法》的相关规定。

- 固定或变更商品的价格。
- 限制商品的生产数量或销售数量。
- 分割销售市场或者原材料采购市场。
- 限制购买新技术、新设备或者限制开发新技术、新产品。
- 联合抵制交易。

- 国务院反垄断执法机构认定的其他违规内容：

——串通投标／围标；

——固定商业条款（价格条款除外）；

——信息交换。

> **案例分享**
>
> 合规人员李明收到业务部门提交的对外合作申请，申请内容为：由于原材料价格上涨，本公司欲与其他3家同行业公司联合提高产品的销售价格，共同将产品价格上浮10%。
>
> 且与该申请共同提交的还有4家公司拟商议形成的《关于产品价格的联合声明》。同时，业务部门与其他3家公司商议，在签署《关于产品价格的联合声明》后，4家公司将与各自下游的渠道商签订价格调整补充协议并执行新的价格，对部分不接受涨价的渠道商停止供货。
>
> 李明认为，与有竞争关系的经营者讨论商品价格并最终达成统一的涨价意见，是属于与有竞争关系经营者达成价格垄断协议的违法行为。
>
> 业务部门必须立即停止该行为。

二、与同行的信息交换

企业在与有竞争关系的经营者交往中，也可能因达成垄断协议、协同行为而违反《反垄断法》的相关规定。

1. 达成垄断协议

垄断协议是指排除、限制竞争的协议、决定或者其他协同行为；协议或者决定可以是书面、口头等形式。

依据我国相关法律的规定，经营者达成并且实施垄断协议的，由反垄断执法机构责令停止违法行为，没收违法所得，并处上一年度销售额1%～10%的罚款。

依照《反垄断法》第四十六条的规定：经营者违反本法规定，达成并实施垄断协议的，由反垄断执法机构责令停止违法行为，没收违法所得，并处上一年度销售额百分之一以上百分之十以下的罚款；尚未实施所达成的垄断协议的，可以处五十万元以下的罚款。

经营者主动向反垄断执法机构报告达成垄断协议的有关情况并提供重要证据的，反垄断执法机构可以酌情减轻或者免除对该经营者的处罚。

行业协会违反本法规定，组织本行业的经营者达成垄断协议的，反垄断执法机构可以处五十万元以下的罚款；情节严重的，社会团体登记管理机关可以依法撤销登记。

2. 协同行为

协同行为指的是经营者之间虽未明确订立协议或决定，但实质上存在协调一致的行为。协同行为与信息交换行为是在日常经营中经常出现的，尤其多出现在如行业会议等多家同行汇聚的场合。企业在该类场合与竞争对手进行沟通时，要切实保证沟通的合理合规性，保证本次沟通具有正常的商业目的，若无法确定，则需要在沟通前及时咨询企业的合规人员，提前做出判断。在进行与竞争对手的信息沟通时，企业要密切注意对于商业信息的使用，不可将企业内部未经披露的信息予以公开，但若信息是根据公开渠道或第三方咨询平台查询到的，则表示该信息是已被公开的信息，可以使用。

合规人员应当辅助业务人员进行关于反垄断预警信号的判断。通常，企业人员在参加正式的行业沟通会前，应当就相应的参会信息向合规部门提出申请，合规人员可以提前做出判断。通常需要进行判断的要素有：

- 是否有明确的会议地点和会议时间；
- 是否有明确的会议议程；
- 会议议程是否合理，如是否有明确的议题和议程；
- 是否有明确的参加人员信息；
- 是否有正式的邀请函。

若以上信息不具备或不完善，则极可能该会议将被认定为“非正式”会议，之后伴随其产生的违规风险也会加大，合规人员应建议业务人员不出席任何非正式的会议。当然，除非正式的会议之外，非正式的场合也包括同学聚会、前员工聚会、其他形式的碰面、信息往来、电话沟通等。合规人员不能禁止员工参加私人场合的聚会，但是要经常对此类可能引发反垄断风险的员工进行培训，向此类员工说明对外沟通和联络时的注意事项，避免引起不必要的违规风险。

同样地，即使是正式的会议场合，也不能避免在会议期间及间歇时间里有参会人谈起敏感话题，这就同样需要企业对人员及时培训，培养其相应的防范意识。合规人员需要就以下要点对相关人员进行反垄断的合规培训。

- 尽量减少与竞争对手的商谈，尤其在非正式的场合要特别注意，除非：

  ——有足够令人信服的商业理由；

  ——确定不涉及任何反垄断问题。

- 如果需要商谈，那么禁止谈论以下内容：

——价格、价格结构或其他条件；
——客户、市场或销售区域的分割；
——订单和订单量；
——产能、产量或配额；
——企业策略和未来的市场行为计划，如销售策略、现行或未来的产品开发、投资、联合抵制等；
——报价或项目投标，以及在投标期间的行为或涉及定价的行为。

- 不要与客户、分销商或供应商谈论以下内容：

——遵守最低转售价格；
——阻止出口或再进口。

案例分享

销售部徐增前天参加了一场行业会议。会议中，徐增遇到了任职于竞争对手公司的老同学，聊得开心，就谈起了公司最近的情况，他说道：

“我负责的区域销售情况不太好，日子难过啊，都是因为我们价格定得太高，促销力度不够，经销商不愿花力气。”

“你们出厂价多少钱？”

“我们每台机器比去年高了 10%。”

回到公司后，徐增想起了之前参加过的合规培训的内容，内容中明确提到：“不得与同业讨论价格。”徐增有些担心，随后向合规人员李明进行咨询。

李明听后，判断徐增的行为确有不妥，便就当时的情况让徐增写了一份详细的情况说明书。写好说明书后，李明找到公司的反垄断律师进行风险评估，随后，反垄断律师对本次事件进行了处理。

练习

你觉得徐增与同学聊天的内容有问题吗？

12.3.2　与供应链上合作方的交往

企业与供应链上的合作方交往时，若管理不到位，尤其是对价格的管控不当，可能会形成纵向垄断协议，给企业带来违规风险。与上下游形成的纵向垄断协议可能来自对价格的管控，也可能来自对非价格的管控。例如：

- 固定向第三人转售商品的价格；
- 限定向第三人转售商品的最低价格；
- 国务院反垄断执法机构认定的其他垄断协议。其中，具有较高风险的可能被认定为纵向非价格垄断协议的形式包括：

——限制经销商之间的交叉串货，如企业要求经销商只能从指定的供应商渠道采购；

——限制经销商的被动销售，如按相应的区域进行销售；

——对销售地域、销售渠道进行限制的行为也可能被认定构成纵向垄断协议。

在价格因素与非价格因素方面，合规人员需要重点关注对价格因素的管控。在反垄断合规管理中，价格及其他与价格相关的因素都应当被列为重点管控对象。与价格相关的因素指的是可以影响价格的任何因素，如价格水平、价格变动浮动、利润水平、折扣、手续费等任何可以推算出价格的因素。一旦企业出现对价格或价格相关因素的设限行为，如建议相关转售价格或赋予强约束力、惩处措施等，那么该行为的违法可能性极高。

案例分享

合规人员李明收到业务部门的申请，申请表示，由于市场低迷，各区域销售无法完成相应的任务，希望在本年度最后一个季度加强对渠道销售商的价格管理。方案如下。

（1）销售部门制定了价格表。

（2）要求渠道销售商签订《价格规范自律协议》。

（3）制定第四季度价格政策及限制经销商的最低报价。

（4）拟与经销商达成限定向第三人转售的最低价格的垄断协议。

同时，为了加强对下游商业伙伴的控制，业务部门聘请了第三方公司对经销商的报价和实际零售价格进行监控，并对不按最低价格政策销售产品的经销商，通过扣除保证金、暂停供货等措施进行处罚。

李明在分析该申请后认为，此行为必须被立刻禁止。该申请显示，业务部门将对经销商产品的最低转售价格进行限定并且赋予限价极强的约束力——对不按最低价格政策销售产品的渠道商，通过扣除保证金、暂停供货等措施进行处罚。

此行为极可能违反《反垄断法》的相关规定，将给公司带来巨大的违规风险。

当企业与上下游商业伙伴进行交往时，要特别注意，一旦对供应商进行集结，如召开会议或进行座谈等，合规人员要提前对交流内容进行梳理，切忌业务人员与参会对象商讨相关敏感因素，如价格及价格相关内容、限制交叉供货的内容、区域限定等。合规人员一旦发现业务人员与参会对象达成疑似纵向垄断协议，要立刻暂停与协议中相关条款有关的行为，并在第一时间咨询反垄断律师进行处理。

12.3.3 滥用市场支配地位

滥用市场支配地位指的是企业利用其市场支配地位操纵市场的行为。合规人员在对滥用市场支配地位进行管控时，可以重点聚焦在对以下行为的排除上。

（1）垄断定价行为

根据《反垄断法》第十七条第一款第一项，垄断定价行为是指具有市场支配地位的经营者滥用其市场支配地位，以不公平的高价销售商品或者以不公平的低价购买商品的行为。

（2）掠夺定价行为

根据《反垄断法》第十七条第一款第二项，掠夺定价行为是指具有市场支配地位的经营者滥用其市场支配地位，没有正当理由，以低于成本的价格销售商品的行为。

（3）拒绝交易行为

根据《反垄断法》第十七条第一款第三项，拒绝交易行为是指具有市场支配地位的经营者滥用其市场支配地位，没有正当理由，拒绝与交易相对人进行交易的行为。

（4）限定交易行为

根据《反垄断法》第十七条第一款第四项，限定交易行为是指具有市场支配地位的经营者滥用其市场支配地位，没有正当理由，限定交易相对人只能与其进行交易或者只能与其指定的经营者进行交易的行为。

（5）捆绑交易行为

根据《反垄断法》第十七条第一款第五项，捆绑交易行为是指具有市场支配地位的经营者滥用其市场支配地位，没有正当理由搭售商品，或者在交易时附加其他不合理的交易条件的行为。

（6）差别待遇行为

根据《反垄断法》第十七条第一款第六项，差别待遇行为是指具有市场支配地位的经营者滥用其市场支配地位，没有正当理由，对条件相同的交易相对人在交易价格等交易条件上实行差别待遇的行为。

合规人员在进行对上述风险行为的排除工作时，可能发现诸多预警信号来提示风险，合规人员要第一时间发现相关的预警信号并进行处理。对于滥用市场支配地位，首先，合规人员要密切关注企业在市场中的地位、市场份额及竞争情况，聚焦到相关市场的认定，确定企业是否拥有市场支配地位。其次，如果企业确实拥有市场支配地位，合规人员需要在核查中进行谨慎处理，加强对商业行为的审核力度。可能产生预警信号的领域及需要核查的重点要素如下。

（1）对相关市场的确认

相关市场指的是经营者在一定时期内就特定商品或者服务进行竞争的商品范围和地域范围。

（2）对市场支配地位的确定

市场支配地位指的是经营者在相关市场内具有能够控制商品价格、数量或者其他交易条件，或者能够阻碍、影响其他经营者进入相关市场能力的市场地位。

（3）滥用行为的界定

滥用行为指的是以不公平的高价销售商品或者以不公平的低价购买商品、低价倾销、拒绝交易、限定交易、搭售商品或者附加不合理条件、差别对待等。

练习

滥用市场支配地位的三个把控要点有：[①]

（1）价格区间；

（2）对相关市场的确认；

（3）对市场支配地位的确定；

（4）滥用行为的界定。

① 答案：（2）（3）（4）。

第 13 章　数据安全

13.1　数据合规的基础知识

2021 年 8 月 20 日，第十三届全国人大常委会第三十次会议表决通过了《中华人民共和国个人信息保护法》，为企业在数据合规方面尤其是在个人信息合规管理方面做出了具体指引。该法案已于 2021 年 11 月 1 日施行。

如今，数据合规是企业合规管理的重要领域，尤其是集团型企业，每日接触和传递的数据量非常庞大，如果不对其严加管理，就可能会产生数据合规的风险，给企业带来重大的经济损失并使声誉受损。数据合规管理的目的有二。一方面是对企业的投资者、员工、客户、消费者、供应商和合作伙伴的信息的保护。通常，保护企业和企业关联人的信息就是企业保护员工、客户、供应商及自身竞争优势的方式之一。如果处理不当，产生的违规行为可能会影响企业的业务、损害企业的声誉、破坏企业与各方面的关系，还可能使企业违反合约，甚至在有些情况下可能还会触犯法律。另一方面，企业通过对商业数据的保护来维护企业的声誉及竞争优势。

对企业来讲，数据合规管理可以聚焦于两大类：一是涉及商业行为中的个人信息，二是涉及企业运营数据的敏感商业信息。

13.2　与数据安全相关的合规义务

国内外都有数据安全相关的规制。国内的法规如《中华人民共和国个人信息保护法》；国外典型的法规如《通用数据保护条例》，其英文全称为 General Data Protection

Regulation，简称 GDPR。

13.2.1 国内相关数据安全合规义务

本书梳理了国内对于数据合规相关的合规义务，供进行该领域合规管理建设的专业人员参考，如表 13-1 所示。

表 13-1 国内相关数据合规义务列表（部分）

合规义务	效力级别	实施日期
网络安全标准实践指南——健康码防伪技术指南	部门工作文件	2022-9-28
网络安全标准实践指南——个人信息跨境处理活动安全认证规范	部门工作文件	2022-6-24
网络安全标准实践指南——网络数据分类分级指引	部门工作文件	2021-12-31
中华人民共和国个人信息保护法	法律	2021-11-1
网络安全标准实践指南——移动互联网应用程序（App）使用软件开发工具包（SDK）安全指引	部门工作文件	2020-11-27
网络安全标准实践指南——移动互联网应用程序（App）系统权限申请使用指南	部门工作文件	2020-9-18
网络安全标准实践指南——移动互联网应用程序（App）个人信息保护常见问题及处置指南	部门工作文件	2020-9-18
国家档案局办公室关于档案部门使用政务云平台过程中加强档案信息安全管理的意见	部门规范性文件	2020-5-6
网络安全标准实践指南——远程办公安全防护	部门工作文件	2020-3-13
网上银行系统信息安全通用规范	部门规范性文件	2020-2-5
信息安全技术个人信息安全规范（征求意见稿）	部门规范性文件	2019-10-22
中华人民共和国电子签名法	法律	2019-4-23
互联网个人信息安全保护指南	部门规范性文件	2019-4-10
中央网信办 工业和信息化部 公安部 市场监管总局关于开展 App 违法违规收集使用个人信息专项治理的公告	部门工作文件	2019-1-23
网络安全实践指南——应对截获短信验证码实施网络身份假冒攻击的技术指引	部门规范性文件	2018 2-11
工业控制系统信息安全防护能力评估工作管理办法	部门规范性文件	2017-9-1
工业控制系统信息安全事件应急管理工作指南	部门工作文件	2017-7-1
互联网信息安全管理系统使用及运行维护管理办法（试行）	部门规范性文件	2016-9-7
中华人民共和国国家安全法（2015）	法律	2015-7-1
征信机构信息安全规范	部门规范性文件	2014-11-17
广东省信息化促进条例	省级地方性法规	2014-9-1
寄递服务用户个人信息安全管理规定	部门规范性文件	2014-3-19

（续表）

合规义务	效力级别	实施日期
电信和互联网用户个人信息保护规定	部门规章	2013-9-1
电力工控信息安全专项监管工作方案	部门规范性文件	2013-3-13
信息安全技术 公共及商用服务信息系统个人信息保护指南	部门工作文件	2013-2-1
证券期货业信息安全保障管理办法	部门规章	2012-11-1
卫生行业信息安全等级保护工作的指导意见	部门规范性文件	2011-11-29
计算机信息网络国际联网安全保护管理办法（2011 修订）	行政法规	2011-1-8
中华人民共和国计算机信息系统安全保护条例（2011 修订）	行政法规	2011-1-8
互联网信息服务管理办法（2011 修订）	行政法规	2011-1-8
中华人民共和国保守国家秘密法（2010 修订）	法律	2010-10-1
中国人民银行计算机系统信息安全管理规定	部门规范性文件	2010-9-27
国家安全监管总局网络运行和信息安全保密管理办法	部门规范性文件	2010-8-4
保险信息安全风险评估指标体系规范	部门工作文件	2010-7-13
中国人民银行信息安全检查管理办法（试行）	部门规范性文件	2010-2-14
网上银行系统信息安全通用规范（试行）	部门规范性文件	2010-1-18
信息安全等级保护安全建设整改工作指南	部门规范性文件	2009-10-27
国家发展和改革委员会、公安部、国家保密局关于加强国家电子政务工程建设项目信息安全风险评估工作的通知	部门规范性文件	2008-8-6
广东省计算机信息系统安全保护条例	省级地方性法规	2008-4-1
信息安全等级保护备案实施细则	部门规范性文件	2007-10-26
信息安全技术信息系统安全等级保护基本要求	部门工作文件	2007-6-27
信息安全技术信息系统安全等级保护定级指南	部门工作文件	2007-6-27
信息安全技术信息系统安全等级保护实施指南	部门工作文件	2007-6-27
信息安全等级保护管理办法	部门规范性文件	2007-6-22
非经营性互联网信息服务备案管理办法	部门规章	2005-3-20
税务系统网络与信息安全防范处置预案	部门工作文件	2002-9-28
计算机信息系统国际联网保密管理规定	部门规章	2000-1-1
基于 DOS 的信息安全产品评级准则（GA174—1998）	部门规范性文件	1998-6-1

13.2.2 《通用数据保护条例》（GDPR）

《通用数据保护条例》已于 2018 年 5 月 25 日举行的欧洲议会上通过，并在欧盟成员国内正式生效实施。该条例旨在保护个人数据与隐私，被认为是欧盟有史以来最为严厉的数据保护方面的法律。该条例的适用范围极为广泛，任何收集、传输、保留或处理涉及欧盟所有成员国内的个人信息的机构组织均受到该条例的约束。比如，即使一个主体不属于欧盟成员国的公司，只要满足下列两个条件之一，即受到该条例的管辖。

- 为了向欧盟境内可识别的自然人提供商品和服务而收集、处理他们的信息。
- 为了监控欧盟境内可识别的自然人的活动而收集、处理他们的信息。

该条例适用于对广泛的个人数据的管辖，包括个人的姓名和身份证号码；它还能保护个人在网络和现实中进行活动的信息数据，这包括位置信息、IP 地址、cookies 及其他数据，这些数据可以使企业在用户浏览互联网时追踪到他们的痕迹和偏好，而 GDPR 则阻止那些企业滥用追踪到的信息。欧盟的每个成员国都有自己的执行机制，每个国家也都有一位 GDPR 主管，相关人员可以向各自国家的管理机构进行投诉。违反该条例的企业将可能面临非常严重的罚款，GDPR 规定的最高罚款金额是 2000 万欧元，或者是该企业年度全球收入的 4%，罚款金额会选取两者中的较高者。

在 GDPR 的框架下，数据控制者应当履行的义务可分为一般义务和特殊义务。数据控制者和数据使用者的义务包括记录义务、安全处理义务、合作义务、数据泄露通知义务、评估义务等。例如，在数据泄露后，数据控制者负有通知义务。GDPR 对这一通知义务进行了较为详细的规定：数据泄露发生后，数据控制者应当在 72 小时内通知监管机构与泄露相关的事项，且在一定条件下，数据控制者还应当将泄露事项通知给数据主体。

我国与欧盟贸易关系密切，与欧盟有贸易往来的国内企业都应当遵守 GDPR 的相关要求。对适用 GDPR 的国内企业来说，管理难点在于进行 GDPR 与我国相关法律的整合。合规人员应当根据企业的行业特征及业务模式，确立 GDPR 所管辖的合规内容。合规人员应充分了解各业务部门处理的个人数据的来源、类型、存储位置、用途、访问权限、共享和披露情况、安全保障措施等信息，确定管辖对象。由于 GDPR 与《中华人民共和国网络安全法》《信息安全技术 个人信息安全规范》《中央网信办 工业和信息化部 公安部 市场监管总局 关于开展 App 违法违规收集使用个人信息专项治理的公告》等国内法律规范可能存在一定程度的冲突，合规人员要辅助企业进行对各项合规义务的整合。

13.3 商业活动中数据合规风险的高发领域

13.3.1 个人信息

个人信息是指以电子或者其他方式记录的，能够单独或者与其他信息结合识别出特定自然人的各种信息。个人信息包括但不限于：自然人的姓名、出生日期、身份证件号码、生物识别信息、家庭住址、电话号码、电子邮箱、健康信息、行踪信息等。

在大多数司法管辖区域，是否可以收集和处理自然人个人信息及如何收集和处理该资料的方式都是受到当地政府的管制，其目的是保护个人人权不受侵犯。值得注意的是，个人信息与个人隐私信息是不同的概念，个人隐私信息是指自然人的私人生活安宁和不愿被他人知晓的私密空间、私密活动、私密信息。通常，个人隐私信息更多指的是不愿意被他人知晓的私密信息。本小节主要关注对个人信息的合规管控。

企业遵循对个人信息管理的主要目的是保护被处理资料的所有人的利益。实际上，这意味着，企业必须有正当理由收集和使用这些个人资料；且使用该资料的方式不得对有关个人造成不合理的不利影响；且应当对外公开企业将如何使用这些信息和数据。企业在收集当事人的个人资料时，需要提供适当的收集个人信息的告知说明；且只能以当事人合理预期的方式处理其个人资料；同时需确保企业没有将此资料用于任何违法行为。

在规范企业行为的同时，也要保证企业采取适当的防范措施来规避个人信息泄露的风险。企业应当防止将个人资料直接用于营销以谋取利益；且保证个人有权得到包含其个人资料的信息副本；且个人有权在某些情况下要求对其不准确的个人资料进行更正、屏蔽、删除或销毁；且个人有权对因企业违反相关法律法规所造成的损害进行索赔。

案例分享

合规人员李明在公司销售门店进行例行季度合规检查时，发现自 2022 年 6 月以来，该销售门店为统计、结算销售人员业务提成给付比例，在门店中安装十余台高清人脸抓拍摄像头，在未告知并未征得购买者同意的情况下，抓取拍摄相关消费者脸部照片并与内部系统业务人员的数据库进行比对。

李明认为，该行为涉嫌在公共场所超范围采集消费者个人信息，可能违反《中华人民共和国个人信息保护法》第二十六条和第六十六条规定。

第二十六条　在公共场所安装图像采集、个人身份识别设备，应当为维护公共安全所必需，遵守国家有关规定，并设置显著的提示标识。所收集的个人图像、身份识别信息只能用于维护公共安全的目的，不得用于其他目的；取得个人单独同意的除外。

第六十六条　违反本法规定处理个人信息，或者处理个人信息未履行本法规定的个人信息保护义务的，由履行个人信息保护职责的部门责令改正，给予警告，没收违法所得，对违法处理个人信息的应用程序，责令暂停或者终止提供服务；拒不改正的，并处一百万元以下罚款；对直接负责的主管人员和其他直接责任人员处一万元以上十万元以下罚款。

有前款规定的违法行为，情节严重的，由省级以上履行个人信息保护职责的部门责令改正，没收违法所得，并处五千万元以下或者上一年度营业额百分之五以下罚款，并可以责令暂停相关业务或者停业整顿、通报有关主管部门吊销相关业务许可或者吊销营业执照；对直接负责的主管人员和其他直接责任人员处十万元以上一百万元以下罚款，并可以决定禁止其在一定期限内担任相关企业的董事、监事、高级管理人员和个人信息保护负责人。

李明建议，立即停止该违法行为。

13.3.2　商业信息

在合规管理的界定中，任何企业未对外正式发布的信息都属于企业的商业信息，需要被严格保密管理。这类信息包括但不限于：

- 财务信息；
- 经营战略与计划；
- 产品创新与计划；
- 营销计划；
- 客户、消费者、员工及供应商信息；
- 合同条款；
- 招投标信息。

商业信息是企业能否获取竞争优势的关键，若违规泄露未经公开的商业信息，可能会给企业带来致命的风险。在企业日常管理中，合规部门需要与相关部门，如 IT 部门、财务部门、市场部门等对商业信息进行联合管控。

第 14 章　商业伙伴管理

14.1　有关商业伙伴的基础知识

商业伙伴的英文全称为 Business Partner，简称 BP。它是指不隶属于企业，但与企业发生商业往来的独立实体。

第三方的英文全称为 The Third Party，简称 TP 或 TTP，是指独立于企业外的个人或机构。第三方显著的特点就是独立性，即，脱离组织后能够独立存在。在某种程度上，商业伙伴应当包含第三方，但并非所有的第三方都属于商业伙伴。在本书中，二者统称为“商业伙伴”。

商业伙伴按经营情况分类，可以分为中介类商业伙伴与非中介类商业伙伴两类。

- 中介类商业伙伴指的是该类商业伙伴可作为中间商，至少产生两次商业交易，其中包含与本企业的交易，以及与最终用户的交易。首尾两次交易之间也可能发生中间商与其他实体的交易。该类商业伙伴常见的类型有渠道商、经销商等。
- 非中介类商业伙伴指的是该类商业伙伴仅与本企业产生商业交易，如供应商、翻译商、业务咨询服务商、报关商、物流商等。

对于上述两类商业伙伴的合规管理，合规人员要依据实施管辖行为的企业主体本身的市场地位来制定相应的管理策略。所谓市场地位，指的是主体本身在进行市场活动时处于占有优势、劣势或平等的市场地位。举例来说，在大多数情况下，处于供应链上的甲方享有相对于乙方的市场优势地位；相对的，供应链上的乙方相对于采购方享有劣势地位，当然这只是在大多数情况下，不排除在资源占优的市场中存在甲乙双方市场地位对调的情况。除双方享有不平等的市场地位外，在两家体量类似的企业进行合作开发项目时，也会产生双方享有平等市场地位的情况。一般来讲，市场地位占优势的企业在进行商业伙伴的合规管理时常享有较大的自主权；市场地位处于劣势的企业一般会根据优势地位的商业伙伴的要求，进行具有符合性、配合性及响应性的合规管理工作；双方处于平等市场地位的企业一般可以与合作方经过平等商议后开展合规管理工作。

对于后两种情况，由于企业享有的合规管理话语权相对较弱或者需要经过多次协商，因此此处仅对市场地位占优、具有主动权的合规管理模式进行深入分析，但其中的思路和重点可以被第二种和第三种管理模式借鉴。

14.2　商业伙伴的管理体系

市场地位占优的企业可以开展全流程的商业伙伴合规管理工作，依照合规管理闭环流程进行针对商业伙伴的完整的合规管理体系建设。通常，对商业伙伴的全流程合规管理体系建设由以下步骤组成。

一、划定被管理对象的范围

合规人员要确定对商业伙伴合规管理体系的管辖范围，是局限在某部门（如供应商管理部门、市场部门等），还是推广至全企业甚至全集团的商业伙伴管理体系。

二、任命合规官

企业需要任命负责商业伙伴合规管理的专项合规官，并且按需安排配合专项合规官的辅助人员，如兼职合规官或合规大使等。负责商业伙伴合规管理的人员除了必备合规管理技能之外，还需要对企业合作方的管控有深入的理解和了解，熟悉管控中的关键节点和重要决策环节。

三、制定对商业伙伴的合规管理制度与流程

对商业伙伴的合规管理制度与流程可从以下内容进行阐述，如图 14-1 所示。

简介 目的 范围和适用性 全球与地方法律法规合规性 定义 流程要求 管理与审查 服务范围 审计与监控 报告与合规 处罚与后果 相关援引文档 修订记录

图 14-1　商业伙伴的合规管理制度与流程样例

四、制度与流程的宣贯

合规人员应当向商业伙伴就日常合规内容进行重点宣贯。比如，《企业商业行为守则》是否已发送至商业伙伴，并对商业伙伴进行了定期的宣讲与解读，以保证其充分理解相关内容？同时，商业伙伴是否接受了企业的合规管理要求并做出承诺？

五、制度、流程的执行与监督

在与不同的商业伙伴合作的过程中，企业需要与其签署基于相应风险等级的合同。在进行对商业伙伴的尽职调查后，合规人员会区分出高、中、低三个合规风险档次的商业伙伴；与之相对的，面对不同风险档次的商业伙伴，企业应当与其签订不同管控力度的合同。高风险的合同条款应该最为严格，甚至应包含相应的审计条款（如果有条件，可以不区分合作方的合规风险程度，均在合同中约定审计条款）；同时，对于各个风险程度的商业伙伴，企业还应当增设相应的合同附件以确保合作对象对企业合规管理规定的认可和承诺，如《合规承诺函》《利益冲突披露书》等文件。图 14-2 所示为《合规承诺函》（样例）。

合规承诺函

我方将履行与 ×× 企业订立协议中所规定的义务，包括但不限于协议中对于道德行为条款规定的要求。

我方（及任何授权分包商）全体员工将严格遵守下述规定：

1.……

2.……

3.……

……

我方已采取了所有必要步骤和措施来确保我方具备适当的政策和控制方案，且满足地方和全球反贿赂法律法规的要求，包括美国《反海外腐败法》（FCPA）和英国《反贿赂法案》（UKBA）。

所有服务于 ×× 客户的相关员工及新员工都需完成 ×× 要求的所有培训课程。

我方未曾也不会在未得到 ×× 事先许可的情况下雇用任何未完成 ×× 合规和尽职调查流程的商业伙伴、代理商、分包商或签证供应商来提供服务。

我方未曾也不会直接或间接地向政府官员或其他任何人提供、授权、承诺提供或给予任何款项、礼品、服务或其他任何触犯所有适用的反贿赂法律法规的有价物或利益。

我方未曾牵涉到任何不道德商业行为事件中，且未发现任何违规问题。

若发现违规问题，我方承担立即向 ×××@×××××.com 披露此类事宜的义务，并承诺在第一时间汇报。

我方会为任何可能导致处罚的违规行为负责，并且同意如果发生此类问题，×× 有权立即终止与我方的合作关系。

签名__________________

企业盖章________________

____年__月__日

图 14-2 《合规承诺函》（样例）

六、合规检查

合规人员在完成对商业伙伴有关制度和流程运行机制的宣贯后，需要通过合规检查来进行验证，确保商业伙伴对制度和流程的执行效果。

七、举报与调查

合规人员要向员工及商业伙伴明确，若发现任何涉及商业伙伴合规性的问题，可以通过举报渠道向合规部门反映。

八、持续改进

合规人员一旦发现对商业伙伴的合规管理工作存在遗漏，应及时进行改进，同时重新启动对商业伙伴合规管理体系进行校准与改进的工作。

14.3 对商业伙伴的管理重点

对商业伙伴的管理重点在于搭建与业务匹配的合规审查模型，本书推荐使用九宫格决策模型辅助决策。

我们将九宫格决策模型中的业务水平指标与合规性指标分别设为 *X* 轴与 *Y* 轴，且在每条轴线中划分出低、中、高三个等级，其中最优选择的合作伙伴为合规性“高”且业务水平“高”，即处于深灰色“L 区间”的商业伙伴，为低风险。对此类合作伙伴来说，企业应当保持与其长期合作的关系。因合规性和 / 或业务水平有待改进，一些合作伙伴将处于浅灰色“M 区间”，为中风险商业伙伴。对于在此区间的商业伙伴，合规人员可以聚焦在此类商业伙伴待改进的部分，待其整改后再合作，争取辅助中风险的合作伙伴迈进低风险区间；对于合规性和 / 或业务水平较低的合作伙伴，不推荐甚至应当拒绝与其合作，但是也要具体分析，若该合作伙伴确实为企业不可或缺的合作方，且对企业发展和经营起到极为重要的作用，除业务人员、合规人员要对该商业伙伴进行判定外，必要时，需要引入企业高层如合规委员会等，就合作事宜做出进一步判定。

低风险商业伙伴。

L 类型：应保持长期合作。

中风险商业伙伴。

M-1 类型：待合规整改后再合作。

M-2 类型：待合规整改后再合作。

M-3 类型：待合规整改、业务整改后再合作。

高风险商业伙伴。

H-1 类型：待业务能力强力整改后再合作。

H-2 类型：待合规强力整改后再合作或不建议合作。

H-3 类型：待合规整改、业务能力强力整改后再合作，或非必要不合作。

H-4 类型：待合规、业务整改后再合作，或非必要不合作。

H-5 类型：应立刻取消合作。

图 14-3 所示为商业伙伴九宫格决策模型。

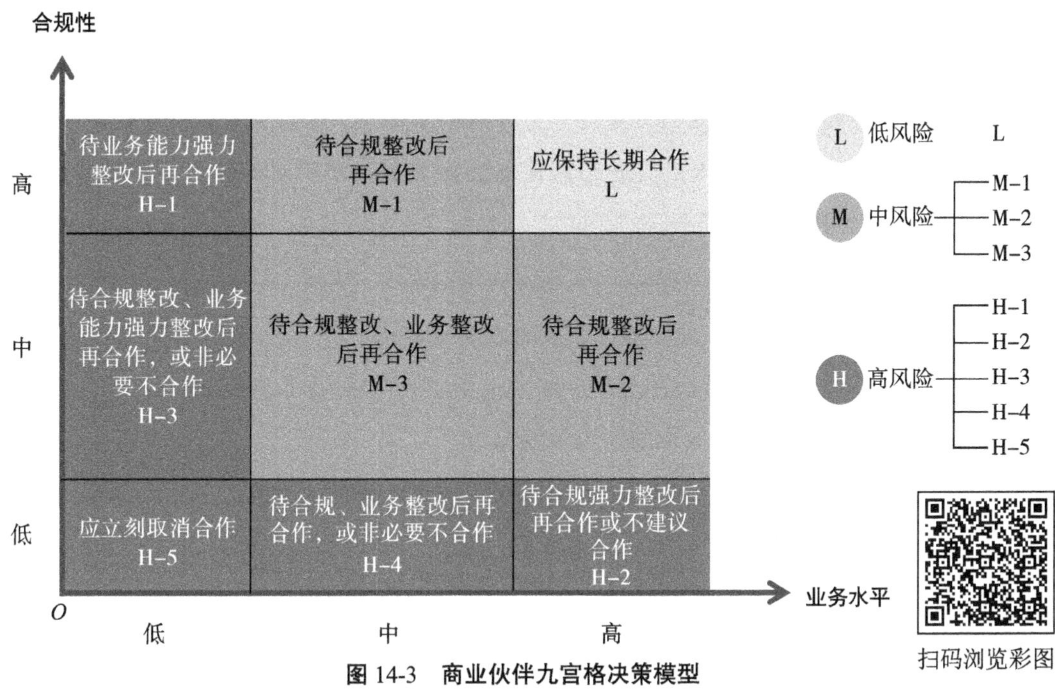

图 14-3　商业伙伴九宫格决策模型

对业务水平（*X* 轴）的把控主要依照业务部门的专业意见来进行，对合规性（*Y* 轴）的把控重点在于合规人员要准确发现可能引发违规风险的预警信号，且在之后的合规工作中要对预警信号进行有效的处理。关于如何对预警信号进行把控，请参见“7.2 对商业伙伴、第三方的尽职调查”。对于预警信号的处理，合规人员需要结合具体的调查对象进行分析，所遵循的总原则是：对于调查对象存在明显违反法律法规的高风险预警信号，合规人员要在第一时间指出该风险，若调查对象是影响巨大的企业，企业要在第一时间终止或中止与其的合作；对于事实不清的预警信号，合规人员需要收集更多信息后再进行判断和处理；对于中风险、低风险的预警信号，则要要求调查对象进行整改，待整改后企业再考虑与其合作，若确定合作，则合规人员要对业务人员进行风险事项提示及给出相应的监督建议；对于明显错误的预警信号，合规人员进行明确判断后，要保存好相应的判断痕迹及支持性书面文档。对预警信号的处理可参考以下案例。

案例分享

ZY 公司是一家经营医疗器械（大影像诊断）的企业，ZY 公司目前预引进了新的渠道商。市场部门挑选了红星公司作为新渠道商的备选，理由是红星公司是一家大型的医疗器械代理商，在市场上经营近十年，年营收达 10 亿元。另外，红星公司在北方地区拥有强大的关系网络，与多家公立、私立医院的科室主任均有良好的业务关系。正巧，ZY公司希望在未来三年内大力开展北方业务，红星公司的条件刚好匹配。

合规人员李明收到市场部门送来的候选企业名单，就开始对红星公司进行合规审核。李明收集到了以下信息。

企业名称（中文）：北方红星医疗器械销售中心

企业名称（英文）：Liaoning Hongxing Medical Device Sales Center

工商注册号：310××××××××××

统一社会信用代码：913×××××××××××××××

企业机构代码：082××××××

法定代表人：周楠

联系电话：131××××××××

企业类型：个人独资企业

所属行业：批发业

经营状态：存续

注册资本：100万元人民币

注册时间：2013-11-13

注册地址：北京市朝阳区财富路5号5幢二层

营业期限：2013-11-13至无固定期限

经营范围：医疗器械（详见许可证），办公自动化设备，计算机、软件及辅助设备（除计算机信息系统安全专用产品），仪器仪表销售，计算机网络工程，计算机软件开发，计算机维修，计算机信息系统集成服务，计算机信息技术咨询服务，企业管理咨询（除经纪），会务服务，设计制作各类广告，建筑装饰设计工程，机电设备、工业自动化设备（除特种设备）安装维修，楼宇保洁服务，摄影摄像服务。（依法须经批准的项目，经相关部门批准后方可开展经营活动。）

登记机关：北京市市场监督管理局

核准日期：2016-05-11

法律风险：曾受到行政处罚

税务信息：税务评级过去三年非 A 级

企业经营信息：社保信息 3 人，其他信息未公开

舆情信息：在某论坛发现帖子称该企业对员工升职选拔有不公情况

经审查，李明对红星公司做出了以下预警信号的判定。

1. 目标企业中文名为北方红星医疗器械销售中心，英文名称为 Liaoning Hongxing Medical Device Sales Center，中英文名称不匹配。

2. 经查，目标企业法定代表人周楠无行业从业经验，且本市最大的三甲医院南方医院的院长为周楠的舅舅。

3. 目标企业联系电话为 131××××××××，同时为其他 7 家企业的联系电话。

4. 目标企业注册资金为 100 万元人民币。

5. 经查，目标企业曾因贿赂科室主任遭到处罚。

6. 目标企业并非新注册企业，但税务评级较低。

7. 目标企业为年营收达 10 亿元人民币的企业，但在册人员仅为 3 人，无法匹配营收。

8. 目标企业有负面舆情信息。

经分析并与该企业确认，李明最终对下列预警信号进行了处理和判定。

预警点	分析与调研	风险级别	处理
1. 目标企业中英文名称不匹配	名称不符	低	目标企业更改英文名称
2. 经查，法定代表人周楠无行业从业经验	周楠为实际控制人王宏的太太	中	目标企业出具实际控制人声明
3. 目标企业联系电话 131××××××××，同时为其他 7 家企业的联系电话	除目标企业外，周楠和王宏还拥有其他 7 家医疗代理企业，存在较大的关联风险	高	向业务部门进行说明，请业务部门在工作中密切注意目标企业是否利用其他 7 家企业串货；合规部门密切监控其他 7 家企业，以防目标企业利用其他企业规避风险
4. 目标企业注册资金为 100 万元人民币	100 万元人民币的注册资金无法负担动辄数百万元甚至上千万元的大影像诊断产品的采购	高	请目标企业增资，增资后再进行合作

（续表）

预警点	分析与调研	风险级别	处理
5. 法律风险中显示目标企业曾受到行政处罚，经查，目标企业曾因贿赂科室主任遭到处罚	经查，目标企业确有此行为。但此案件已过去5年，且目标企业并未再出现此类违规行为	高	请目标企业出具相关说明文件
6. 目标企业并非新注册企业，但税务评级较低	经查，目标企业确有此行为	中	请目标企业出具情况说明
7. 目标企业为年营收10亿元的企业，但在册人员仅为3人	经查，至少有数十人在目标企业工作但未缴纳社保	高	请目标企业按规定缴纳社保
8. 目标企业存在负面舆情信息	经查，该舆情信息发布论坛非官方论坛	低	略

最终，李明判定，目标企业合规风险过高，处于九宫格中的H-2区间，即“待合规强力整改后再合作或不建议合作”，因此，李明判定当前企业不宜继续推进与红星公司的合作事项，需要红星公司先进行合规整改，待整改合格后双方再合作。市场部门采纳了合规部门的意见，并督促红星公司进行整改。

练习

1. 请说明企业有哪些预警信息。

2. 请对预警信息进行分析、调研与处理。

行业：医疗企业大影像诊断。

目标企业信息

企业名称（中文）：北京新发展医药股份有限企业

企业名称（英文）：Health Biomed Co.，Ltd

工商注册号：330××××××××××

统一社会信用代码：913×××××××××××××××

企业机构代码：704××××××

法定代表人：余××

企业类型：股份有限企业（非上市、自然人投资或控股）；但曾有过拟上市信息

所属行业：批发业

经营状态：存续

注册资本：100 万元人民币

注册时间：1998-10-21

注册地址：浙江省宁波市北仑区 ×××× 号

营业期限：1999-12-28 至无固定限期

经营范围：医疗器械、药品的经营；生物医药的研发；实业项目投资；自营和代理各类货物和技术的进出口，国家限定经营或禁止进出口的货物和技术除外；科技器材、卫生用品的批发、零售；许可经营项目范围内的医疗设备租赁。（依法须经批准的项目，经相关部门批准后方可开展经营活动。）

第 15 章　境外合规管理

境外合规管理是企业在境外经营或者与境外有商业来往时需要依照相关合规义务进行的合规管理。《企业境外经营合规管理指引》第二条对境外合规所管辖的对象描述如下：适用于开展对外贸易、境外投资、对外承包工程等“走出去”相关业务的中国境内企业及其境外子公司、分公司、代表机构等境外分支机构。

与合规主题领域和经营管理领域不同，境外合规是以地域对合规管理进行分类的，其范围涵盖广阔，适用于企业在任何经营地的合规管理，即企业的境外合规管理应当覆盖适用于境外经营所在地的任何合规主题领域与经营管理领域。例如，一家中国企业在迪拜设有分支机构，该分支机构应当符合母公司所在国的相关合规义务，同时也需要符合迪拜当地的合规义务。又如，某中国企业在迪拜设有分支机构，但是其业务范围覆盖至整个中东地区，甚至贸易采购的范围涉及欧美，则合规人员需要仔细梳理业务所在地、业务途经地、业务关联地等任何适用国家法律法规的合规义务，梳理后，合规人员才能确定对该分支机构进行境外合规管控的范围。

15.1　境外合规的基础知识

15.1.1　重要名词解释

当企业进行境外合规管理时，经常会见到一些合规管理名词的英文缩写，且该词频繁出现在各个合规管理文件或相关国家的制度政策中。

1. FCPA

美国的 FCPA 于 1977 年制定，并经过 1988 年、1994 年、1998 年三次修改，该法旨在限制美国企业贿赂国外政府官员的行为，并对在美国上市企业的财会制度做出了相关规定。

2. UKBA

英国的 UKBA 被称为“世界上最严厉的反腐败法”。

3.《萨宾二》

法国的《萨宾二》于 2016 年 12 月 10 日在《政府公报》上发表，其大部分规定于 2017 年 6 月 11 日生效并立即适用。

4. DOJ

美国司法部的英文全称是 U.S. Department of Justice，简称 DOJ。DOJ 经常作为 FCPA 的执法部门出现，它也会定期颁布与 FCPA 有关的政策和条例。

5. SEC

美国证券交易委员会的英文全称是 U.S. Securities and Exchange Commission，简称 SEC。SEC 对在美国上市的机构进行监管。

6. SOX 法案

《萨班斯法案》的英文全称是 Sarbanes-Oxley Act，简称 SOX 法案。SOX 法案是在美国安然、世通等一系列经济丑闻曝光后颁布的。鉴于这些企业破产后造成了巨大经济损失，以及民众对美国经济的不信任，美国强制对在美国证券交易所上市的企业实行该法案。SOX 法案对上市企业的管控非常严格，其对由不适当的控制、披露工作引起的惩罚是极其严厉的。

7. COI

利益冲突的英文全称是 Conflict of Interests，简称 COI。COI 在合规管理中指的是个人利益与企业利益的冲突，常发生在个人与外部第三方（企业或个人）协同或者共谋，套取企业利益等行为中。

8. ABAC

反贿赂与反腐败的英文全称是 Anti-Bribery & Anti-Corruption，简称 ABAC。

9. OFAC

美国财政部海外资产控制办公室的英文全称是 The Office of Foreign Assets Control of the US Department of the Treasury，简称 OFAC。OFAC 的使命在于管理和执行所有基于美国国家安全和对外政策的经济和贸易制裁，包括对所有存在恐怖主义、跨国毒品和麻醉品交易、大规模杀伤性武器扩散行为的国家进行金融领域的制裁。

10. BIS

美国商务部工业和安全局隶属于美国商务部，其英文全称是 The Department of Commerce's Bureau of Industry and Security，简称 BIS。BIS 作为美国商务部副部长直接管辖的部门，其负责制定、执行、修订出口管制清单。

15.1.2 境外合规管理的重点领域

依照 2018 年发布的《企业境外经营合规管理指引》中的内容，境外合规管理可以分为四个重要管理领域，即：对外贸易、境外投资、对外承包工程及境外日常经营。其中，每个管理领域中均包含相应的合规主题领域。表 15-1 所示为企业境外经营合规管理的重点领域。

表 15-1　企业境外经营合规管理的重点领域

条款	经营管理领域	合规管理领域
第六条	对外贸易	企业开展对外货物和服务贸易，应确保经营活动全流程、全方位合规，全面掌握关于贸易管制、质量安全与技术标准、知识产权保护等方面的具体要求，关注业务所涉国家（地区）开展的贸易救济调查，包括反倾销、反补贴、保障措施调查等
第七条	境外投资	企业开展境外投资，应确保经营活动全流程、全方位合规，全面掌握关于市场准入、贸易管制、国家安全审查、行业监管、外汇管理、反垄断、反洗钱、反恐怖融资等方面的具体要求
第八条	对外承包工程	企业开展对外承包工程，应确保经营活动全流程、全方位合规，全面掌握关于投标管理、合同管理、项目履约、劳工权利保护、环境保护、连带风险管理、债务管理、捐赠与赞助、反腐败、反贿赂等方面的具体要求
第九条	境外日常经营	企业开展境外日常经营，应确保经营活动全流程、全方位合规，全面掌握关于劳工权利保护、环境保护、数据和隐私保护、知识产权保护、反腐败、反贿赂、反垄断、反洗钱、反恐怖融资、贸易管制、财务税收等方面的具体要求

15.2 境外合规相关的合规义务

企业除了需要满足境外所在地的合规义务及业务涉及的其他境外合规义务外，还要遵守我国在境外合规方面颁布的相应法律法规。表 15-2 所示为国内常见的境外合规义务（部分）。

表 15-2　国内常见的境外合规义务（部分）

合规义务	效力级别	实施日期
数据出境安全评估办法	部门规章	2022-09-01
证券公司交易结算及对账数据对外发送指引（试行）	行业规定	2022-07-20
中国人民银行 国家外汇管理局关于银行业金融机构境外贷款业务有关事宜的通知	部门规范性文件	2022-03-01
国有企业境外投资直派财务负责人管理办法	部门规范性文件	2022-02-23
中华人民共和国进口食品境外生产企业注册管理规定（2021）	部门规章	2022-01-01
商务部关于印发《对外承包工程业务统计调查制度》和《对外劳务合作业务统计调查制度》的通知（2021 修订）	部门规范性文件	2022-01-01
企业境外反垄断合规指引	部门规范性文件	2021-11-15
财政部 税务总局关于延续境外机构投资境内债券市场企业所得税、增值税政策的公告	部门规范性文件	2021-11-07
金融机构反洗钱和反恐怖融资监督管理办法	部门规章	2021-08-01
中国人民银行 国家外汇管理局关于印发《银行跨境业务反洗钱和反恐怖融资工作指引（试行）》的通知	银行综合规定	2021-02-18
证券公司和证券投资基金管理公司境外设立、收购、参股经营机构管理办法（2021 修正）	部门规章	2021-01-15
国资委关于进一步加强中央企业境外国有产权管理有关事项的通知	部门规范性文件	2020-11-20
境外机构投资者境内证券期货投资资金管理规定	部门规范性文件	2020-06-06
商务部办公厅关于加强疫情期间境外工程项目和在外人员统计的通知	部门规范性文件	2020-05-19
境外企业和项目新冠肺炎疫情防控工作指引	部门规范性文件	2020-03-30
境外培训机构合作指南	部门规范性文件	2020-02-24
商务部办公厅关于请继续做好对外承包工程领域应对新冠肺炎疫情有关工作的通知	部门规范性文件	2020-02-12
财政部 税务总局关于境外所得有关个人所得税政策的公告	部门规范性文件	2020-01-17
中国银保监会办公厅关于进一步做好银行业保险业反洗钱和反恐怖融资工作的通知	部门规范性文件	2019-12-30
商务部等 19 部门关于促进对外承包工程高质量发展的指导意见	部门规范性文件	2019-08-29
银行业金融机构反洗钱和反恐怖融资管理办法	部门规章	2019-01-29
中国互联网金融协会关于互联网金融从业机构接入互联网金融反洗钱和反恐怖融资网络监测平台的公告	行业规定	2019-01-11
互联网金融从业机构反洗钱和反恐怖融资管理办法（试行）	银行监管	2019-01-01
企业境外经营合规管理指引	部门规范性文件	2018-12-26
药品医疗器械境外检查管理规定	部门规范性文件	2018-12-26
企业境外档案管理办法	部门规范性文件	2018-11-01
中国人民银行办公厅关于进一步加强反洗钱和反恐怖融资工作的通知	部门规范性文件	2018-07-26

（续表）

合规义务	效力级别	实施日期
境外所得个人所得税征收管理暂行办法（2018 修正）	部门规章	2018-06-15
国家烟草专卖局关于加强免税出口和境外生产卷烟监管的规定	部门规范性文件	2018-06-14
知识产权对外转让有关工作办法（试行）	国务院规范性文件	2018-03-18
企业境外投资管理办法	部门规章	2018-03-01
民营企业境外投资经营行为规范	部门规范性文件	2017-12-06
国务院办公厅关于完善反洗钱、反恐怖融资、反逃税监管体制机制的意见	国务院规范性文件	2017-08-29
国有企业境外投资财务管理办法	部门规范性文件	2017-08-01
对外承包工程管理条例（2017 修订）	行政法规	2017-03-01
中央企业境外投资监督管理办法	部门规章	2017-01-07
中国银监会关于进一步加强银行业金融机构境外运营风险管理的通知	部门规范性文件	2016-03-24
保险公司设立境外保险类机构管理办法（2015 修订）	部门规章	2015-10-19
境外交易者和境外经纪机构从事境内特定品种期货交易管理暂行办法	部门规章	2015-08-01
自由贸易试验区外商投资国家安全审查试行办法	国务院规范性文件	2015-05-08
境外投资管理办法（2014）	部门规章	2014-10-06
中国人民银行办公厅关于进一步加强金融机构和支付机构反恐怖融资工作的通知	部门规范性文件	2014-03-18
境外企业知识产权指南（试行）	部门规范性文件	2014-02-08
中国（上海）自由贸易试验区进出口（境）货物适用主要贸易管制措施	地方规范性文件	2013-11-01
合格境内机构投资者境外证券投资外汇管理规定	部门规范性文件	2013-08-21
对外投资合作境外安全事件应急响应和处置规定	部门规范性文件	2013-07-01
商务部办公厅关于印发《2013 年商务部规范企业境外经营行为，防治境外商业贿赂工作要点》的通知	部门工作文件	2013-02-27
中国人民银行关于金融机构在跨境业务合作中加强反洗钱工作的通知	部门规范性文件	2012-08-19
中国人民银行关于加强跨境汇款业务反洗钱工作的通知	部门规范性文件	2012-08-12
支付机构反洗钱和反恐怖融资管理办法	部门规范性文件	2012-03-05
境外中资企业机构和人员安全管理指南	部门规范性文件	2012-01-11
中央企业境外国有产权管理暂行办法	部门规章	2011-07-01
中央企业境外国有资产监督管理暂行办法	部门规章	2011-07-01
国务院办公厅关于建立外国投资者并购境内企业安全审查制度的通知	国务院规范性文件	2011-03-03
关于骗购外汇、非法套汇、逃汇、非法买卖外汇等违反外汇管理规定行为的行政处分或者纪律处分暂行规定（2011 修订）	行政法规	2011-01-08

（续表）

合规义务	效力级别	实施日期
国家外汇管理局国际收支司关于境外承包工程国际收支统计间接申报问题的批复	部门规范性文件	2010-09-25
中央国有资本经营预算境外投资资金管理暂行办法	部门规范性文件	2009-10-19
商务部 外交部关于建立境外劳务群体性事件预警机制的通知	部门规范性文件	2009-08-10
防范和处置境外劳务事件的规定	部门规范性文件	2009-06-23
银行卡组织和资金清算中心反洗钱和反恐怖融资指引	部门规范性文件	2009-04-01
商务部关于做好境外就业管理工作的通知	部门规范性文件	2008-12-29
中国银监会办公厅关于进一步加强商业银行代客境外理财业务风险管理的通知	部门规范性文件	2008-10-23
中华人民共和国外汇管理条例（2008 修订）	行政法规	2008-08-05
合格境内机构投资者境外证券投资管理试行办法	部门规章	2007-07-05
保险资金境外投资管理暂行办法	部门规章	2007-06-28
境外组织和个人在华使用密码产品管理办法	部门规范性文件	2007-05-01
个人外汇管理办法	部门规章	2007-02-01
中国企业境外商务投诉服务暂行办法	部门规章	2006-08-16
境外投资产业指导政策	部门规范性文件	2006-07-05
境外电视节目引进、播出管理规定	部门规章	2004-10-23
商务部关于加强境外劳务人员安全保障工作的通知	部门规范性文件	2004-09-02
商务部关于处理境外劳务纠纷或突发事件有关问题的通知	部门规范性文件	2003-07-30
最高人民法院关于审理为境外窃取、刺探、收买、非法提供国家秘密、情报案件具体应用法律若干问题的解释	司法解释	2001-01-22
中国进出口银行对外承包工程项目贷款管理暂行办法	行业规定	2000-09-06
对外承包工程项目投（议）标协调办法实施细则	行业规定	2000-05-01
国务院办公厅转发外经贸部等部门关于大力发展对外承包工程意见的通知	国务院规范性文件	2000-04-07
中国对外承包工程和劳务合作行业规范（试行）	行业规定	2000-02-18
境外国有资产管理暂行办法	部门规章	1999-09-27
电力工业部关于承建境外电力工程管理的暂行规定	部门规章	1997-01-06
境内及境外证券经营机构从事外资股业务资格管理暂行规定	部门规章	1996-12-01
境外国有资产产权登记管理暂行办法实施细则	部门规章	1996-09-11
建设部所属境外企业管理暂行办法	部门规章	1996-06-28
外经贸境外企业审计监督暂行规定	部门规章	1996-04-09
烟草行业企业境外投资项目管理办法	部门规章	1995-03-10
境外企业、机构清产核资工作有关规定	部门规章	1995-03-01

（续表）

合规义务	效力级别	实施日期
交通部水上建筑施工企业境外工程工资总额与经济效益挂钩实施办法	部门规章	1994-06-19
交通部水上建筑施工企业境外工程工资总额与经济效益挂钩结算办法	部门规章	1994-06-19
关于编制、审批境外投资项目的项目建议书和可行性研究报告的规定	部门规章	1991-08-17
机电部驻境外企业资产、财务管理暂行办法	部门规章	1990-01-01
境外贸易、金融、保险企业财务管理暂行办法	部门规章	1989-01-01

15.3 长臂管辖

长臂管辖，即长臂管辖权，其英文全称为 Long Arm Jurisdiction，是美国民事诉讼中的一个概念，指的是当被告的住所地不在法院地（州）但和该州有某种最小联系（英文全称为 Minimum Contacts），且原告所提权利要求的产生与这种联系有关，就该项权利要求而言，该州对该被告人具有属人管辖权，可以在州外对被告人发出传票。最初，长臂管辖权被用于美国法院对人的管辖权延伸至本州以外的外州人，主要适用于交易行为和侵权行为；后来，长臂管辖权不仅被用于美国州际诉讼，也扩大到国际上，包括美国对外国国民的管辖。

可以把美国民事诉讼中的长臂管辖称为“狭义长臂管辖”；将不区分刑事、民事，以及行政的长臂管辖称为“广义长臂管辖”。广义长臂管辖不是美国法律下所独有的，在我国及其他国家的法律中也存在着类似的法律概念，即域外管辖。

以美国为例，触发狭义长臂管辖必须满足相应的条件，它们分别是“最小联系分析”（Minimum Contacts Analysis）与“合理性审查”（Reasonableness Inquiry）。其中，关键的是最小联系分析。

最小联系分析旨在评估主张具有管辖权的辖区与被告之间的连接程度是否满足正当程序（Due Process）的要求。原告必须证明它对管辖权的主张源自被告与辖区的接触或与该接触相关，并且被告有意识地利用其在辖区进行业务的便利（比如，利用美国金融系统结算或者利用位于美国的服务器收发电子邮件），并且能够预见到其被该辖区管辖。可以触发美国长臂管辖的最小联系分析的因素非常广泛，即无论利用美国的电信、银行转账、邮件系统等方式进行通信，还是使用隶属于美国的国际商业工具进行腐败支付，只要和美国发生了任何联系，按此原则，美国都具有管辖权。

下面的某公司如何触发了最小联系分析呢？

案例分享

一家位于 A 国的公司在 B 国金融机构的外国分支机构开设了账户，在 2018 年 9 月至 12 月期间，该账户收到了三笔总计约 333 272 美元（或等值）的电汇，并且被证明是向 C 国出口烟嘴后的所得货款。

这就相当于利用了 B 国的金融系统，并且使用了 B 国货币与 B 国的贸易制裁对象国进行交易。具体来说，该公司至少三次违反 B 国所发布的《C 国制裁条例》第 510 项条款下的第 206 项、第 210 项规定，直接或间接利用 B 国金融服务向 C 国出口或促进出口交易，故该公司触发了最小联系分析。

最小联系分析表明被告的所作所为必须指向相应的辖区，从而使得该辖区的法院有权对该被告做出判决。另外，该行为人在美国境外的所作所为对美国辖区所产生的效果应当是直接的和可以预见的（Direct and foreseeable），并且该行为人知道或者应当知道其行为将会对辖区产生影响。因此，在满足了最小联系分析这个要素后，法院就要进行合理性审查了。

无论企业是否在美国经营、是否与美国企业有来往，甚至是否以美国金融系统作为结算方式等，其都有可能被美国的长臂管辖原则所约束，受到管辖。所谓的美国长臂管辖原则，则是依靠其 FCPA、《萨班斯法案》及《出口管制条例》这三大臂膀作为途径来实现的。

练习

在以下情况中，我国政府是否可以实施域外管辖权？[①]

自 2000 年 1 月至 2010 年 2 月，有 8 家日本汽车零部件生产企业为减少竞争，以最有利的价格得到汽车制造商的零部件订单，在日本频繁进行双边与多边会谈，以协商价格，达成订单保价协议并予以实施。截至 2013 年年底，这 8 家日企经价格协商后获得的与中国市场相关的多数订单仍在供货。除此之外，另外 4 家日本轴承生产企业从 2000 年至 2011 年也通过召开亚洲研究会、参加出口市场会议的方式，共同协商价格或互相交换涨价信息，从而共同实施了涨价措施。

① 答案：国家发改委经过调查后认为，这 12 家日本企业涉嫌达成并实施了汽车零部件、轴承的垄断价格协议，以排除、限制市场竞争，其不正当地实施了影响我国汽车零部件及整车、轴承价格的措施，严重损害了下游制造商的合法权益和我国消费者的权益，违反了我国《反垄断法》的相关规定。国家发改委最后对这 8 家汽车零部件生产企业及 4 家轴承生产企业共处以大约 12 亿元的罚金。

15.4 贸易管制与经济制裁

贸易管制又称为进出口贸易管制，是对外贸易的国家管制，是指一国政府从国家的宏观经济利益、国内外政策需要及为履行所缔结或加入国际条约的义务出发，为对本国的对外贸易活动实现有效的管理而颁布实行的各种制度及所设立相应机构及其活动的总称。贸易管制可分为对外进出口贸易管制及对内管制；对外进出口贸易管制又可细分为限制进口的管制和限制出口的管制，且分别有对应的措施。

经济制裁是指一国或多国对破坏国际义务、条约和协定的国家在经济上采取的惩罚性措施，它常常被经济实力强大的国家用作打击、削弱其他国家政治、经济和军事实力的手段。国际上通常认为，财政、金融、贸易等领域的制裁均属于经济制裁。经济制裁常见的方式包括实施贸易禁运、中断经济合作、切断经济或技术援助等。以美国为例，美国（对外）经济制裁分为一级制裁和二级制裁，其中一级制裁主要是针对美国人及与美国有联系的主体进行的惩罚。一级制裁可分为全面制裁与有限制裁。二级制裁则聚焦于行业制裁。

经济制裁措施与进出口贸易管制制度二者紧密联系，不过，经济制裁的范围是大于进出口贸易管制的。经济制裁覆盖贸易、金融、投资、旅游、运输等多种行为。

企业在进行境外贸易往来时，要提前掌握交易方的相关信息，如其是否已被列入某国的制裁名单中。当前，世界各国对于违反其相关贸易管制和经济制裁规定的实体和/或个人均设立了黑名单制度，一旦企业与黑名单中的被制裁对象进行贸易往来，则极大可能受到相关政府的制裁。因此，在进行交易前，企业应当至少对如下政府或组织机构的黑名单进行查阅。

- 联合国制裁名单。
- 美国：综合制裁名单。
- 欧盟：金融制裁名单。
- 英国：制裁名单。
- 瑞士：SECO 制裁名单。
- 日本：制裁和出口控制等名单。
- 世界银行：不合格企业和个人名单。
- 加拿大：制裁名单。
- 澳大利亚：DFAT 综合制裁名单。
- 欧洲旅行禁令。
- 中国：制裁名单。

- 反海外腐败法涉案名单。
- 其他名单。

15.4.1 美国的经济制裁

本章所谈论的贸易管制主要是指美国的出口管制，故在本章中贸易管制也称出口管制。近年来，美国频繁通过经济制裁和出口管制等手段，阻止其高新技术和产品流向他国，致使不少中国企业都受到了严重影响。美国长期对经济制裁及贸易管制进行严格的管理，其中清单管理是该项管理的核心。美国对清单进行管理的部门有两个：一个是美国商务部工业和安全局，其主要负责管理出口管制清单；另一个是美国财政部海外资产控制办公室，其主要负责管理经济制裁清单。

一、美国经济制裁的相关机构

1.OFAC

OFAC 主管经济制裁，主要负责管理以下制裁名单（部分）。

- 特别指定人员清单（Specially Designated Nationals and Blocked Persons，SDN List）。
- 行业制裁识别名单（Sectoral Sanctions Identifications List，SSI List）。
- 外国逃避制裁者名单（Foreign Sanctions Evaders List，FSE List）。
- 代理行账户或通汇账户制裁清单（List of Foreign Financial Institutions Subject to Correspondent Account or Payable-Through Account Sanctions，CAPTA List）。
- 非特别指定国民清单（Non- Specially Designated Nationals List，Non-SDN List）。

除发布上述相关名单之外，OFAC 还负责审批申请执照及发起调查和进行民事处罚，且必要时将相关调查移交至 DOJ 提起刑事起诉。

2.DDTC

国务院国防贸易控制局的英文全称是 The Directorate of Defense Trade Controls，简称 DDTC。它可实施相关制裁措施。

3.DOJ

DOJ 主要负责案件的调查和刑事处罚，其中刑事和民事处罚均被适用于实体和个人。DOJ 主要针对违反 OFAC 制裁规定、美国《出口管理条例》（EAR）和《国际武器贸易条例》（ITAR）的行为提起刑事诉讼。

4. 联邦和各州监管部门

联邦和各州监管部门也主要负责对案件进行调查和处罚。例如，SEC、纽约金融服务监管局，它们常和 DOJ 实施并行（Parallel）处罚。

5.Fin CEN

Fin CEN 是美国反洗钱和反恐怖主义融资的主要监管机构，其负责涉及洗钱案件的违规制裁。相应的案件也会被 Fin CEN 和 DOJ 实施并行处罚。

6. 总统行政命令

总统行政命令是由美国总统签署的官方指令。本书中特指关于美国总统签署的被制裁事项的文件和名单，或授权 OFAC 进行制裁。

7. 其他机构

美国法律制裁体系是一套程序复杂、维度较广的法律体系。除上述机构外，美国还有其他诸多机构来共同维护美国的制裁体系。

二、美国经济制裁的种类

1. 一级制裁

一级制裁的英文全称是 Primary Sanction。美国采取的一级制裁是指美国限制美国人（United States Person）（包括美国人所有或控制的境外实体，或在美国境内居住的外国人）与名单上的被制裁国家、企业、个人进行经贸往来的制裁行为。此外，一级制裁还限制那些具有美国因素的间接交易，包括涉及美国人、美国金融系统或是原产于美国的货物、服务或技术的交易。

（1）美国人。美国制裁中的受管辖的“美国人”既包括实体，也包括自然人。**实体**指在美国组建成立的法人组织，也包括这些组织的海外分支机构（Branch，不具有法人地位），所以在美国制裁中具有独立法人性质的组织及其分支机构也被定义成美国人。另外，美国还明确由美国人控制或者是控股的外国企业也被定义为美国人，美国对其也具有管辖权。**自然人**指美国公民和美国绿卡的持有者，且不考虑其住所地址因素。如果美国公民和绿卡持有者长期居住在外国，只要他们违反了美国制裁的规定，那么即使事实发生在美国境外，美国对他们也具有管辖权，因为他们被界定为美国人。

此外，美国认为，外国人指使、帮助、教唆美国人或与美国人密谋参与一些导致美国制裁的行为也属于此类管辖，因为在这种情况下发生了与美国产生联系的事实。另外，实体使用美元进行结算和清算的交易，也被美国认为对其有管辖权。

（2）涉美产品和技术。涉及美国原产地的一些产品和技术也会使实体面临被制裁的风险。比如，A 国一家企业帮助他的客户购买了原产地是美国的技术产品，然后把该产品转运到了被美国制裁的 B 国某企业，那么就会导致 A 国企业被 OFAC 处罚。

（3）商业活动。在美国境内发生的违反美国制裁规定的一些行为或者是商业活动，美国也认为对其具有管辖权。常见的一种情况是，外国企业的雇员或者代理人代表企业进行活动，且此人为美国人，这种情况有可能会被美国定义为和美国存在联系，从而对该外国企业使用管辖权。

（4）国家与区域类制裁。美国的制裁一般通过发布制裁公告来体现，它的制裁还涉及对国家和区域的制裁。国家与区域类制裁即对任何来自被制裁国家的实体、个人、组织，美国禁止美国人、外国人与其有任何生意上、贸易上、投资上的往来。

违反美国一级制裁的后果包括民事、行政及刑事罚款。特别是在刑事方面，还可能被处以监禁，且包含对个人监禁的处罚。对作为个人的企业高管来讲，若违反了美国制裁的规定，可能会被禁止或者限制进入美国，即无法获得美国签证。

2. 二级制裁

二级制裁也称“次级制裁”，其英文全称是 Secondary Sanction。二级制裁为美国政府授权 OFAC 或国务院专门对非美国企业和个人实施的制裁，即使在与美国没有任何联系的情况下也是如此。二级制裁并不属于法理或者诉讼法意义上所讲的司法管辖权，也并不要求所管辖的对象一定要和美国建立某种关联或者联系。因此，二级制裁不是法律意义上的针对违法违规的处罚，我们可以把它简单理解为美国对违反美国制裁规定的实体和个人在经济上的一种威慑或震慑措施。

（1）美国的威胁、震慑。对企业来说，如果某企业违反了美国制裁条例，那么美国可以限制该企业进入美国的金融市场或者进入美国的金融系统；若该企业已经存在于美国的金融市场，那么美国就可以将该企业驱逐出美国的金融市场或金融机构。对个人来讲，美国可以拒绝个人入境。美国通过将企业和个人加入制裁名单这一行为，从而对他人进行威胁与震慑。

（2）外国人。美国的二级制裁的另一个特点是，威胁与震慑的对象是外国人，即没有美国国籍的个人或实体。此类外国人的交易、活动均在美国以外进行，看起来跟美国似乎没有任何实质上的联系，但是，美国还是可以对其采取一定的经济上的威慑手段，禁止其和被美国制裁的国家及对象进行合作。比如，一些外国人若直接或者间接参与了被美国制裁的国家或区域的项目，那么，为了震慑这些外国人不得从事对美国国家安全和外交利益构成威胁的危险性活动和交易，美国会对此类外国人或者实体实施惩罚，将其列入制裁名单中。

另外，美国通过一些立法，禁止此类外国人对某些可能将被美国加入制裁名单的实体和个人提供实质性的帮助，即在美国还没有将那些实体和个人加入制裁名单的时候，美国通过一些立法形式来禁止外国人对这些可能会被美国加入制裁名单的对象提供实质性的帮助。常见的如美国总统发布的相关的行政命令和法案等。

三、对不同实体的制裁管控

美国对协助被制裁个人或实体的外国金融机构也有严格的管控。如果外国金融机构明知交易对象是被制裁个人或实体，却仍然与其进行重大交易，那么美国也会把该金融机构列入二级制裁名单中，并通过禁止给该机构颁发美国金融牌照的手段将该机构驱逐出美国的金融市场。具体的制裁措施如下。

- 冻结被制裁对象在美资产。
- 禁止美国个人、美国企业（包括其外国分支机构）与被制裁对象有任何关于资产的交易。
- 外国人或机构不得从事与被制裁对象在美，或受美国司法管辖的资产有相关的交易。
- 外国金融机构（即便与美国没有任何联系），因为故意违反上述制裁规定，也可能被美国列入制裁名单中，如：

——商业银行、信托公司；

——外国银行在美国的代表处或分行；

——证券公司；

——投资银行或投资公司；

——保险公司。

外国金融机构违反制裁规定的后果包括：丧失来自美国金融机构的信贷；丧失销售美国国债的资格、外汇交易的资格；丧失从美国采购商品、技术或服务的资格；丧失获得来自美国的投资、购买的资格；企业股东、高管入美受限及引发外国银行的顾虑，影响与其合作；等等。

四、50% 规则及应用

美国一级制裁遵循 50% 规则（Fifty Percentage Rule）。50% 规则，即如果一家企业被列入美国的 SDN 名单中，其资产是被冻结的，那么由这家企业控股或者持有 50% 及以上股权的其他企业也是属于 SDN 名单制裁项下的企业。即使这些下属企业没有被美国直接列入 SDN 制裁名单中，或在相关名单数据库里查询不到这些企业的名字，但是鉴于 50% 规则将导致其下被控股的企业也直接或间接地属于被美国冻结资产的对象。50% 规则特别体现在对美国一级制裁下 SDN 名单的使用上，因为该名单明确提及适用 50% 规则。

案例分享

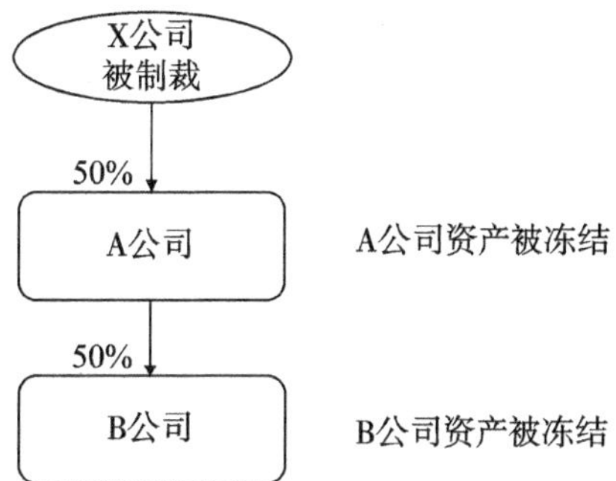

X 公司是一家被美国制裁的公司（即 X 公司已被列入 SDN 名单中），其资产已被冻结。X 公司拥有 A 公司 50% 的股权。

提问 1：A 公司是否属于资产被冻结的对象？

答案 1：属于。

解析 1：X 公司持有的 A 公司的股权达到了 50%，故 A 公司也属于资产被冻结的对象，A 公司也相当于被列入了美国的 SDN 名单中（即 A 公司无法通过查询 SDN 名单直接被搜索到）。

提问 2：如果 A 公司持有 B 公司 50% 及以上的股权，那么 B 公司是否属于被美国冻结资产的制裁对象？

答案 2：属于。

解析 2：A 公司已经属于资产被冻结的对象，由于 A 公司持有 B 公司 50% 及以上的股权，因此 B 公司也属于被美国冻结资产的对象。也可以理解为 X 公司间接对 B 公司持有 50% 及以上的股份，所以 B 公司也属于资产被冻结的对象。

即使合规人员在制裁名单数据库只能查到 X 公司的名字，也并不意味着 X 公司下属的 A 公司、B 公司就不属于被制裁的对象。所以，如果公司实际上是在和 A 公司或者是 B 公司进行合作，必须严格调查该公司的股权架构，查看 X 公司对 A 公司、B 公司的直接和间接持股情况，然后再判断其是否为被美国制裁的对象。

五、被禁止的规避行为

（1）任何违反或者导致违反美国制裁法律的行为均被美国认为是违法的，例如：

- 利用美国金融系统或美国金融机构，导致美国的银行违反美国制裁规定；
- 外国公司逃避美国制裁的行为。

（2）美国人协助“第三方”触犯美国制裁法律也属于违法行为，例如：

- 帮助和支持；
- 介入商业和法律策划、决策；
- 参与商业谈判和交易文件的审批、审核；
- 帮助外国人规划或推动被制裁的交易。

并且，“美国人”不得为了协助被制裁的交易，修改公司或者非美国关联公司的政策与流程；比如，某些交易（如超过一定金额）需要美国母公司授权，为了推动被制裁的交易，修改后的政策允许海外子公司自行决策。

“美国人”不得将被制裁的交易引荐给“非美国人”，例如，来自被制裁国家的公司询价，美国公司应拒绝且不得将此商业机会推荐给外国公司。

15.4.2 美国的出口管制

贸易出口管制是指美国相关机构根据美国的 EAR，通过实体清单和其他出口管制清单，管控向特定最终用户出口受 EAR 管制的物项，以实现维护美国国家安全及外交利益的目标。

一、出口管制的相关机构

1.BIS

BIS 在出口管制中担任重要角色。根据授权，BIS 负责商业管制清单中出口管制分类编码的修订和执法工作，并通过 EAR 实施具体出口管制，还代表美国参与国际四大多边出口管制机制的活动。

BIS 以三大清单的形式限制技术输出——被拒绝人清单（Denied Persons List，DPL）、未核实清单（Unverified List，UVL）和实体清单（Entity List，EL）。DPL 涉及违反出口管制法律法规的实体；UVL 针对无法进行最终用途审查的实体；EL 列举从事威胁美国国家安全和外交政策活动的实体。

2. 美国财政部

美国财政部负责对金融清单的管控。

3. 美国国务院和国防部

美国国务院和国防部负责对美国军品的管制。

二、管控对象

1. 对物项的管控

BIS 对物项进行了分类，分为民用物项、军品、特定产品技术及军民两用物项，并对后三项实行出口管控。以下重点介绍军品管控及军民两用物项管控的相关内容。

（1）军品管控

军品出口管制法律体系主要由《武器出口管制法》（AECA）及其施行条例《国际武器贸易条例》（ITAR）构成。军品管制是美国政府针对用于军事或防务目的的装备、专用物项和技术（下称“军品”）的出口管制。

目前，美国军品管制由美国国务院和国防部负责。ITAR 规定有关出口、再出口或转移军品，将军事技术数据发布给外国人，国防服务活动，以及涉及禁止国家和不合格主体的活动都需要受到管制。美国国防部的 DDTC 通过军品管制清单（USML）规定具体受管制的军品目录，主要包括航空器、战舰、导弹、枪支等产品。这些产品一般与大多数企业并不相关，仅适用于与军品相关的企业。ITAR 不仅适用于美国实体，也要求非美国实体不得直接协助或利用美国实体从事违反出口管制的活动，否则其会受到处罚。

（2）军民两用物项管控

军民两用物项（Due-dual-use items）是指具有民用用途，以及与恐怖主义和军事或大规模毁灭性武器用途有关的产品。美国军民两用物项出口管制法律体系主要由《出口管理法》（EAA，已失效）、EAR 构成。《出口管理条例》是美国管制军民两用产品及技术出口的主要法规，其核心内容是限制或禁止任何企业、个人向特定国家或该特定国家的主体出口受管制的物项。

目前，EAR 主要从产品、国家、主体和用途四个方面实施出口管制。受 EAR 管辖的产品不仅包括所有位于或原产于美国的产品，还包括含有超过特定比例的受控美国来源成分的非美国产品，以及直接采用美国技术或软件生产的直接产品。EAR 还限制出口、再出口任何与禁止的最终用途相关的物项，如用于大规模杀伤性武器、核、化学和生物用途及海上核驱动。

2. 对实体的管控

美国对个人、企业、机构甚至船舶都实行清单管理制度，对国家主要实行全面制裁和基于特定行业的制裁。对实体而言，在未取得许可的情况下，EAR 禁止任何人向 DPL、EL、UVL 的实体或个人出口或者再出口任何受 EAR 管辖的产品。

三、重点清单

美国出口管制的核心在于对最终用户的控制，最终用户是否在清单上也几乎决定了美国出口许可证的发放。BIS 目前制定了四份清单以对其认为存在风险的最终用户加以管制，即 EL、DPL、UVL 及特别指定人员清单。除 BIS 发布的清单外，若交易对象处于 OFAC 发布的特别指定人员清单中，也不得在未获得美国相关机构发布的出口许可证的情况下从美国境内向其转运受控产品。表 15-3 所示为美国出口管制重点清单。

表 15-3　美国出口管制重点清单

清单名称	管控要素	重点措施
EL	BIS 出于国家安全、反恐、外交利益等方面考虑	出口需要申领出口许可证
	未经许可，不得向该实体出口受 EAR 管辖的物项	
	适用拒绝推定，且多数情况下不适用许可例外	
DPL	BIS 惩罚违反 EAR 等美国出口管制法律法规的对象的措施之一	任何人不得向该清单上的公司出售任何产品
	通过签发拒绝令（Denial Order）限制相关主体的进出口权限	
	此许可要求几乎相当于禁止，且多数情况下不适用许可例外	
UVL	适用 BIS 无法获取或核查最终用途的情形	出口商须信息完整
	未经许可，不得向该实体出口受 EAR 管辖的物项	
	限制适用许可例外	
军事最终用户清单（Military End User）	被 BIS 认定为军事用户	出口需要申领出口许可证
特别指定人员清单	OFAC 针对特定外国组织、支持恐怖主义的组织、国际贩毒组织等制定的经济和贸易制裁清单	不得在未获得美国相关机构发布的出口许可证前在美境内向其转运受控产品
	清单主体位于美国境内或处于美国人控制的所有资产，都将被冻结或封锁	

EAR 通过许可证制度对受控产品出口至各国的行为实施管制。BIS 管理的商业管制清单规定了每个受管控产品的出口管制分类编码。根据某物项的出口管制分类编码可以确定其受控原因，将受控原因与商业国家列表（Commerce Country Chart，CCC）进行交叉对比后，即可确定该物项出口至某国是否需要许可申请。一般来讲，特定物项的出口管制分类编码通常会指出其所适用的许可证例外。

四、相关责任

若违反 EAR 规定，不需要证实相关主体有违法意图或认知，相关主体也可能受到美国的惩罚。行政处罚包括最高 30 万美元（根据通货膨胀调整）或违法获益或造成损失金额的两倍罚款（取其较高者），且违规主体自身也可能会被美国禁止出口权限。刑事责任指该责任为过错责任，需要证实违反出口管制规定的主体有犯罪意图或认知。刑事处罚包括最高 100 万美元的罚金，且犯罪的自然人或负责的高管可能会面临最长 20 年期限的监禁。

案例分享

2004 年至 2010 年，某国 ZL 公司旗下的美国子公司向某国提供产品技术服务。尽管 ZL 公司做了很多的“规避工作”，自认为不违反美国的出口管制，但美国政府还是认定其违规。ZL 公司相关的“规避工作”如下。

（1）设置“隔离公司”

ZL 公司利用被其有效控制的第三方公司来专门买卖美国原产货物到被禁运国。第三方公司充当隔离公司的作用，目的是代表该公司购买美国产品，并向被禁运国出口美国产品，以充分掩盖 ZL 公司的目的。使用第三方隔离公司旨在为运往被禁运国的美国原产货物提供渠道和缓冲，意图使整个交易模糊不清，消除 ZL 公司将美国产品转口到被禁运国的嫌疑。

（2）海关申报不实

随着违规业务数量的增加，ZL 公司将其采购的受控美国产品与不受控的本国产品混合包装，并故意在进出口的报关单上没有填写受控美国产品。ZL 公司在包裹单上的邮寄物品栏一处用约定代号来指代违禁商品，以逃避海关和港口当局的检查，方便受禁用户收货。

（3）事发后消除违规证据

ZL 公司多次向被禁运国出口美国产品的事情败露后，在配合美国政府机构调查期间，公司高管召开内部会议，指示将本公司现有的内部通信和文件中凡出现被禁运对象的字词一概删除；并专门组建了一支 IT 团队来协助业务部门删除公司内部数据库中有关违规业务的记录。

2015 年，ZL 公司向美国政府认罪，同意支付数亿美元的罚金，并雇佣独立的合规顾问来审核公司的内部交易政策和程序。

15.4.3 应对措施

企业合规人员在进行有关经济制裁与出口管制的合规管理时，要以防范长期风险为目的。合规人员可以参考相关管控机构发布的符合自身要求的合规管理体系建设的指导意见。以 OFAC 为例，OFAC 鼓励受美国司法管辖的组织、在美国或与美国进行业务往来的外国实体、美国人，采用基于风险的方法，通过制定、实施和定期更新制裁合规程序来应对制裁所要求的合规措施。根据《OFAC 合规承诺框架》，各制裁合规计划应至少包括五个合规基本要素，分别是管理层承诺、风险评估、内部控制、监测和审计及培训。《OFAC 合规承诺框架》鼓励企业在设计或更新其合规管理体系时采用风险导向的方法。在该框架的语境下，风险是指“如果忽视或处理不当，可能导致违反 OFAC 规定的潜在威胁或漏洞”。OFAC 推荐的方法是进行持续的风险评估，以宣贯合规政策、程序、内部控制，并通过培训降低企业风险。

除了建立预防经济制裁与出口管制的合规管理体系外，企业还要特别注意对相关名单的管理。在进行境外贸易往来时，企业合规人员要在交易前充分掌握以下情况。

- 交易对象是否属于被管控对象，是否在相应的制裁清单中？
- SDN 制裁对象是否持有目标企业 50% 及以上股份？
- 交易对象的母公司是否为美国企业？
- 交易对象是否是美国企业控股？
- 交易对象是否用美元进行结算、清算？
- 交易对象是否采购原产地是美国的产品？
- 交易对象是否与被美国制裁的国家、区域、企业或人员有交易往来？
- 交易对象是否构成与美国有联系（谈判、合同、交易活动等）？
- 交易对象是否参与或协助了违反美国制裁的活动？
- 若有必要，交易对象是否提前申请了相关许可证？
- 若相关实体、个人已在名单上，是否及时申请了清单的移除？

经济制裁与出口管制并不局限于某一国家或地区，企业应密切关注经济制裁与出口管制的发展动向，评估企业将开展的商业活动，如合资并购、商业合作、进出口贸易、启用第三方、商业活动发生地等可能给企业带来的商业风险，如违约、冻结等，以及违规风险，如被列入制裁名单、丧失出口特权、罚款、合规整改、刑事起诉等。

案例分享

不久前，红星公司被 A 国国防部列入黑名单。投资禁令要求 A 国投资者必须在规定时日前，出售持有的红星公司的所有证券。

合规人员李明认为 A 国政府的做法不合理，并咨询了律师。此后，红星公司向 A 国的一家法院提起诉讼，要求将该公司从这份名单中剔除，称这种做法是“不合法且违宪的”。

最终，A 国政府颁发了最终判决，解除了 A 国国防部对于该公司身份的认定，正式撤销了 A 国投资者购买或持有该公司证券的全部限制。

15.5　关于多边银行合规管理

多边银行合规管理是指由世界银行、亚洲开发银行、非洲开发银行、欧洲复兴开发银行、美洲开发银行等组成的国际多边开发银行对其相关项目所要满足的合规要求进行的管理。通常，多边开发银行会对其资助的项目进行合规管控，确保项目不存在不当行为，并保证多边开发银行托管资金的正当使用。一旦发现违规行为，多边银行之间也会进行交叉制裁，即某家银行对其项目实体进行制裁，会同时被其他银行认可和执行，即违反一家银行的规定后，实体将无法参与所有多边银行的项目。

对于多边银行的合规管理规定，主要集中在对项目中涉及欺诈、腐败、共谋、强迫等违规行为的管控。对于合规管理的要求，需要满足多边银行颁布的相应规定和指引，如世界银行颁布的《世界银行集团诚信合规指南》、亚洲开发银行颁布的《廉政原则和指南》等。各多边银行对合规管理的要求大致类似，合规人员可以分析企业当前及未来的合作项目，以主要合作银行的要求为指引，进行多边银行合规管理体系的建立。

以《世界银行集团诚信合规指南》为例，其要求企业主要从以下方面建立或完善诚信合规管理体系，落实诚信合规计划。

- 企业行为准则或类似文件或往来函件中需明确规定并明确禁止任何形式的不当行为，无论直接的还是间接的，无论通过其有效控制下的代理人还是其他中间人。
- 高级管理层和董事会或类似机构需坚定、明确、清晰且积极地支持并承诺贯彻实施诚信合规计划，同时为管理层的诚信合规计划的制订和实施提供指导、资源和积极支持，并对诚信合规计划的内容和运作有所了解，对诚信合规计划的实施和有效性进行合理监督。

- 企业必须让企业全体员工知悉，遵守诚信合规计划是一项强制性规定，是各层级人员的责任。
- 企业需定期梳理、审查适用的合规规范，并定期审查诚信合规计划在预防、侦查、调查和应对各类不当行为方面的适宜性、充分性和有效性。
- 企业需制定并有效落实企业合规管理制度，范围应包括员工的尽职调查、限制与前公职人员的关系安排、馈赠、接待、娱乐、旅行和开支、政治捐款、慈善捐款和赞助、通融费、记录保存、防止欺诈、共谋和胁迫行为等。
- 企业需制定并落实针对商业伙伴的合规管理制度，范围应包括对商业合作伙伴的尽职调查、向商业合作伙伴告知诚信合规计划，要求商业伙伴遵循诚信合规计划等。
- 企业需制定并落实有效的内部控制制度，对企业的财务、会计、记账及其他业务活动进行制约，妥善公正地记录所有的财务交易。
- 企业需制定并落实有效的合规培训制度，并定期宣传诚信合规计划，为员工提供有效的合规培训。
- 企业需制定并落实有效的奖惩制度，以激励员工切实遵守企业的诚信合规计划，并对违规行为持零容忍态度。
- 企业需制定并落实有效的报告制度，建立顺畅的沟通及举报渠道，使员工能及时寻求帮助，或提出改进建议而无须担心遭到报复。
- 企业应通过与商业组织、行业组织、专业协会和民间社会组织进行交流，为提高经营中的合规标准、操作中的透明度及明确相应的问责制做出积极贡献，从而鼓励和帮助其他企业制定内控、道德、诚信合规计划。

在建设符合世界银行或其他多边银行的合规管理体系后，企业也有可能因管理的疏漏出现问题，接受世界银行或其他多边银行的调查。企业可以积极与多边银行进行沟通，争取将损失最小化。以世界银行为例，世界银行允许被调查机构在处罚决定做出前，积极主动与世界银行进行沟通和商谈，以便达成和解协议。被调查方通常在和解协议中答应满足一定的条件和要求，以换取免于处罚或减轻处罚。在世界银行廉政局发给被调查方的调查函中，通常会提出一个初步的处罚幅度，作为与被调查方进行和解谈判的基础。

练习

多边开发银行合规管理指的是由以下银行组成的联盟组织对相关项目所要满足的合

规要求进行的管理？[①]

（1）世界银行。

（2）亚洲基础设施投资银行。

（3）非洲开发银行。

（4）欧洲复兴开发银行。

① 答案：（1）（3）（4）。

第 16 章　突击检查

16.1　关于突击检查的基础知识

突击检查，也叫黎明突袭或政府临检，其英文全称为 Dawn Raids。

在合规行业，突击检查是指企业遇到的未经通知的临时检查，常见于相关机构对企业进行的反不正当竞争、反垄断等检查。在黎明时分就启动相关的检查动作，意在出其不意，让企业无法进行违规证据的转移和销毁。

闻名世界的西门子腐败案件就以突击检查的方式按下开启键。2006 年 11 月，德国警察包围了德国西门子总部，对西门子办公场所及德国全国范围内案件相关人员的住宅进行了突击检查。以一封匿名信为导火索，公共检察机关对西门子展开了腐败调查，揭开了西门子案件的序幕。

可见，突击检查是相关机构进行重大案件调查的重要工具。对企业来说，合规人员应当提前做好应对突击检查的工作，因为若遇到突击检查时处理不当，则有可能将事件的危害进一步扩大，给企业带来更严重的后果。特别提示，本章所指的需要进行提前管控的突击检查应对工作不包含政府或相关机构进行的日常检查工作，如消防安全检查等。

企业可能遇到哪些部门实施的突击检查呢？

- 市场监督管理局。
- 税务机关。
- 海关。
- 劳动监察部门。
- 环境保护部门。

- 质量监督检验部门。
- 公安机关。
- 检察机关。
- 法院。
- 国家安全机关。
- 其他政府调查机关。
- 当地组织。

练习

合规人员应当对以下哪些突击检查进行提前管控？[①]

（1）反腐败检查。

（2）反不正当竞争检查。

（3）消防安全检查。

（4）人员普查。

16.2　应对突击检查的操作方案

对企业来说，无论在中国境内或者境外，都有可能遭遇突击检查。突击检查时，检查人员除了在现场对相关人员进行询问外，也会对企业的文档、电子信息等进行搜查。随着中国企业全球化业务的开展，服务器和设备数据在大多数调查中就变得比纸质文件更为重要。例如，当地政府的突击检查对企业提供的文档存在要求，这些文档可能包括对客户文件和通信的数据转储的要求，以及对移动终端设备数据的强制要求（无论针对企业移动终端还是个人移动终端）。

16.2.1　突击检查的方式

一、混合式突袭

各国政府一直在进行混合式突袭，即一些突袭小组到达企业的办公室，而另一些突袭小组则同时到达关键人物的住宅。针对此种突袭方式，合规人员务必保证企业相关员工提

① 答案：（1）（2）。

前知晓基本应对措施，并且充分了解进行突击检查的机构，如当地政府有权在任何工作场所、业务开展场所或员工所在地（包括家里）对员工进行询问。

二、伪装式袭击

伪装式突袭可能会出现在企业正常的经营活动中，如一些内部会议、内部讨论。它的形式通常为：当地政府要求与企业高级管理人员进行面对面的会议，并在当天发出正式通知，要求企业提供某些数据，随后很快就会要求企业提供其他数据，且相关成本均由企业承担。

16.2.2 如何应对突击检查

一、制度与流程的制定

合规人员应当确保企业已有恰当的应对突击检查的制度和流程，且需要及时审查制度与流程的有效性，并考虑是否需要更新这些内容。更新的要点包括当地政府最新的法律法规、最新的实践经验及对人员进行意识更新等。同时，合规人员可以向相关司法管辖区的外部法律合作方、相关的供应商等提供遭遇突击检查时最新的紧急联系方式，以保证一旦遇到突击检查，涉及人员可以立刻进行咨询和求助。

如果企业没有制定相关的应对突击检查的制度和政策，那么合规人员需要立刻进行补缺，并形成固定的文件，且对有可能涉及的所有人员展开培训。通常，应对突击检查可以用流程设计的方式展开（见表 16-1）。

表 16-1　应对突击检查的简要流程（样例）

时间轴	责任人	关键点	动作
检查人员到达企业	前台或保安	（1）请检查人员出示证件并申请对证件的复印 （2）带入封闭会议室 （3）不要和检查人员就检查内容进行讨论	立刻通知当前在办公室的最高管理者
检查人员沟通	领导层、合规官或法律顾问	（1）会见来访者并问明来访意图 （2）查阅相应来访授权文件并仔细核对信息 （3）依照来访人员目的，成立配合检查的工作组并指定专人全程配合	（1）如果来访原因较严重，立刻通知最高领导层 （2）通知公关部控制内部舆论发酵

（续表）

时间轴	责任人	关键点	动作
检查人员开始检查	领导层、合规官或法律顾问	（1）全程陪同 （2）检查人员复制电子数据，特别是电子邮件时，工作组成员应当仔细观察并应陪同检查人员检查电子数据 （3）若检查人员开始查看或者复制无关的文件或数据，工作组应当立刻告知 （4）工作组应当复制所有被检查人员带走的文件和物品的清单	检查中若遇到严重问题，工作组应及时通知企业领导层
检查人员离开办公区域后	领导层、合规官或法律顾问	（1）被检查部门应仔细梳理所有被检查人员带走的材料并尽可能建立起检查人员所调查问题的全貌 （2）根据检查人员收集的信息，企业应初步评估事件的情况及风险	公关部控制舆论的发酵及本次检查在企业内部和外部的传播范围

二、实施培训

突击检查的应对核心在于企业内部的应对小组要对相关的应对流程非常熟悉。应对小组应当接受最新的关于突击检查应对流程的操作培训，了解当地政府最新的突击检查政策和相关应对方式。合规人员要确保所有核心小组成员时刻了解企业内部文件的保留和存储方式，明确知晓如果遇到突击检查事件时应当联系哪位负责人，并知道可以到哪些员工的住宅进行询问。

三、规划数据

合规人员要辅助信息部门建立一个定期更新的企业数据管理地图，以了解相关数据的存储路径，如什么数据存储在哪里、由谁存储，以及员工或企业的设备、笔记本电脑等是否允许被远程访问，等等。

四、实践与更新

合规人员要组织进行对突击检查的模拟演练，以确保相关的政策和程序在实践中发挥作用，并在模拟后进行改进和优化。合规人员应当依照人员的更替和外部环境的变化来更新突击检查的制度和流程，并且密切关注当地政府的相关法规的更新，以便及时调整企业内部应对突击检查的方法。

练习

以下在突击检查中做法错误的是？[①]

（1）前台复印来访检查人员的证件。

（2）前台将检查人员带领至茶水间。

（3）业务人员担任企业检查小组的负责人。

（4）对检查人员要求查阅的资料有求必应。

① 答案：（2）（3）（4）。

第 17 章 其他合规管理的重点领域

17.1 反不正当竞争合规

反不正当竞争合规指的是依照《反不正当竞争法》中规定的内容进行合规管控。《反不正当竞争法》旨在防止市场主导者排除其他竞争，或与其他市场参与者暗箱操作从而导致消费者无法获得最佳的购物选择。合规人员在进行企业反不正当竞争合规管理的设计时要考虑相关的立法目标。

对国内企业而言，当前政府部门对不正当竞争的违规行为惩处力度非常大，尤其在一些违反反不正当竞争合规管理的高风险行业体现得更加明显，如高专业壁垒的软件行业、高科技行业、互联网行业，或有绝对主导地位的如石油、电信行业等。合规人员要保证员工充分了解公平竞争的规则，同时还应教导员工在日常业务中对疑似不正当竞争行为的预警信号进行发掘与汇报。

依照相关法规的内容，反不正当竞争合规主要对以下 11 种不正当竞争行为进行重点管控。

（1）虚假宣传行为，是指经营者利用广告或其他方法对商品质量、制作成分、性能、用途、生产者、有效期限、产地等作引人误解的虚假宣传的行为。

（2）市场混淆行为，即经营者采用假冒他人注册商标；擅自使用知名商品特有的名称、包装、装潢，使用与其相近似的名称、包装、装潢，造成和他人的知名商品相混淆的；擅自使用他人的企业名称或者姓名、引人误认的；在商品上伪造、冒用认证标志、名优标志等质量标志，伪造产地，对商品质量作引人误解的虚假表示的行为。

（3）滥用优势地位行为，是指公用企业或者其他依法具有独占地位的经营者，限定他人购买其指定的经营者的商品，以排挤其他经营者公平竞争的行为。

（4）商业贿赂行为，是指经营者采用财物或者在账外暗中给对方单位、个人以回扣等其他手段进行贿赂，以销售或购买商品的行为。

（5）强行搭售行为，是指经营者违背购买者的意愿搭售商品或者附加其他不合理的条件销售商品的行为。

（6）不正当有奖销售行为，主要包括三类，即欺骗性有奖销售、借机推销质次价高商品的有奖销售、最高奖金超过 5000 元的抽奖式有奖销售。

（7）侵犯商业秘密行为，主要表现为三种：以盗窃、利诱、胁迫或其他不正当手段获取权利人的商业秘密；披露、使用或者允许他人使用以前项手段获取的权利人的商业秘密；权利人的职工或者与权利人有业务关系的单位和个人违反合同约定或者违反权利人有关保守商业秘密的要求，披露、使用或允许他人使用其所掌握的权利人的商业秘密的行为。

（8）滥用行政权力行为，是指对市场经营活动有影响力的行政主体，出于地方利益或小集团利益，违反法律或公认的市场规则故意对市场进行干预，妨碍正当的市场竞争行为；也指来自经营主体外的直接或间接行政权力作用下的强买强卖的行为。

（9）亏本销售行为，是指经营者以排挤竞争对手为目的，以低于成本价格销售商品的行为。

（10）商业诽谤行为，是指经营者捏造、散布虚假事实，损害竞争对手的商业信誉、商品声誉的行为。

（11）串通招标投标行为。我国《中华人民共和国招标投标法》规定，在招标投标活动中，招标人不得有下列行为：以不合理的条件限制或者排斥潜在的投标人；对潜在投标人实行歧视待遇；向他人透露已获取招标文件的潜在投标人名称、数量以及可能影响公平竞争的有关招标投标的其他情况；泄露标底；强制投标人组成联合体共同投标，限制投标人之间的竞争；等等。投标人不得有下列行为：投标人之间串通投标报价；与招标人串通投标，向招标人或者评价委员会成员行贿以谋取中标；以低于成本的报价竞标；以他人名义投标或者以其他方式弄虚作假，骗取中标。

上述的 11 种行为，其中 4 种属于限制竞争行为，分别包括滥用优势地位行为、强行搭售行为、滥用行政权力行为及串通招标投标行为，另外 7 种属于不正当竞争行为，分别包括市场混淆行为、商业贿赂行为、虚假宣传行为、侵犯商业秘密行为、亏本销售行为、不正当有奖销售行为及商业诽谤行为。其中，企业对商业贿赂的合规管理可以和反贿赂与反腐败的合规管理主题进行合并管理；侵犯商业秘密的管理可以与数据安全的合规管理主题进行合并管理。至于其他相关的反不正当竞争的管理，合规人员需要事先评估该内容与企业的相关性及风险程度，再确定如何进行相应的管控。

17.2　高管行为合规

合规人员对高级管理层的合规管理要区别于其他员工。通常，高级管理层所涉及的合规义务要远多于普通员工，而且一旦违规，高级管理层的违规行为会给企业带来更大的冲击。因此，对高级管理层的合规意识及合规行为的要求要远高于普通员工。

当前，境外一些国家的执法方向已经从侧重于对企业执法而调整至对关键人的一并执法。以美国为例，一旦关键人所服务的企业具有贿赂行为的嫌疑或被调查，该企业的高管也将处于美国政府的监控和管辖中。对于企业高管，尤其是对负责境外经营业务的管理者来说，其需要格外明确哪些风险可以通过合规管理所控制，而哪些风险是绝对不可触碰的红线，其应避免成为境外国别管辖下所列示的高风险人物。企业高管需要满足的日常合规管理基本要求如下：

- 在企业范围内弘扬道德操守并遵守相关法律和政策；
- 为所管理的团队树立榜样；
- 及时妥善地上报已知或疑似的违规问题；
- 在得到允许的情况下，将合规性纳入绩效考核范畴；
- 确保所需的相关培训落实到位。

除基本要求外，合规人员对企业高管的合规管理工作也需要聚焦在具体的合规主题领域，依照不同高管具体工作职责的不同来确定。此外，企业高管也应当起到对下属的合规行为进行监督的作用，如监督下属是否参与到违规决策中，或下属在进行相关申请时是否仔细对预警信号进行了检查。

17.3　反舞弊

舞弊指任何以欺骗、隐瞒或违背信用的手段进行的非法行为，且这些行为不依靠暴力和胁迫。例如，个人或组织为获取金钱、财产或服务，或为避免付款或提供服务，或为获得个人或组织私利等目的都有可能产生舞弊。舞弊按行为对象可分为三类：贪污、资产侵占及财务舞弊。

企业舞弊的产生可遵循史蒂夫·阿尔布雷克特（Steve Albrecht）提出的三角形理论，

其是由压力（Pressure）、机会（Opportunity）和自我合理化（Rationalization）三要素组成的，如图 17-1 所示。

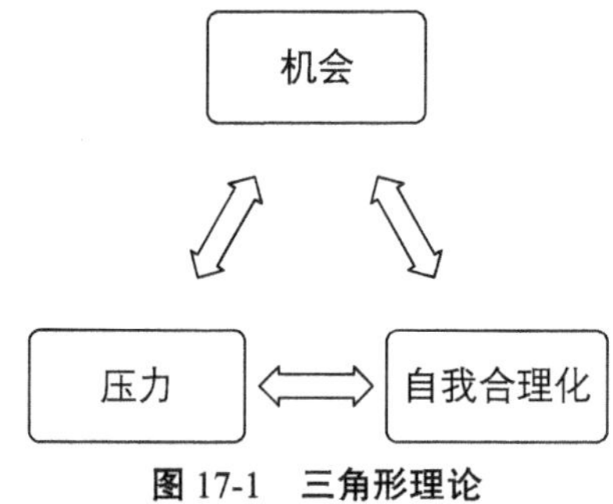

图 17-1　三角形理论

在合规实践中，反舞弊总是和财务相关的账目风险相关联，合规人员要与财务部门共同对反舞弊进行管控。对于反舞弊的合规管理，合规人员要做好以下几点。

- 设立专门的企业反舞弊监督机构，并制定反舞弊相关合规制度，如《反贿赂制度》《利益冲突制度》等。
- 了解识别舞弊的传统手段，如财务账目上的异常、关键人行为的异常等。
- 使举报渠道畅通，如员工与合作方的举报渠道畅通，一线人员发现舞弊风险。
- 除了企业内部合规审查，还要借助其他部门如内控部门提供反舞弊的帮助。

17.4　反洗钱

依照《中华人民共和国反洗钱法》（于 2006 年 10 月 31 日第十届全国人民代表大会常务委员会第二十四次会议通过）的规定，反洗钱是指为了预防通过各种方式掩饰、隐瞒毒品犯罪、黑社会性质的组织犯罪、恐怖活动犯罪、走私犯罪、贪污贿赂犯罪、破坏金融管理秩序犯罪、金融诈骗犯罪等犯罪所得及其收益的来源和性质的洗钱活动，依照本法规定采取相关措施的行为。

国内规定的洗钱罪更聚焦于“明知”，以及“毒品犯罪、黑社会性质的组织犯罪、走私犯罪的违法所得及其产生的收益”。若中国企业与境外有贸易来往或关联，且受到境外的相应管辖，需要遵守相关国家的反洗钱规制。反洗钱合规管理在金融行业应用广泛，其他行业企业的合规人员在进行反洗钱合规管理时要注意与财务人员进行配合。

境内和境外的相关法律均对洗钱行为的管控有严格的规制，且洗钱行为通常和反贿赂与反腐败行为相关联，如被指控违反美国的 FCPA 的个人可能还同时面临着洗钱罪名的指控。

17.5　劳动用工合规

企业应当符合境内相关的劳动用工规定，除此之外，劳动用工合规也常见于境外政府对属地员工的雇佣管理，内容包括人员招聘、劳动合同、日常管理、解雇与遣散等工作的规范性。其中，属地劳工指直接或者通过承包商、代理人雇佣而在机构或行业从事技术性或非技术性、物理的或者脑力的、业务拓展或文书写作工作的人。

一、对人力资源工作的辅助

合规人员应当协助人力资源部门开展对日常劳动用工的合规管理。合规人员应当负责企业在劳动用工过程中的规范性审查和监督，并提出合规性建议。当遇到重大合规风险时，合规人员需要及时向管理层汇报，并与人力资源部门共同开展相关调查工作。合规人员在进行对境外劳动用工的管理时，工作的重点在于对员工个人权利的维护，要符合当地劳动法的要求及国际劳工组织的原则，保证劳动者的人权，不能发生诸如使用童工或强迫劳工、人口贩卖或任何有悖诚信的行为。

二、对人员的合规背景调查

无论境内还是境外的劳动用工管理，合规人员均要对被招聘人的背景进行合规调查。通常，背景调查工作发生在人员入职前、转岗前或升职前。调查时需要关注调查对象在合规管理方面的表现。首先了解被调查人本人行为的合规性，了解其是否有违反企业合规管理制度的行为，甚至受到过相应处罚的情况。其次了解其在合规管理工作中的配合度，如合规培训的参与度及培训后的考核结果，或是否被牵扯进相关的合规案件之中。若调查领导岗位，还要考察其对部门合规工作的监管，如对下属人员合规管理工作的监督是否到位等。对人员的合规背景调查完毕后，合规人员要给出相应的报告及结论，并且出具具体的建议，比如：被调查人无违规情况，可以聘 / 任用；或被调查人有违规情况，不可聘 / 任用；等等。

三、对人员招聘的配合

合规人员应当配合人力资源部门进行人员的招聘和雇佣，把控招聘流程中的合规性。在招聘过程中，尤其在面试中，要保证对应聘人信息的获取不涉及以下内容。

- 应聘人现企业相关的商业秘密。
- 与应聘岗位不相关的个人隐私信息。
- 应聘人的种族、性别、残疾等情况。

四、处理合规举报

合规人员应当接受和处理关于合规事件的举报。合规人员要设置对于合规事件专门的举报渠道，如专门的举报邮箱、接收举报信息的电话等，且确保举报渠道的畅通。

对于境外举报渠道的设置，应当至少使用中英文双语。并且，要向项目的合作方，如劳务中介企业、供货商等开放举报渠道。有关举报渠道应当被写入与员工的劳动合同，以及与商业伙伴的合作合同中。

在进行合规案件处理时，合规人员负责所有类型案件的举报收集，收集后进行分类。其中，涉及反腐败案件的调查工作应当与纪检部门进行协作，确保符合党内相关要求。

17.6 固定资产合规管理

固定资产合规管理指的是合规人员对为生产商品、提供劳务、出租或者经营管理而持有的，使用寿命超过一个会计年度的物品进行的管理。合规人员的管理重点在于采取适当的措施以防止企业的有形和无形资产遭受不当使用、损害和损失，特别是防止对企业物质财产和经济资产的故意损害。

合规人员应当采取恰当的措施以防止公司的有形和无形资产遭受不当使用、损害和损失，以及确保企业员工正确使用企业资产，避免对企业资产造成损害和损失。通常，与合规相关的固定资产管理分为欺诈管理、盗窃管理及财产损害管理。

案例分享

合规人员李明接到举报，下属公司的 IT 经理发现该公司上个月的电话费用远远高于公司平均电话费用。经过仔细检查，IT 经理发现其中 30 000 元的电话费出自一条已经不再使用的电话线，其高度怀疑是黑客故意破坏从而导致公司遭受经济损失。随后 IT 经理向李明做了报告。

李明分析后，认为该事件确实属于合规部门对固定资产的管理范畴，应当立即启动相关调查工作。

17.7　地域合规

合规人员在进行企业合规管理体系的设计时，除了可以采用普遍适用的合规管理方法之外，还要特别注意合规管理体系的地域特色，比如，中国境内各地区可能在合规义务上存在差异，合规人员在进行不同地区的合规管理体系建设时要注意进行差别管理。同时，对于在境外经营的业务领域，各国、各地区的合规环境、合规义务差异巨大，合规人员必须在进行体系建设前进行详细的梳理和分析，才能有的放矢地建设合规管理体系。

17.8　其他

合规管理的内容涉及企业管理的方方面面，且由于企业经营的特点，每家企业的差异很大，很难穷尽，除了上述重点领域之外，还有诸如社交媒体、知识产权、财税合规等也是当前企业合规管理的重点内容。合规人员要根据企业的实际情况，分析相应重点领域，聚焦管理。

第 18 章　附件：重点文件

18.1 《商业道德与行为准则》（样例）

北京光曦国际咨询有限公司商业道德与行为准则

我们为什么要制定这份《商业道德与行为准则》？

自 2017 年成立以来，北京光曦国际咨询有限公司（下称“光曦国际”）凭借高标准的商业道德与行为在业界赢得了良好的声誉。通过公开、诚信、守法经营，我们形成了自身独有的公司道德文化。遵循这些商业道德与行为标准不仅能让我们的同事、客户、供应商、股东受益，还能加强我们与他们之间的关系。

作为一项共同承诺，本《商业道德与行为准则》（下称《准则》）具有十分重要的意义，适用于为光曦国际工作或代表光曦国际开展业务的所有个人和承包商。本《准则》的制定和实施有助于我们恪守自身的核心价值观和良好商业惯例，确保我们的所有行动都遵循适用的规章制度。同时，本《准则》为公司员工与承包商、咨询公司及特定第三方机构提供了共同适用的政策和最佳实践，从而确保他们在代表光曦国际开展业务时也能真正做到合理合法经营。当无法判断所做选择是否恰当时，请从本《准则》中查找相关的商业道德行为指导，并确保最终决定符合我们的核心价值观及适用的法律。

全体董事会成员及公司领导团队致力于按照本《准则》的规定开展业

务，并通过其帮助公司定下基调。若您在某种特定情况下不确定该怎么做，可参考本《准则》的规定。若您对本《准则》中的内容有任何疑问，请向管理团队、人力资源代表、法务与合规部、内审部咨询或拨打相应的服务热线进行咨询。（请访问公司内网并点击“商业道德与行为准则”这一链接，或可使用 ××× 上的网络报告功能上报信息。）光曦国际管理层的第一要务是在全公司范围内推广本《准则》并确保其能够落实到位，坚决杜绝对善意提出问题和建议的员工进行打击报复的行为。

非常感谢大家在日常工作中能够时刻遵守我们的《商业道德与行为准则》。放眼未来，我们每个人都应坚守自己的责任，继续遵循这些标准，不断巩固光曦国际的业界领导者地位。

此致

总裁兼 CEO：周鋊

核心价值观

择正道 立正行

在本《准则》中，“光曦国际”既指公司本身，也涵盖其相关子公司和附属公司。

为了规范我们的日常工作行为，特此制定了本《商业道德与行为准则》（下称《准则》）。本《准则》是光曦国际所有政策的基础和依据，在不确定或较为复杂的情况下，它能指导我们做出明智的决定，并有助于公司维持与员工、客户、供应商之间业已建立起来的信任，而这是我们不断取得成功的关键。此外，本《准则》还有助于我们更好地了解和遵守适用的法律法规，以及在我们不确定应如何应对某种特定情况时，给予必要的指导。

本《准则》适用于全体员工

本《准则》可使我们时刻谨记我们的共同目标：秉持我们的道德准则和价值观

为客户提供优质服务。因此，本《准则》适用于光曦国际的全体员工。正如我们在业务运营所在国遵循当地法律法规那样，所有员工也都必须遵循本《准则》的规定。因为我们重视道德操守，所以希望我们的合作伙伴和第三方机构也能够遵循这样的商业道德和行为准则。在光曦国际，公司的信誉和对本《准则》及适用法律的遵守远比商业机会更重要。

向谁寻求帮助

若您意识到某种行为已经或有可能会违背本《准则》、公司的其他政策或任何适用法律法规，在适用法律允许的情况下，您应将具体情况如实向公司汇报。向他人寻求帮助或将问题上报至部门经理或其他相关人员。当您遇到商业道德或合规问题时，可以向以下人员或部门求助：

- 您的经理、上级领导或您愿意与之交流的其他领导；
- 您的人力资源代表；
- 向法务与合规部发送求助邮件；
- 通过拨打道德服务热线或在线填写报告求助。

通过道德服务热线上报信息的处理方式

公司的道德服务热线全天 24 小时（包括周末）开通。拨打热线的员工可以放心地向经验丰富、独立办公的接线员上报情况。根据不同国家的法律，可通过道德服务热线和在线报告功能上报的内容可能有所不同。光曦国际通过第三方服务供应商处理此类事宜，以确保相关工作不违背当地的隐私保护法律。

我们的第三方服务供应商会使用本地语言接听您的电话。您在通话中提到的所有问题都将被记录下来并由专人处理。在尽可能合理和法律允许的情况下，公司将对员工上报的信息保密。

尽管有时候有些员工可能会（按照光曦国际的政策和当地法律）匿名举报疑似违规行为，但在某些特定情况下，公司可能很难甚至无法对匿名举报的问题进行彻底调查。鉴于此，请您尽量在上报信息时提供真实身份。光曦国际会遵守当地适用法律，尽可能地对员工上报的所有信息保密。

杜绝打击报复行为

光曦国际坚决杜绝针对那些为配合违规调查而善意提供信息的个人的打击报复行为。“善意”意味着如实完整地提供了所有了解的信息（尽管有些信息后来被证实并不准确）。

在不违背当地适用法律且得到公司与当地工会签署的协议，以及其他工会组织允许的情况下，恶意上报信息或打击报复善意上报信息人员的员工将会受到惩处。光曦国际非常注重员工权益的保护，因此坚决杜绝针对员工的打击报复行为。

违反本《准则》之后果

与本《准则》和公司政策相背离的行为也有可能违反相关法律。因此，无论这样的行为是否违法，均可能会对涉事人员甚至整个公司带来严重的后果。这样的行为不但会损害公司的信誉，对我们的利益相关者产生负面影响，而且还会对个人和整个公司造成损失，如需要交纳罚金和承担民事或刑事责任等。

对管理人员的特殊要求

公司希望所有员工在工作中都能秉承诚信原则，并遵守本《准则》的要求。除此之外，公司还为担任管理职务的员工设置了更高的要求，其中包括：

- 在公司范围内弘扬道德操守并遵守相关法律和政策；
- 为所管理的团队树立榜样；
- 及时妥善地上报已知或疑似的违规问题；
- 在得到允许的情况下，将合规性纳入绩效考核范畴；
- 确保所需的相关培训落实到位。

作为管理人员，还应确保表达观点或上报情况的员工知晓光曦国际杜绝打击报复的政策。如果发现或怀疑存在任何打击报复行为，应立即采取恰当的措施；若有任何问题、担忧或矛盾，应向法务与合规部或人力资源代表咨询。

培养团队精神

我们一直致力于营造相互尊重、相互关心的工作氛围，培养良好的团队精神，而这也正是光曦国际成为业界良好雇主的原因之一。

营造相互尊重的工作氛围

在光曦国际，同事之间一直相互尊重，善待彼此。这意味着，我们无法接受工作场合中有背离相互尊重原则的行为。这些令人无法接受的行为表现形式多样，如身体伤害、语言侮辱、性骚扰等。本质上，这样的行为会让工作环境变得令人不悦、骚扰不断或充满敌意。这类不当行为包括：

- 恶意的恐吓行为，如蛮横无理、聚众滋事或其他扰乱工作秩序的行为；
- 毁谤性或歧视性的玩笑或言论；
- 不必要的身体接触及口头或非口头的攻击性交流；

- 举止粗鲁；
- 传播色情内容；
- 对他人使用暴力。

若遇到或看到任何不当行为，应立即上报至部门经理或人力资源代表，或在当地法律允许的情况下拨打职业道德服务热线求助。光曦国际严厉禁止任何打击报复行为。我们保证善意举报不当行为的员工绝不会受到惩处。

问：光曦国际研究员思思是少数民族人士，几位同事经常拿她的民族开玩笑，而且还暗示她不胜任现在的工作。当思思制止时，他们坚持认为只是开个玩笑，并没有什么恶意。思思为此感到非常苦恼，同时也很反感他们的行为。在这种情况下，她应该怎么办呢？

答：思思应通过上述提到的渠道举报这种行为。骚扰行为形式多样，其中冒犯性言论就是其中之一。这几位同事再三冒犯思思，因此她应立即举报这种行为。骚扰行为不但违反了本《准则》，同时也违背了我们对同事间相互尊重的承诺。光曦国际严厉禁止这样的行为。

提倡多元化、包容性及尊重人权

光曦国际的员工具有良好的团队精神，因为我们尊重多元化的背景、观点及人才。同样地，文化理解不但有助于我们拓展业务，还可促进我们与利益相关者之间的交流和沟通。我们致力于创造公平的工作机会，并在所有的招聘和晋升过程中力求公平对待和关心每位员工，这样的承诺正是公司价值观的最佳体现。在光曦国际，员工的招聘和晋升主要以当地适用法律和员工的工作能力、业绩和经验为依据。

此外，光曦国际还尊重《世界人权宣言》《联合国全球契约》中的人权原则和劳工标准，因为我们认同这些文件中所强调的包容和尊重多元化的宗教信仰、世界观及道德标准的原则。作为行业领导者，我们力图鼓励可促进可持续发展的旅行方式、消除贫困及促进各国之间的相互了解。

关注工作场所健康与安全

公司致力于保持最严格的安全和员工保护标准。我们都有责任通过遵守公司所有的安全和安保程序及适用法律法规来实现这一承诺。例如，驾驶公司车辆或租赁车出差时，我们要遵守所有交通和驾驶法规。这样，我们就能够避免给自己和他人带来风险。如果您发现了不安全的工作条件，请立即向您的人力资源代表汇报。

禁止物品滥用

此外，我们应采用最安全的方式开展工作——包括禁止在滥用毒品、管制物品或误用处方药的情况下工作等。公司希望我们对此应承担起应有的责任，避免使用可能会影响正常工作或公司形象的任何物品。要牢记，不管其他人的行为如何，作为光曦国际的员工，我们在这方面应有正确的判断。

杜绝暴力行为

我们坚决不容忍任何形式的暴力行为，这是我们致力于提供安全工作环境承诺的内容之一。"暴力行为"指对他人威胁使用暴力或实施暴力行为，恐吓他人或试图让他人惧怕等。如果您在任何工作场所中发现了已实施的或潜在的暴力行为，应立即向您的人力资源代表汇报。

关注客户服务

通过提供高品质服务和展现良好的道德操守，我们确保为客户提供最佳的服务体验。

遵守我们的礼品赠送和招待政策

有时我们会通过赠送商务礼品和进行商务招待来发展和加深我们与客户及商业合作伙伴之间的关系。为了避免不当行为，甚至表面上看起来不正当的行为，我们都必须具备良好的判断力，确保商务赠礼或商务招待合情合理。如果因赠送礼品、收受礼物或提供招待而带来了责任问题，使我们遭受偏见或目的旨在影响商业决策，那么这样的行为不合理。

"赠品"通常为商品和服务，但可被定义为任何有价值的物品。例如，当提出为就餐或招待活动买单的人没有出席，则这样的招待活动可被认为是赠品。同样地，供应商因工作表现优秀而提供的免费机票也可被视为赠品。只有在符合以下所有的合理性标准时，我们才可能送出或接受赠品。

- 赠品价值适中或合理，而且不浪费（不超过 200 元）。价值超过 200 元的赠品（如体育赛事门票）或按照当地市场行情被认为价值过高的赠品应获得管理层的批准。
- 偶尔赠送。
- 赠送过程透明、大方得体，而且在适当的场合送出。
- 主动提供。

- 非现金或礼品卡等现金等价物。
- 未与第三方政策相冲突。
- 不属于法律限制或禁止的范畴。

在送出赠品时，应确保该赠品符合商业合作伙伴的礼品政策。在送出赠品前确定这一点非常重要。

“招待”指提供方和接受方均参加的招待活动，如就餐或体育赛事等。与礼品一样，我们只有在招待活动符合以上所有标准时才可以提供或接受招待。

欲了解关于本小节的更多信息，请参见光曦国际“礼品赠送和招待”政策。

与政府部门客户的互动

当我们与任何级别的政府人员接触时，要牢记应遵守更多且通常更严格的规定。例如，我们不应直接或间接向涉及采购合同的政府工作人员提供或赠送有价值的赠品。在这种情况下，“有价值的赠品”包括名义上看起来较为传统的商品，如免费饮料和花销更大的商务餐等。我们在与政府部门客户互动时也必须谨慎小心。这意味着，我们必须熟悉相关法规，而且在不清楚具体情况或不确定某位客户是否属于政府部门客户时应进行咨询。

正如我们对待所有的客户那样，我们在与政府部门客户打交道时必须诚实、准确。但相对于我们其他的企业客户和供应商，我们与政府部门客户的互动要遵守更严格的规定。这意味着，我们必须做到以下几点：

- 了解和严格遵守合同的所有要求；
- 确保提交给政府部门客户的所有报告、证明文件和陈述均包含了及时、准确和完整的信息；
- 合理分配时间和开支，包括针对特定合同的时间和开支安排；
- 按照合同要求保留记录；
- 仅针对特定用途使用政府资产，政府资产不得用于个人或非合同用途。

政府机构可包括我们的客户和某些第三方机构，其中包括我们的供应商及联合国等政府间组织。要牢记，政府机构的定义随地区不同而有所差异，这一点非常重要。

问：李文武正在帮助客户安排三位高管参加一场由光曦国际赞助的在云南举行的会议。他突然意识到，客户希望他能提供免费机票以便让这些高管的配偶也能陪

同前往。他知道这样的要求不合理，但这是一位非常有声望的客户，他不知道该如何婉拒这一请求。

答：首先，李文武需要确认客户是否真的有这样的要求。如果是，他必须保持礼貌，同时要表明配偶的差旅安排并不在他的职责范围内，他可以另行帮助安排高管配偶的旅行，但需客户支付相关的差旅费用。李文武还应该向其经理上报这一情况，尤其是当他想要获得有关未来如何处理类似情况的建议时更应该上报。

问：张静正在与一位潜在的政府部门客户商谈一个大型咨询项目的续约。这位客户的项目负责人即将过生日，张静想要送一个小的生日礼物。她知道这位项目负责人喜欢花，所以她打算送一束价格不到 200 元的花。请问这么做是否恰当？

答：不恰当。在续约商讨等阶段，张静不能向政府官员赠送这样的礼物。在提案阶段送礼物是有问题的，而且送礼的时机还不是唯一的问题。该客户为政府官员，因此根据当地法规或根据国际标准，所有向官员赠送礼物的行为可能都会被视为贿赂。

提供高品质服务

确保我们的服务始终超出客户的预期对公司的成功至关重要。为实现这一目的，我们将尽最大努力学习和了解客户的具体需求，并真正提供我们所承诺的服务。我们在过去始终为客户提供最高品质的增值服务，并赢得了客户的信赖。

光曦国际高度重视维护与客户之间的良好关系，让客户满意是我们取得成功的基础。我们重视与客户之间形成、发展和维护牢固的长期合作关系，并严格遵守成本、规格和时间表等合同条款。如果您的工作与投标准备或合同协商有关，您有义务确保与既有和潜在客户之间进行准确和负责任的交流。

我们希望商业合作伙伴能像我们一样遵守光曦国际较高的道德行为标准。但当光曦国际政策与某位商业客户（如我们的一家优选供应商）的政策发生冲突时，我们应确保遵守我们公司的政策，并在我们不知道该如何做时向相关人员咨询。

我们与客户的交流会影响他们对公司业务的看法。因此，我们的行为都应围绕着为光曦国际营造积极的对外形象而开展。如果您有充分的理由相信代表光曦国际的某位人员未遵守这一义务，应向您的人力资源代表或经理汇报。

确保供应商提供高品质服务

作为光曦国际的员工，我们也应当了解供应商的业务和运营情况，并确保按照合同要求与供应商展开合作。与供应商打交道的员工应确保供应商具备良好的声誉和合格的资质，并了解光曦国际的供应商管理流程、程序和时间表。这将有助于供应商了解我们公司在投标过程中的预期、要求和标准。

开展负责任的销售和营销活动

我们应努力实现对客户的承诺，决不能丧失诚信和公正。这一点对于我们的所有销售、营销和宣传活动尤为重要。我们所提供的关于公司和产品的信息必须完整、真实和可信。所有的宣传和营销资料必须经过证实，而且在必要的情况下必须包括确保其准确性的完整信息和公开内容。要确保所有的书面公开信息易于目标受众理解。重要的是，我们必须确保绝不公开发表藐视竞争对手的言论或绝不会有失公正地将竞争者和我们的产品和服务进行对比。

提倡具有良好道德操守的商业环境

我们以公平、合乎商业道德的方式开展业务，并鼓励他人也这么做。如果我们都按规矩办事，所有人都会受益。

开展公平竞争

我们开展业务的很多地区和国家都制定了竞争法或反垄断法。这些法律提高了我们的道德标准——我们要公平地做生意。这些法律旨在确保公平竞争，帮助我们的客户及公众能够以公正的市场价格购买高品质商品和服务。

竞争法的核心是要求我们做出独立的商业决策。我们必须避免与竞争对手讨论定价、营销实践、客户、其他竞争者或市场配置等事宜。竞争法也要求我们获得对一些可能导致市场竞争度下降的收购批准。我们尤其应注意可能碰到竞争对手的场合，如贸易协会会议等。如果竞争对手在谈话中提到任何这些话题，要表明您不会参与并离场，然后立即向法务与合规部汇报。

要牢记，即便有可能与竞争对手达成这样的协议也会给公司带来麻烦。如果您不确定或怀疑已经违反了反垄断法，应立即进行说明。在采取任何被视作反竞争的行为前，您应该向法务与合规部或您的经理上报具体情况。

问：戴海洋是光曦国际的业务员，在一次行业大会上遇到了王敏。王敏在我们的一家竞争对手公司任职，她表示两人能够为该地区最大的两家服务供应商工作，这非常幸运。她笑着说："整个市场都已经在我们的掌控中，很显然我们应该涨价。"戴海洋很确定她是在开玩笑，但他知道他们不应该开这样的玩笑。他应该怎么做呢？

答：戴海洋应提醒王敏讨论联合定价对他们来说是违规的，并应结束对话，并将该情况尽快报告至他的经理和法务与合规部。王敏建议的竞争者之间的此类合作违反了竞争法。像戴海洋一样，我们都应牢记在与竞争对手打交道时要保持谨慎，而且应在需要指导时向相关人员咨询。

处理利益冲突

有时我们发现，我们所处的与经营或人员相关的一些状况会影响我们履行对光曦国际的义务，甚至还会让我们在履行义务的过程中有所妥协。这些情况被称为“利益冲突”，当我们的个人利益与活动和光曦国际的利益与活动发生冲突（或看似发生冲突）时，就会出现这样的情况。利益冲突可能会破坏个人和公司的诚信和声誉，我们必须始终重视公司的最佳利益。

利益冲突会以多种方式出现，而且有时并不明显。我们将通过以下章节让您了解一些较常见的利益冲突形式。要明白，因为利益冲突的形式多种多样，以下列表并未包含所有的利益冲突形式。您应与经理、人力资源部或法务与合规部进行沟通，以了解应如何管理利益冲突和制定相应的解决方案。

如果出现利益冲突或存在潜在的利益冲突，您应立即向您的经理和法务与合规部上报。通过这种方式，公司才能合理地审查该情况，并将该情况上报至相应的渠道进行解决。光曦国际将与您共同努力，以找到合适的解决方案。

欲了解关于本部分的更多信息，请向法务与合规部咨询。

劳务派遣

员工可能会参加职务之外的、符合适用雇佣协议的业务或其他活动，公司允许并尊重员工参加这样的活动。同样地，我们每个人也有权管理自身的财务和股票投资组合。但在某些情况下，个人利益和公司最佳利益很有可能发生冲突，因此应该避免。这种情况分为多种，下面是一些常见的情形：

- 在供应商或竞争对手处拥有一定的经济利益，但在上市公司拥有 1% 的股权则不属于这种情况（这也适用于家庭成员持有的经济权益）；
- 在接收光曦国际已支付的服务款项之外，还收受外部的付款；
- 在光曦国际的供应商或竞争对手处担任主管、领导、员工或顾问等职务，除非该职位包含光曦国际指派给你的部分工作。

为了确保不存在任何未解决的实际或表面利益冲突，保持透明度尤为重要。如果您对本部分的内容有任何疑问或需要揭露潜在的利益冲突，请立即向您的经理上报。

与家庭成员和好友共事

通过人才的推荐和推举，光曦国际员工队伍已经发展得更强大、更成功，这也意味着我们很可能会与朋友和家庭成员共事。但我们不会监管，也没有权力监管我们的家庭成员——这有可能导致工作中有所偏袒。

“家庭成员”包括我们的父母、兄弟姐妹、配偶、子女、姻亲、祖父母、孙辈、继亲、同居伴侣或其他经常与我们同住一个屋檐下的人。

同样地，如果您的家庭成员经营或受雇于一家与光曦国际有业务往来的公司，您应将这一情况作为潜在的利益冲突报告给您的经理，这一点非常重要，您需确保不会利用职权便利来影响投标过程或任何形式的业务协商。上报这些信息可防止出现不恰当的行为，而且也确保您不会做出不合理的决策。

问：高曙光在光曦国际工作，他会不定期地与几位主要的客户联系。高曙光的妻子李咏梅在其中一家公司工作，而且她希望能进入采购部工作。高曙光希望妻子进入合规部工作，这样他与客户的合作可能会更佳顺利。这种情况有问题吗？

答：在这种情况下，极有可能发生利益冲突。即便高曙光和李咏梅能够将他们的私人关系和工作关系完全区分开，别人也可能会因此产生偏见，认为这两家公司之间的业务往来有所偏颇或有失公允。高曙光应将这一潜在的利益冲突报告给他的经理和法务与合规部，他们将会帮助他找到避免出现利益冲突的公正解决方案。

业务机会

根据我们在光曦国际担任的职位，我们可以了解有利于公司发展的机遇。这些机遇可在利用光曦国际资产或信息的过程中发现，或仅仅通过我们的工作职责就能够遇见这样的机遇。为了实现公司的最佳利益，我们绝不能利用这些机遇来谋取个人利益。例如，我们不能为了个人利益从光曦国际的现有或潜在客户、供应商或其他商业合作伙伴中寻找机会。

问：刘小荷是光曦国际的销售代表，她对自己的季度销售业绩及从潜在客户那里收到的反馈感到越来越沮丧。这些客户认为光曦国际的某些产品的价格太高。为了扭转这样的局面，刘小荷向一位潜在客户建议聘请她为承包人，这样价格会低很多。尽管她可能完不成销售任务，但她可以挣到可观的服务费。长期来看，刘小荷认为她可以说服该客户重新选择与光曦国际合作，这要比试图从竞争对手那里赢回

客户要好得多。这么做可以吗？

答：不可以，不管出于什么原因，刘小荷都不可以重新定向潜在的客户。拿走光曦国际的业务机会将损害公司来之不易的声誉和触碰到公司的底线。刘小荷应根据适当的定价政策真诚、谨慎地推广光曦国际提供的产品和服务。如果刘小荷在面对一些客户时遇到了麻烦或遇到了一些特殊的情况，她应当向她的经理或其他人寻求建议。

拒绝商业贿赂

光曦国际致力于在遵纪守法的情况下开展业务，因此光曦国际不管何时都绝不会容忍任何形式的贿赂和腐败行为。即便我们因拒绝这样做而失去了业务，我们也绝不能贿赂或从任何公共或私人第三方直接或间接（如通过代理人）收受贿赂。我们认为应在遵循良好商业道德的基础上，凭借我们的产品和服务质量来赢得业务，绝不能够运用不正当的方式。我们遵守禁止贿赂和腐败行为的所有法律、条约和法规。

要成为业界负责任的一员，我们必须遵守开展业务所在地的现行法律或惯例。这意味着，我们绝不能为了获得或留住业务或赢得不正当利益而提供、试图提供、批准或承诺任何形式的贿赂或回扣。此外，我们也绝不能要求或接受贿赂或回扣。

“贿赂”指提供或赠予任何有价值或利益的东西，从而不恰当地影响接受人的行为。贿赂可能有多种形式，常见的贿赂形式如下：

- 现金或现金卡；
- 礼品或招待活动；
- 差旅费或其他费用；
- 低于市场利率的贷款；
- 折扣或优惠券；
- 赠品；
- 商业机会或工作机会；
- 赞助；
- 政治性或慈善性捐赠。

“回扣”指针对已付款项或即将支付的款项给予一定的返款，并以此奖励或赢得业务。给予回扣与签署合同的动机不同，回扣只针对某个小组或某个人，而不是整个公司。

如果您与政府官员合作或互动，那么应该更为小心谨慎。“政府官员”可能是国家或当地政府的领导或雇员、政治候选人或政府拥有或控制的实体的领导或员工。若想确认与您互动的人员是否来自政府部门，您应直接向法务与合规部咨询。

在与政府官员合作时，我们也绝不允许向其支付任何“通融费”，即便在我们工作的地方这些现象均为合法行为或惯例也不例外，除非这些行为事先获得法务与合规部的书面批准。

“通融费”（或“疏通费”）金额通常较少，并以现金支付，以便确保或加快所需的政府部门标准服务，如获得加工许可证、提供警方保护或加快公用服务等。通融费与政府允许的加快服务合法收费不同。例如，大使馆可能将标准服务流程的费用定为 10 美元，而将加急处理费用定为 25 美元。这是合法的，也是可接受的。但如果大使馆工作人员要求客户向其支付 25 美元以加快签证办理程序，这就属于通融费。在很多国家，通融费属于贿赂的范畴，不管数目有多小，支付通融费均违反了我们的政策。我们绝不能请求、要求、故意批准或任由第三方机构代表我们公司向政府官员支付任何费用。

如果您发现自己身处这样的情况，应坚定、礼貌地拒绝给予或接受任何非法或不正当的支付款项。这些情况极为敏感或棘手，但我们可以避免这样的情况。当您对此不确定时，请向法务与合规部寻求指导。

同样需要牢记的是，我们不会雇佣第三方机构去做任何背离商业道德和法律的事情。绝不容忍故意无视反腐败条例的行为。我们必须留意腐败行为的任何迹象。若第三方机构间接地支付了不当款项或出现无视腐败行为的任何迹象——即便我们并未亲自或直接参与，这种情况也被视为违反了我们的行为准则和反腐败法。

反腐败法律极为复杂，而且违反这些法律将带来严重的后果。出于这一原因，您应避免任何可能被理解为贿赂的行为。

欲了解更多信息，请参见“反贿赂”政策或向法务与合规部咨询。

问：罗莉正为客户代办几份签证。定好的行程是在一个月后，但为罗莉处理签证申请的政府官员表示，按照正常情况，他不能保证签证能够及时发放。但他说，如果支付一小笔费用，他自己可以帮她加快签证审批流程。罗莉非常担心能否及时为客户申请到签证。她应该怎么做？

答：除非这是对外公布的官方流程加急费用，如果不是，那么该签证官员是在要求罗莉支付通融费，这在很多国家都被视为贿赂。光曦国际致力于在所有情况下以合法方式开展业务，这意味着，罗莉绝不能同意向该签证官员支付通融费。同样地，罗莉也不应该让其他人进行贿赂，否则将违反我们公司的行为准则。她应当礼貌并坚定地拒绝支付这笔费用，同时解释光曦国际不会以这种方式开展业务，并立即将该情况上报给其经理。

杜绝洗钱活动

洗钱是个人或实体企业试图隐藏非法资金或进行交易使这些资金“合法化”的过程。光曦国际不容忍、协助或支持洗钱行为。我们都需要密切注意不寻常的费用支付，包括大量现金支付、试图将单一交易分成多个交易，或任何其他不寻常的支付方式。在遇到任何可能导致疑似洗钱行为的可疑活动或活动形式时，您应立即将这些情况上报至法务与合规部。

了解出口、进口、制裁和联合抵制方面的知识

在我们开展日常业务时，我们需要知道一些经济制裁的相关知识。经济制裁是全球贸易法规的重要部分。此类制裁会限制或甚至会禁止我们与某些国家、实体或个人开展业务。根据这样的制裁条例，前往受到影响的国家或与受影响的个人或组织交换资产或资金等行为可能都会受到限制。在各种情况下，我们必须注意类似的制裁，并避免违反制裁条例。

国际贸易管控可能会极为复杂，而且也可能会发生变化。如果您对此有任何问题或担忧，请与法务与合规部联系。

以严谨负责的态度使用光曦国际资产

我们要以严谨负责的态度使用光曦国际资产，只有这样才能确保手中拥有一切必要的资源，为客户提供业内领先的产品和服务。

保护所有信息

作为公司的一员，您可随时使用公司的机密、内部或受限信息，包括商业计划和战略、财务和人员信息，以及其他可为公司创造更多价值的信息。但是，我们并不想让此类信息公之于众，因此我们每个人都肩负着确保此类信息机密性的特殊责任，不得将其披露给除光曦国际以外的其他人。即使在公司内部，您也仅可出于业务目的共享此类信息。若无特殊业务需求，不得泄露此类信息。

与此同时，我们也尊重竞争对手对其保密信息所拥有的权利。秉持这一原则，我们不应从之前就职于竞争对手公司的新员工处获取相关保密信息。同样地，当我们从光曦国际离职时也应谨记上述原则——即使与光曦国际终止了雇佣关系，我们也必须尊重并恰当地保护在光曦国际工作期间获取的信息，尤其是保密信息。

如您不确定相关信息是否为保密信息，请将其视为保密信息处理，并咨询法务与合规部。

问：在光曦国际任职期间，爱德华为其所在部门开发了很多程序、编写了大量培训资料并制定了相关战略。他的女儿刚刚在另一家公司找到一份类似的职位，爱德华想帮助女儿在事业上取得成功，他认为自己在光曦国际任职期间编写的资料能够助女儿一臂之力。爱德华可以将此类资料共享给女儿吗?

答：不可以。最初编写此类资料的目的是帮助光曦国际改善经营状况并取得成功，所以此类资料属于光曦国际的保密信息。但是，爱德华可以在部门经理的指导下选取或编写某些适合与其女儿共享的特定资料。

保护员工信息

由于工作性质关系，您可能会获取其他同事的个人信息，包括地址、电话号码、政府标识号（如社保编号）及绩效或工资信息，还可能包括民族、性别、年龄、宗教信仰、健康状况或其他类似信息。无论在光曦国际任职期间还是从光曦国际离职后，我们都有责任保护此类信息。请您务必遵守所在地区的隐私法律，并在从光曦国际离职前交还包含此类信息的文档或设备。

保护客户信息

客户相信我们会像保护自己的商业信息那样来保护其与我们共享的信息，包括但不限于客户员工的个人信息。我们所有人都有责任像保护光曦国际的商业信息那样保护客户的信息。这一保密承诺可加强我们与客户之间的关系，并使光曦国际始终遵守适用的国际信息保护和隐私法律。

问：艾玛是光曦国际的一名企业咨询顾问。她的朋友张子蓝是一家动物保护协会的工作人员。艾玛曾向张子蓝提及她的许多客户都在从事动物实验相关工作，因此张子蓝不断向艾玛施压，要她提供这些客户的联系方式，以便张子蓝代表动物保护协会说服这些人放弃进行动物实验。艾玛感到很为难：一方面，她不想辜负客户的信任；另一方面，她认为张子蓝的做法也无可厚非，而且客户也永远也不会知道张子蓝从何处获取到其个人信息。艾玛到底该怎么做呢?

答：艾玛应当坚定地拒绝张子蓝，客户将自己的信息和隐私透露给我们是因为相信我们会好好保护这些信息，我们决不能辜负他们的期望。

避免内幕交易

在光曦国际工作期间，我们不可避免地会了解到一些有关公司、供应商、客户或业务合作伙伴的特定保密信息或内幕信息。内幕信息有两个典型特质：对理性投资者来说，内幕信息是非常重要的信息；内幕信息都是不为公众所知（非公开）的信息。内幕信息可能包括：

- 高管层人事变动；
- 未公布的股票分割或财务业绩；
- 并购或剥离；
- 预期发生的诉讼或调查；
- 战略计划信息；
- 正在开发中的新产品或服务；
- 工作期间获取的第三方信息。

尽管全球各地的反内幕交易法律（某些地方称为“内幕买卖”）不尽相同，但我们必须时刻遵守光曦国际的相关政策，不得将从工作中获取的信息用于证券（包括公司公开交易的债券）买卖，从中获取非法收益。例如，若你手中持有某公司的内幕信息，那么就不可以参与该公司的股票买卖行为。此外，我们也不得将此类内幕信息共享给那些可能从中获取经济利益的人。这种泄密的做法（“透露内幕信息”）也属于违法行为。

如欲了解更多信息，请参见光曦国际的“内幕交易”政策。若不确定所拥有的信息是否为内幕信息或不确定所做的财务决策是否合法，请咨询法务与合规部。

问：就职于供应商管理部的马克发现一家大型连锁酒店正在收购另一家连锁酒店。马克认为这是一则很有趣的新闻，所以在一次家宴上提到了这一消息。他的兄弟彼得认为这一收购举措可能会促使两家酒店的股价飙升，因此表示将购买两家公司的股票。这种做法可行吗?

答：不可行。马克不应将这一内幕信息与他人分享，彼得也不应基于该信息进行相关交易。若彼得基于马克提供的内幕信息购买了上述两家公司的股票，则两人均违反了内幕交易法。今后，马克必须谨记，不得将内幕信息透露给无正当业务理由知晓这一消息的人。

确保账目和记录的准确性

作为公司的一员，我们的重要职责之一就是以准确、可理解的方式上报公司的业务、收入及财务状况。此类信息不仅是业务管理的依据，还对我们服务股东、客户、供应商和其他缔约方的目标起着至关重要的作用。同时，我们还必须确保为财报、监管报告和公开呈报文件的撰写提供的数据符合所有公认的会计准则和公司的内控程序。我们的股东相信我们能保证此类财报准确、及时、完整地反映出公司的运营和财务状况。

任何人不得在公司账目和记录中掺杂错误或虚假信息。在适当的情况下，请与公司的财务顾问和审计人员共同审查您的财报和报告，在进行报告阐述和归档时应始终遵守所有相关法律和公司政策。此外，在创建审计账目时，我们应时刻与内部和外部审计人员进行协作。公司员工不得操纵、误导或欺骗外部审计人员，从而影响其对公司账目的看法。

若您有理由认为公司的账目或记录中存在欺骗、不准确或不完整信息，或迫于某种压力需要编写、修改、隐藏或销毁违反公司政策的文件，应立即将此类顾虑上报至内审部和法务与合规部，或拨打职业道德服务热线。要确保公司财务主管知晓所有欺诈行为，这一点非常重要。因此，如果您发现存在异常交易或可能导致舞弊行为发生的行为，请立即上报。

作为公司的一员，我们的另一项重要职责就是管理并妥善处置公司的记录信息。此类“记录”可以是公司出于法律、监管、账目或其他业务目的而创建、接收和维护的任何电子文件、电子邮件、图片或文件。我们必须遵守公司运营所在地的适用法律和政策，遵守其中规定的业务记录和要点程序信息的合法保存时限（“合法保存”适用于与当前或潜在诉讼案件相关的记录）。

若您的工作内容涉及签订合同或做出其他财务承诺，您就必须遵守合同订立要求，包括由谁来审查和批准合同，合同中应包含或不包含哪些规定，何时诉诸法律审查及合同适用于哪些记录保持义务。

若您不确定自己应履行何种义务或认为有人存在非法隐藏、修改或销毁记录的行为，请立即联系法务与合规部。

问：肖娜负责审查同事的记录，以制作一份简报提交给经理。在这一过程中，她发现有些文件中列明的客户支出对那些客户而言毫无意义。此外，她还发现针对

每一位此类客户的异常支出金额都是相等的。肖娜不想让她的同事陷入麻烦之中。她该怎么做？

答：如果可能，应让肖娜的同事给出合理的解释，肖娜可以请同事澄清这一问题。但是，若同事未能给出合理解释，肖娜应立即将这一情况上报经理。异常或解释不清的支出可能是欺诈、贿赂或其他非法行为的危险信号。若您在交易、账目或记录中发现异常活动，应立即上报。

恰当地使用公司资产

我们在工作中会接触到确保开展日常工作而提供的实物资产，包括设备、设施和资金等。应谨记，我们仅可将此类资产用于合理的业务目的，且应竭尽全力避免公司资产丢失、破坏或失窃。同时，我们也必须珍视和保护公司的声誉、保密信息和知识产权等无形资产。

知识产权

对公司来说，知识产权非常重要。此处的知识产权包括客户名单、业务流程、营销资料及我们所创建的所有受法律保护的信息，包括公司的版权、专利、商标、设计权、标识和品牌。光曦国际的知识产权和实物资产一样受法律保护。

我们每个人都应采取措施确保知识产权的安全：

- 在未得到事先授权或进行妥善告知的情况下，不得将公司知识产权信息共享给公司以外的人员；
- 妥善保管笔记本电脑和其他存储设备，尤其是在远程工作或出差期间；
- 在公共场所使用笔记本电脑洽谈业务或工作时一定要小心，以免别人听到或看到笔记本电脑屏幕上的信息；
- 须谨记，即便与光曦国际的雇佣关系终止，您仍有义务保护光曦国际的知识产权。

请牢记，您在光曦国际工作范围内创建的或利用在光曦国际的工作时间或光曦国际资源创建的知识产权均归光曦国际所有。

合理地使用计算机

保护公司资产和信息的另一种方式就是：确保每时每刻都在合理使用公司的计算机和其他技术。遵守所有关于公司网络和其他技术的内部控制措施和程序。除了在离开办公室时确保笔记本电脑和其他移动设备的安全之外，我们还必须牢记，不得将笔记本电脑密码告知他人，也不得允许他人使用您的账号（即使是我们信任的人）。

请大家时刻谨记自己的专业人士身份。不得利用公司技术查看或分享公司内部信件中的敏感或保密信息，也不得利用这些信息骚扰他人、贬低他人的工作、开展与光曦国际无关的非法活动或业务活动、发表威胁性或辱骂性评论。在编写电子邮件和即时消息时应小心谨慎，请牢记，这些电子邮件和即时消息属于永久性业务记录，且可能会在未经您许可的情况下被修改或转发。

参与政治和慈善活动

光曦国际员工可自由参加社区活动和政治进程。但是，除非光曦国际明确指派某员工代表公司参加慈善或社区活动，否则我们仅可利用私人时间和自有资源参加此类活动。这就意味着，除非公司指派，否则我们不得使用公司的设备、标识、电子邮件或资金等资产。自然，公司也不会为个人的政治或慈善捐助行为买单。

在极少数情况下，该政策也存在例外情况。一般来说，光曦国际不会参与政治活动，但在得到光曦国际总裁和首席执行官事先许可的情况下，可使用光曦国际的资金、资产或服务进行慈善捐助。此类许可基于法务与合规部的下述保证做出：根据适用的法律法规，此类捐助是合理合法的行为。

此外，我们不得参与（即使是无意的）可能被视为“游说”的活动，在许多情况下，游说需要披露相关信息且遵守特定的规则。此处需特别指出，涉及下述工作内容的员工可参加游说活动：

■ 与立法机构、监管机构、行政部门官员或其他员工接洽；

■ 与政府官员进行沟通；

■ 为影响立法或行政行为所做的努力。

在从事与上述内容相关或可能相关的活动时，应事先获得光曦国际总裁和首席执行官的授权。

对外沟通

我们有义务尽可能准确和清晰地将公司信息传达给利益相关者。因此，当与媒体人士、投资者或财务分析师等外部各方进行沟通时，我们必须和主题专家采取一致基调。同样地，当媒体向我们提出与政府官员和监管机构所进行的询问与调查相关的问题时，光曦国际也应如实完全告知相关信息。与政府客户共同工作时，光曦国际员工也应遵守与政府交易相关的特殊要求。

只有光曦国际首席执行官指定的员工才有权向第三方发表关于光曦国际政策立

场和财报的评论，披露相关信息，或发表相关声明。

只有光曦国际指定的发言人方可回答媒体问询。若您对如何恰当得体地与外部各方进行沟通有任何疑问，请向当地专业沟通专家或全球企业沟通团队寻求帮助。

社交媒体

技术的飞速发展使我们仅需单击即可获取所需信息，在这一背景下，以认真负责的方式使用社交媒体来获取和分享一些积极的见解并从利益相关者处获取相关信息是非常重要的。请牢记，互联网是一个公共场所，我们在其中的一言一行都会被他人随意浏览和获取。

光曦国际无意限制员工使用社交媒体，且光曦国际承认许多员工将社交媒体作为沟通和教育手段使用。但我们要牢记一点，社交媒体的使用可能会直接影响您本人及光曦国际的声誉。因此，在使用社交媒体时，我们应时刻谨慎行事，保证不从事有损光曦国际及其员工或运营声誉的活动。公司也认识到，使用社交媒体进行营销、宣传活动及与客户和公众接触等方面拥有巨大的发展潜力。请不要与同事、业务伙伴或其他利益相关者在互联网上进行不当讨论。此外，切勿在互联网上披露公司的保密信息，即便是使用了隐私过滤器。

若您在公司的授权下代表光曦国际或秉承光曦国际的理念从事社交媒体活动，请牢记要表现得专业、得体。若在社交媒体上创建或维护光曦国际相关信息不属于您的工作范畴，切勿代表公司发表声明，亦不得使用光曦国际的域名或地址。在社交媒体上发表言论时，切记将其标记为个人观点，而不得将其归为公司观点。

问：在访问一个行业博客时，孙玲玲发现一位客户在其中发表了对公司不利的评论。孙玲玲曾听同事说过与这位客户的交往经历，因此认为自己了解当时的确切情况。他想回复客户的评论，以消除误会。这样做可行吗？

答：不可行。孙玲玲不应就此发表评论，也不得试图联系该客户。尽管孙玲玲认为可帮助公司澄清一些事实，但事实上他对这件事的了解可能还不是那么充分。为保证光曦国际对公众的口径一致，孙玲玲应将此事交由获得授权代表光曦国际使用社交媒体的专业人士处理。

推动负责任经营及可持续发展

为实现负责任经营这一目标，光曦国际制定了一项全局策略，将道德、人权及社会和环境问题纳入了公司的核心战略和运营。公司鼓励各项有助于光曦国际成为真正负责任企业的全球性和地区性举措。与此同时，光曦国际也希望其供应商和业务伙伴认识到负责任经营的重要性，共同实现这一目标。

在日常运营过程中，光曦国际一直致力于开展环保型业务实践，同时也鼓励各项有助于光曦国际改善其环境足迹并提高其环保意识的全球性和地区性举措。无论在何处开展业务，我们都会特别注意遵守适用于日常工作的各项法律法规。

此外，光曦国际还致力于帮助客户解决环境问题，为客户提供可帮助降低其环境影响的信息。

确保公平的劳动用工行为

作为社区承诺的一部分，我们在公司所有运营场所均注重维护员工的个人权利，也期望我们的业务伙伴能够做到这一点。这就意味着，在某种程度上，我们尊重与工作时长和合理工资相关的法规。光曦国际不会容忍使用童工或强迫劳工、人口贩卖或任何有欠诚信的行为。同样地，光曦国际不会容忍亦不会故意为色情旅游或儿童色情旅游提供便利。我公司将采取一切合理措施在各运营场所根除此类行为，且绝不与涉及此类行为的供应商或业务伙伴进行业务往来。

光曦国际致力于遵守关于人权和劳工的原则及国际劳工组织的原则。

由于光曦国际可能会因上述个人和实体的行为而被追究责任，若您有理由相信任何第三方正在从事上述不当行为，应立即上报给部门经理或拨打职业道德服务热线，以便公司妥善处理此类事宜。

豁免

本《准则》条款适用于光曦国际所有员工，无论其职位高低。但是，在某些特定情况下，《准则》中的某一条款可能得到公司首席执行官和/或商业行为委员会的豁免。此类豁免行为应具体情况具体分析，且必须经过仔细审查和考虑方可做出。我们将按照所有法律和法规披露此类豁免。

确认函

兹承认，本人已收到光曦国际《商业道德与行为准则》的副本。我理解，光曦国际的所有员工、主管、代理商、顾问和合同工均需了解并遵守本《准则》中规定的原则和标准。

此外，本人承认并同意，本《准则》为公司政策的总体概述，并不代表在任何特定时间生效的所有此类政策和实践。兹证明，本人已仔细阅读本《准则》并已了解《准则》内容。本人支持光曦国际实施此类专业标准，且将按照此类标准行事。

本人理解，若对本文件有任何疑问，或发现光曦国际存在与道德与合规相关的不当行为或情况，应与本《准则》中列出的人员或部门联系。本人亦理解，在适用法律允许的情况下，本人应将严重违反本《准则》的行为告知《准则》中列出的任何人员或部门。

最后，本人了解到，未遵守本《准则》的人员可能会受到惩处，甚至依据当地法律终止雇佣关系。

日期：____________________

员工姓名（印刷体）：____________________________________

员工签名：____

18.2 《反贿赂制度》（样例）

反贿赂制度

本制度旨在要求本公司及其直接或间接子公司（下称“本公司”）严格遵守适用法律法规，包括所有适用的反贿赂法、遵守本公司内部会计管理规范，并确保在其业务中保有最高的职业操守。总之，适用的反贿赂法禁止公司直接或间接向政府官员、政客或政府团体进行不当的款项支付或礼物馈赠。

目的

本政策旨在警示本公司所有董事、管理人员和雇员（下称“人员”）有责任遵守所有适用的反贿赂法，如美国《反海外腐败法》、英国《反贿赂法案》；同时警示任何可能会违反本公司反贿赂政策的任何本公司员工或本公司的任何独立销售代表、经销商、咨询顾问或代理商（下称“代理”），不得违反本公司反贿赂相关规定。

范围

本政策适用于本公司的所有人员及代理，包括本公司及其子公司、分公司或业务部门，以及本公司管理的合资公司的人员。

要求和说明

1. 定义

本政策中，“政府”包括任何美国以外的政府、国际政府机构、由任何政府或国际政府机构所有或管辖的实体、政党或政府官员。“政府官员”指的是任何政府或政党的官员或雇员，政府机关的候选人或可能候选人，任何代表此官员、雇员或候选人的人员（包括其家庭成员）。“有价物”指大于名义价值的任何物品。

2. 不当支付

本公司的人员及代理不得为了获取、管理业务，或获得任何其他不正当利益，而直接或通过中间方向任何政府官员承诺、提供、授权给予或给予现金或其他有价物。除非该款项清楚、完整、准确地记录现金支付并有正当的解释说明，否则本公司的人员及代理不得向第三方支付任何现金。本公司的人员及代理不得开具现金支票或无记名支票，不得向任何未与本公司签订书面合同或与本公司没有业务往来记录的一方有支付行为。未经本公司法务部门提前书面批准，本公司的人员及代理不得在收款方主要业务地之外的其他国家有任何付款行为。

本公司的人员及代理须记录所有向政府官员支付费用的项目。在任何此类情况下，此类支付的数额和目的须合理并与向政府、政府机关或政府持有或管理的企业促销、展示或解读本公司产品或服务有直接关系。若有必要，本公司的人员及代理做出任何此类支付之前，须咨询本公司法务部门以确定此项支付的合理性。

一般情况下，本公司的人员及代理不得向任何官员进行政治性出资或借贷。如本公司的人员及代理欲进行政治性出资或借贷，该出资或借贷的目的、数额、时间安排和方法须得到本公司法务部门的提前批准。

代理人须得到本政策的副本（英文版或其他相关语言），并书面承诺其已理解并遵守本政策，否则本公司人员不得取得任何代理。

3. 小额通融费

某些反贿赂法并不禁止通过支付小额通融费来保证或加速政府公务程序，如获得许可证、授权或其他允许某人在该国进行业务行为的正式文件，或办理政府证件（如签证或工作指令）。而有些反贿赂法则禁止支付小额通融费。尽管某些反贿赂法不禁止此类通融费的支付，但是本公司的政策不允许任何本公司的人员或代理做出此类费用支付行为。

4. 不当支付以及潜在风险

若雇员、管理人员或董事明知道第三方或本公司的代理很可能会通过不当操作，向官员完全或部分递送该款项来影响官员，仍向该第三方或该本公司的代理人进行支付，那么即使不直接向政府官员支付或馈赠，也可能违反反贿赂法。若违反反贿赂法的可能性很高，则知会不得进行此类支付。

所以，本公司的人员及代理应注意违反反贿赂法的一些潜在风险（高风险），包括：

- 已知所涉及的国家有行贿行为，或有媒体已报道此类国家的行贿行为；
- 本地代理人的名誉及该代理人与政府官员的关系；
- 异常金额佣金、奖金或回扣；
- 要求开具现金支票；
- 要求向第三国银行账户进行支付；
- 其他可疑行为。

5. 餐旅住宿费用限制及馈赠

本公司政策规定，未经本公司合规部门事先批准，本公司的人员及代理、本公司任何子公司或下属公司不得为政府官员支付旅行及住宿费用，或向政府官员进行馈赠。

6. 会计准则及记录

本公司的人员及代理应在本公司的记录簿里清晰、完整及准确地记录每项交易及款项，内容包括数额、日期、目的、会计期间、类别，以及其他基于审计目的须清晰、完整、准确体现的信息。本公司的人员及代理不得在本公司记录簿上做任何虚假或有歧义的陈述和登记。

本公司的人员及代理的每项业务交易或付款，应由本公司正当授权。本公司的人员及代理不得制造、持有或保留任何本公司机密的、私有的或未经记录的资金或账户。本公司的人员及代理不得制造、持有或保留第三方账户，以本公司名义的除外。

本公司内部审计师、独立审计师或法律顾问进行调查时，本公司的人员及代理应及时、清晰、完整、准确地进行回复，不得隐瞒或掩藏任何可能实现此清晰、完整、准确询问而需提供的信息。

说明如下。

为促进这些标准的有效执行，以下原则须严格执行。

- 须保留本公司所有财务和会计记录，以准确、公开、完整地体现本公司的交易操作。
- 不得在本公司的账簿中做任何虚假、伪造、有歧义的记录。

- 不得建立或保留未披露或未记录的资金或资产。
- 在得知任何一方会将款项用于文件规定之外用途的情况下，不得做此项支付。
- 应知悉该记录信息，包括付款凭单和账单的准确性和适当性。
- 须根据管理层的一般或特殊授权执行交易。
- 须制定必要的记录交易项目，以此按照公认会计准则制作财务报表，并确保资产会计责任。
- 经管理层一般或特殊授权才可使用资产。
- 在合理的时间段内，将资产会计记录与现有资产进行对比，并根据差异采取适当措施。

本公司政策禁止现金支付，但有合理记录的小额现金账户提现除外。应付现金或无记名支票不得开取支票。所有支票只能开给最终收款人。经本公司法务部门或本公司财务总监事先批准，本政策方可另行执行。

7. 汇报

如有政府官员、客户或供应商代表或其他人向本公司的人员及代理提出，并直接或间接要求该人员及代理支付可疑账款或进行馈赠，须迅速、完整地向本公司法务部门报告此类情况。经本公司管理人员与本公司法务部门进行磋商并给予批准后，本公司的人员及代理方可进行此类款项的支付或馈赠。

若本公司的人员及代理对本政策有疑问，或想汇报任何可能会违反此政策的请求、活动或行为，该人员及代理须联系本公司的法务部门。

8. 处罚及后果

若本公司的人员及代理违反了本政策，该人员或代理将受到纪律处分，包括立即解雇。

此外，若适用，此类人员或代理可能会受到民事处罚或刑事处罚。若有此情形，本公司将按照相关法律对此个人处罚保留拒绝赔偿或行使其他责任的权利。

18.3　合规培训大纲（样例）

1. 什么是合规？什么是合规管理

2. 合规管理对企业的价值

3. 中国境内的合规管理

4. 中国境外的合规管理

- 企业经营中可能遭遇的国别风险
- 企业经营中可能遇到的当地风险
- 企业经营中可能遇到的多边银行合规风险

5. 如何依照 ISO 37301 建立合规管理体系

6. 如何按《世界银行集团诚信合规指南》建立合规管理体系

7. 合规主题篇

（1）反贿赂与反腐败

- 遇到索贿怎么办
- 礼品招待能不能做
- 赞助捐献怎么做更合规
- 客户亲戚想入职企业怎么办
- 客户想出国考察怎么办
- 市场会议怎么举办更合规

（2）经济制裁与贸易管制

- 经济制裁
- 贸易管制

（3）高管个人的合规执业风险

（4）反垄断

（5）商业伙伴怎么用既降低风险又能保全企业

（6）反洗钱

（7）其他主题

8. 企业合规管理标杆经验分享

18.4　一些重点合规领域及管理领域的合规义务类文件

18.4.1　财税领域的合规义务类文件

财税领域的合规义务类文件如表 18-1 所示。

表 18-1　财税领域的合规义务类文件

法规名称	效力级别	实施日期
企业集团财务公司管理办法（2022）	部门规章	2022-11-13
财政部 税务总局关于银行业金融机构、金融资产管理公司不良债权以物抵债有关税收政策的公告	部门规范性文件	2022-08-01
海关总署公告 2022 年第 56 号（关于推广企业集团财务公司担保的公告）	部门规范性文件	2022-07-05
财政部 体育总局关于印发《体育事业单位财务制度》的通知（2022 修订）	部门规范性文件	2022-06-30
财政部 国家文物局关于印发《文物事业单位财务制度》的通知（2022 修订）	部门规范性文件	2022-06-30
财政部 广电总局关于印发《广播电视事业单位财务制度》的通知（2022 修订）	部门规范性文件	2022-06-30
财政部 文化和旅游部关于印发《文化事业单位财务制度》的通知（2022 修订）	部门规范性文件	2022-06-30
财政部 教育部关于印发《高等学校财务制度》的通知（2022 修订）	部门规范性文件	2022-06-30
宗教活动场所财务管理办法	部门规章	2022-06-01
事业单位财务规则（2022）	部门规章	2022-03-01
财政部关于印发《国有企业境外投资直派财务负责人管理办法》的通知	部门规范性文件	2022-02-23
国资委关于中央企业加快建设世界一流财务管理体系的指导意见	部门规范性文件	2022-02-18
重大税收违法失信主体信息公布管理办法	部门规章	2022-02-01
财政部 税务总局关于延长部分税收优惠政策执行期限的公告（2022）	部门规范性文件	2022-01-29
中国证券监督管理委员会公告〔2022〕20 号——关于公布《上市公司收购管理办法》第六十二条有关上市公司严重财务困难的适用意见——证券期货法律适用意见第 7 号（2022 年修订）的公告	部门规范性文件	2022-01-05

（续表）

法规名称	效力级别	实施日期
财政部关于印发《中国注册会计师审计准则第 1601 号——审计特殊目的财务报表的特殊考虑》等三项准则的通知（2021 修订）	部门规范性文件	2022-01-01
财政部 税务总局关于企业投入基础研究税收优惠政策的公告	部门规范性文件	2022-01-01
财政部 农业农村部关于印发《农村集体经济组织财务制度》的通知	部门规范性文件	2021-12-07
财政部办公厅关于进一步明确政府部门财务报告编制合并范围的通知	部门规范性文件	2021-10-25
财政部关于划转部分国有资本充实社保基金后企业增资财务处理有关事项的通知	部门规范性文件	2021-08-05
国务院办公厅关于进一步规范财务审计秩序促进注册会计师行业健康发展的意见	国务院规范性文件	2021-07-30
中共中央办公厅 国务院办公厅印发《关于进一步深化税收征管改革的意见》	党内法规制度	2021-03-24
财政部关于修订金融企业财务快报有关填报事项的通知（2020）	部门规范性文件	2020-12-21
中国银保监会关于保险资金财务性股权投资有关事项的通知	部门规范性文件	2020-11-12
国家卫生健康委 国家中医药管理局关于做好公立医疗机构“互联网＋医疗服务”项目技术规范及财务管理工作的通知	部门规范性文件	2020-05-08
中国证监会办公厅关于延长公司债券募集说明书引用的财务报表有效期相关事宜的通知	部门规范性文件	2020-04-29
国家税务总局关于税收征管若干事项的公告	部门规范性文件	2020-03-01
财政部关于修订印发《政府综合财务报告编制操作指南（试行）》的通知（2019）	部门规范性文件	2020-01-01
税收违法行为检举管理办法（2019）	部门规章	2020-01-01
税收票证管理办法（2019 修正）	部门规章	2019-07-24
财政部关于印发《政府会计准则第 9 号——财务报表编制和列报》的通知	部门规范性文件	2019-01-01
全国银行间同业拆借中心关于发布《银行间债券市场参与者财务数据报送实施细则（试行）》的通知	部门规范性文件	2018-10-09
财政部关于印发《地方政府综合财务报告合并编制操作指南（试行）》的通知	部门规范性文件	2018-06-20
税收执法督察规则（2018 修正）	部门规章	2018-06-15
税收会计制度（2018 修正）	部门规章	2018-06-15

（续表）

法规名称	效力级别	实施日期
个体工商户税收定期定额征收管理办法（2018 修正）	部门规章	2018-06-15
财政部办公厅关于印发《中央基本建设项目竣工财务决算审核批复操作规程》的通知	部门规范性文件	2018-01-04
国务院关于环境保护税收入归属问题的通知	国务院规范性文件	2017-12-22
基本建设财务规则（2017 修正）	部门规范性文件	2018-01-01
财政部关于印发《社会保险基金财务制度》的通知（2017 修订）	部门规范性文件	2018-01-01
财政部关于印发《国有企业境外投资财务管理办法》的通知	部门规范性文件	2017-08-01
财政部 税务总局关于小额贷款公司有关税收政策的通知	部门规范性文件	2017-06-09
民航企业安全保障财务考核办法	部门规章	2017-05-01
国家税务总局关于提供企业所得税税收政策风险提示服务的通知	部门规范性文件	2017-04-19
国家税务总局关于为纳税人提供企业所得税税收政策风险提示服务有关问题的公告	部门规范性文件	2017-04-18
海关总署关税征管司关于调整重大税收风险排查作业流程的函	部门规范性文件	2017-04-01
财政部 税务总局关于完善企业境外所得税收抵免政策问题的通知	部门规范性文件	2017-01-01
财政部 人力资源社会保障部关于机关事业单位养老保险制度改革实施准备期预算管理和基本养老保险基金财务处理有关问题的通知	部门规范性文件	2016-12-01
国家税务总局关于规范全国千户集团及其成员企业纳税申报时附报财务会计报表有关事项的公告	部门规范性文件	2016-12-01
财政部关于印发《基本建设项目竣工财务决算管理暂行办法》的通知	部门规范性文件	2016-09-01
国家税务总局关于优化《外出经营活动税收管理证明》相关制度和办理程序的意见	部门规范性文件	2016-07-06
中华人民共和国税收征收管理法实施细则（2016 修订）	行政法规	2016-02-06
国务院关于税收等优惠政策相关事项的通知	国务院规范性文件	2015-05-10
中华人民共和国税收征收管理法（2015 修正）	法律	2015-04-24
国务院国资委关于做好地方企业财务快报工作的通知	部门规范性文件	2015-01-22
国务院关于批转财政部权责发生制政府综合财务报告制度改革方案的通知	国务院规范性文件	2014-12-12

（续表）

法规名称	效力级别	实施日期
财政部关于印发修订《企业会计准则第 33 号——合并财务报表》的通知（2014）	部门规范性文件	2014-07-01
财政部关于印发修订《企业会计准则第 30 号——财务报表列报》的通知（2014）	部门规范性文件	2014-07-01
最高人民法院行政审判庭关于企业资产行政划转后原企业法定代表人起诉国有资产监督管理委员会主体是否适格以及对企业债务处理达成的协议能否等同于财务报告的答复	司法解释性质文件	2013-09-16
税收违法违纪行为处分规定	部门规章	2012-08-01
保险公司财务负责人任职资格管理规定（2010 修正）	部门规章	2010-12-03
最高人民法院关于香港盈伞财务公司诉广东华美集团有限公司担保合同纠纷案有关法律问题的请示的复函	司法解释性质文件	2010-03-23
上市公司并购重组财务顾问业务管理办法	部门规章	2008-08-04
中央企业财务预算管理暂行办法	部门规章	2007-06-25
检举纳税人税收违法行为奖励暂行办法	部门规章	2007-03-01
金融企业财务规则	部门规章	2007-01-01
企业财务通则（2006 修订）	部门规章	2007-01-01
最高人民法院关于建和财务有限公司与丰业财务有限公司、丰业酒店集团有限公司借款、担保合同纠纷一案的请示的复函	司法解释性质文件	2006-09-14
最高人民法院关于深圳发展银行与赛格（香港）有限公司、深圳赛格集团财务公司代位权纠纷一案的请示的复函	司法解释性质文件	2005-09-16
中央企业财务决算报告管理办法	部门规章	2004-02-12
全国人民代表大会常务委员会法制工作委员会关于对“隐匿、销毁会计凭证、会计账簿、财务会计报告构成犯罪的主体范围”问题的答复意见	工作答复	2002-01-14
国务院办公厅关于进一步整顿和规范税收秩序的通知	国务院规范性文件	2001-10-31
国务院关于供销合作社财务挂账处理等有关问题的批复	国务院规范性文件	2001-10-20
企业财务会计报告条例	行政法规	2001-01-01
中国人民银行关于印发《财务公司进入全国银行间同业拆借市场和债券市场管理规定》的通知	部门规章	2000-06-19
财政部关于印发《中国保险监督管理委员会财务管理暂行办法》的通知	部门规章	2000-01-01

（续表）

法规名称	效力级别	实施日期
国务院办公厅转发国家计委等部门关于清理核查供销合作社财务挂账意见的通知	国务院规范性文件	1999-09-16
住房公积金财务管理办法	部门规章	1999-07-01
国有投资公司财务管理若干暂行规定	部门规章	1999-01-01
最高人民法院计划财务装备局关于转发公安部交通管理局《关于加强警车和警灯、警报器使用管理的函》的通知	司法解释性质文件	1998-11-16
国务院办公厅转发财政部等部门关于清理消化国有粮食企业新增财务挂账和其他不合理占用贷款办法的通知	国务院规范性文件	1998-05-19
国务院关于加强依法治税严格税收管理权限的通知	国务院规范性文件	1998-03-12
煤炭工业部关于发布《煤炭企事业单位财务审计实施办法》的通知	部门规章	1998-03-03
机械工业部基本建设财务决算考核办法	基本建设财务管理	1998-01-08
中小学校财务收支审计实施办法	行政事业审计	1997-12-31
统计事业单位财务管理办法	统计综合规定	1998-01-01
国务院关于开展 1997 年税收财务物价大检查的通知	国务院规范性文件	1997-09-29
国家政策性银行财务管理规定	银行财务会计	1998-01-01
企业连锁经营有关财务管理问题的暂行规定	部门规章	1997-09-29
物资代理制财务管理若干问题的暂行规定	财务综合规定	1997-09-03
国务院批转财政部关于加强国有企业财务监督意见的通知	国务院规范性文件	1997-02-27
国务院批转财政部关于对企业职工养老保险基金失业保险基金开展专项财务检查情况报告的通知	国务院规范性文件	1997-02-18
财政部关于印发《商品期货交易财务管理暂行规定》的通知	部门规章	1997-01-01
中国人民银行财务预算管理办法（试行）	部门规章	1997-01-01
最高人民检察院关于积极配合税收财务物价大检查狠抓涉税犯罪办案工作的通知	司法解释性质文件	1996-11-05
铁路物资供销企业内部财务管理办法（1）	部门规章	1996-07-09
铁路施工企业内部财务管理办法（1）	部门规章	1996-07-01
铁路施工企业内部财务管理办法（2）	部门规章	1996-07-01
邮电建设项目（工程）竣工决算财务会计处理办法	部门规章	1994-10-18
国务院关于严格控制减免进口税收问题的通知	国务院规范性文件	1994-04-19

（续表）

法规名称	效力级别	实施日期
国务院关于外商投资企业和外国企业适用增值税、消费税、营业税等税收暂行条例有关问题的通知	行政法规	1994-01-01
国务院关于加强税收管理和严格控制减免税收的通知	国务院规范性文件	1993-07-23
最高人民检察院关于严格执行《中华人民共和国税收征收管理法》和《关于惩治偷税、抗税犯罪的补充规定》的通知	司法解释性质文件	1992-09-17
国务院办公厅关于严格执行国家涉外税收法律、行政法规的通知	国务院规范性文件	1992-08-10
水利基本建设财务管理暂行办法	部门规章	1991-06-26
广播电视事业单位财务管理办法	部门规章	1991-01-01
城镇集体施工企业财务管理试行办法	部门规章	1990-08-16
城镇集体商业企业财务管理试行办法	部门规章	1990-03-02
铁路运输多种经营企业财务管理办法	部门规章	1990-01-01
私营企业财务管理暂行办法	部门规章	1988-11-21
医院财务管理办法	部门规章	1988-02-02
征收超标准排污费财务管理和会计核算办法	部门规章	1984-07-01

18.4.2 劳动用工领域的义务类文件

劳动用工领域的合规义务类文件如表 18-2 所示。

表 18-2 劳动用工领域的合规义务类文件

合规义务	效力级别	实施日期
人力资源社会保障部关于实施《劳动保障监察条例》若干规定（2022 修订）	部门规章	2022-01-07
劳动行政处罚听证程序规定（2022 修订）	部门规章	2022-01-07
最高人民检察院发布五起检察机关依法惩治拒不支付劳动报酬犯罪典型案例	司法解释	2022-01-06
人力资源社会保障部 最高人民法院关于联合发布第二批劳动人事争议典型案例的通知	司法解释	2021-06-30
工会劳动法律监督办法	团体规定	2021-03-31
最高人民法院关于审理劳动争议案件适用法律问题的解释（一）	司法解释	2021-01-01

（续表）

合规义务	效力级别	实施日期
最高人民检察院发布 6 起检察机关依法惩治拒不支付劳动报酬犯罪典型案例	司法解释	2020-12-23
人力资源社会保障部 最高人民法院关于联合发布第一批劳动人事争议典型案例的通知	司法解释	2020-07-10
保障农民工工资支付条例	行政法规	2020-05-01
最高检发布检察机关打击拒不支付劳动报酬犯罪典型案例	司法解释	2020-01-16
社会保险费征缴暂行条例（2019 修订）	行政法规	2019-03-24
中华人民共和国劳动法（2018 修正）	法律	2018-12-29
中华人民共和国社会保险法（2018 修正）	法律	2018-12-29
工伤职工劳动能力鉴定管理办法（2018 修订）	部门规章	2018-12-14
人力资源社会保障部 最高人民法院关于加强劳动人事争议仲裁与诉讼衔接机制建设的意见	司法解释	2017-11-08
劳动人事争议仲裁组织规则（2017）	部门规章	2017-07-01
劳动人事争议仲裁办案规则（2017）	部门规章	2017-07-01
人力资源社会保障部、中央综治办、最高人民法院等关于进一步加强劳动人事争议调解仲裁完善多元处理机制的意见	司法解释	2017-03-21
重大劳动保障违法行为社会公布办法	部门规章	2017-01-01
全国社会保障基金条例	行政法规	2016-05-01
最高人民法院公布 2 起拖欠劳动报酬典型案例	司法解释	2015-12-04
最高人民法院、最高人民检察院、人力资源和社会保障部、公安部关于加强涉嫌拒不支付劳动报酬犯罪案件查处衔接工作的通知	司法解释	2014-12-23
最高人民法院对“我国劳动合同法无固定期限劳动合同的离职补偿问题”的答复	司法解释	2014-12-12
事业单位人事管理条例	行政法规	2014-07-01
中华人民共和国劳动合同法（2012 修正）	法律	2013-07-01
最高人民法院关于审理拒不支付劳动报酬刑事案件适用法律若干问题的解释	司法解释	2013-01-23
女职工劳动保护特别规定	行政法规	2012-04-28
最高人民法院、最高人民检察院、人力资源和社会保障部、公安部关于加强对拒不支付劳动报酬案件查处工作的通知	司法解释	2012-01-14
企业劳动争议协商调解规定	部门规章	2012-01-01

（续表）

合规义务	效力级别	实施日期
工会劳动保护监督检查员管理办法	团体规定	2011-05-24
人力资源社会保障行政复议办法	部门规章	2010-03-16
中华人民共和国劳动合同法实施条例	行政法规	2008-09-18
中华人民共和国劳动争议调解仲裁法	法律	2008-05-01
中华全国总工会关于进一步加强劳动争议调解工作的若干意见	团体规定	2007-06-11
中国个体劳动者协会关于贯彻落实《国务院关于解决农民工问题的若干意见》的通知	团体规定	2006-06-02
工会劳动保护工作责任制（试行）	团体规定	2005-06-22
中国个体劳动者协会关于贯彻落实《国务院关于解决农民工问题的若干意见》的通知	团体规定	2006-06-02
劳动保障监察条例	行政法规	2004-12-01
最低工资规定	部门规章	2004-03-01
使用有毒物品作业场所劳动保护条例	行政法规	2002-05-12
工资集体协商试行办法	部门规章	2000-11-08
最高人民法院关于人民法院对经劳动争议仲裁裁决的纠纷准予撤诉或驳回起诉后劳动争议仲裁裁决从何时起生效的解释	司法解释	2000-07-19
中国农业银行储蓄合同工劳动合同制管理办法	行业规定	2000-04-11
国务院办公厅转发劳动保障部等部门关于进一步做好残疾人劳动就业工作若干意见的通知	国务院规范性文件	1999-09-30
劳动和社会保障部、卫生部、国家中医药管理局关于印发《城镇职工基本医疗保险定点医疗机构管理暂行办法》的通知	部门规章	1999-05-11
劳动和社会保障部、国家药品监督管理局关于印发《城镇职工基本医疗保险定点零售药店管理暂行办法》的通知	部门规章	1999-04-26
劳动合同制职工风险津贴管理暂行规定	行业规定	1997-08-20
劳动部职业技能开发司、劳动部职业技能鉴定中心关于印发《职业技能鉴定工作规则》的通知	部门规章	1996-11-07
工会参与劳动争议处理试行办法	团体规定	1995-08-17
中国人民建设银行工作人员劳动合同制管理暂行办法	行业规定	1995-07-19
劳动部关于印发《劳动安全卫生监察员管理办法》的通知	部门规章	1995-06-20
劳动部关于发布《违反〈劳动法〉有关劳动合同规定的赔偿办法》的通知	部门规章	1995-05-10

（续表）

合规义务	效力级别	实施日期
劳动部贯彻《国务院关于职工工作时间的规定》的实施办法	部门规章	1995-03-26
劳动部关于颁发《爆炸危险场所安全规定》的通知	部门规章	1995-01-22
劳动部关于发布《企业职工生育保险试行办法》的通知	部门规章	1995-01-01
劳动部关于企业实行不定时工作制和综合计算工时工作制的审批办法	部门规章	1995-01-01
劳动部关于颁发《未成年工特殊保护规定》的通知	部门规章	1995-01-01
劳动部关于印发《工资支付暂行规定》的通知	部门规章	1995-01-01
劳动部关于发布《企业职工患病或非因工负伤医疗期规定》的通知	部门规章	1995-01-01
劳动部关于印发《企业经济性裁减人员规定》的通知	部门规章	1995-01-01
劳动部、人事部关于颁发《职业资格证书规定》的通知	部门规章	1994-02-22
劳动部关于颁发《社会保险统计管理规定》的通知	部门规章	1993-09-03
劳动监督规定	部门规章	1993-08-04
职业技能鉴定规定	部门规章	1993-07-09
企业职工养老保险基金管理规定	部门规章	1993-07-02
电力行业劳动就业服务企业管理办法	部门规章	1992-08-16
企业职工档案管理工作规定	部门规章	1992-06-09
化学工业劳动就业服务企业管理办法	部门规章	1992-04-15
劳动管理信息系统管理办法	部门规章	1992-03-10
邮电企业劳动定员定额管理暂行办法	部门规章	1991-11-11
特种作业人员安全技术培训考核管理规定（2015 修正）	部门规章	2015-07-01
中国人民银行劳动工资统计工作管理办法	部门规章	1991-08-21
邮电女职工劳动保护规定实施细则	部门规章	1991-07-01
铁路女职工劳动保护实施细则	部门规章	1991-03-01
全国劳动管理信息计算机系统病毒防治规定	部门规章	1991-01-11
化工企业劳动环境有害因素监测工作管理办法	部门规章	1991-01-01
劳动就业服务企业管理规定	行政法规	1990-11-22
国务院关于做好劳动就业工作的通知	国务院规范性文件	1990-04-27
国务院办公厅关于转发经贸部等部门《关于外派劳务人员出国审批手续和办理护照的暂行办法》的通知	国务院规范性文件	1989-09-10

（续表）

合规义务	效力级别	实施日期
全国总工会、劳动部关于印发《关于加强企业退休职工管理服务工作的报告》的通知	团体规定	1989-02-15
最高人民法院关于审理劳动争议案件诉讼当事人问题的批复	司法解释	1988-10-19
最高人民法院关于雇工合同应当严格执行劳动保护法规问题的批复	司法解释	1988-10-14
国务院关于发布劳动制度四个规定的通知	国务院规范性文件	1986-10-01
国务院批转劳动人事部、国家经委、全国总工会关于加强安全生产和劳动安全监察工作的报告的通知	国务院规范性文件	1983-05-18

18.4.3　反洗钱领域的合规义务类文件

反洗钱领域的合规义务类文件如表 18-3 所示。

表 18-3　反洗钱领域的合规义务类文件

合规义务	效力级别	实施日期
证券期货业反洗钱工作实施办法（2022 修正）	部门规章	2022-08-12
金融机构反洗钱和反恐怖融资监督管理办法	部门规章	2021-08-01
中国人民银行、国家外汇管理局关于印发《银行跨境业务反洗钱和反恐怖融资工作指引（试行）》的通知	部门规范性文件	2021-01-19
中国人民银行反洗钱局关于印发《法人金融机构洗钱和恐怖融资风险自评估指引》的通知	部门规范性文件	2021-01-15
中国银保监会办公厅关于进一步做好银行业保险业反洗钱和反恐怖融资工作的通知	部门规范性文件	2019-12-30
中国人民银行关于印发证券期货保险机构反洗钱执法检查数据提取接口规范的通知	部门规范性文件	2019-11-01
中国人民银行办公厅关于 2018 年银行业金融机构、银联、资金清算中心和信托公司等八类金融机构反洗钱数据报送情况的通报	部门规范性文件	2019-06-20
银行业金融机构反洗钱和反恐怖融资管理办法	部门规章	2019-01-29
中国人民银行、中国银行保险监督管理委员会、中国证券监督管理委员会关于印发《互联网金融从业机构反洗钱和反恐怖融资管理办法（试行）》的通知	部门规范性文件	2019-01-01
中国人民银行反洗钱局关于印发《法人金融机构洗钱和恐怖融资风险管理指引（试行）》的通知	部门规范性文件	2019-01-01

（续表）

合规义务	效力级别	实施日期
中国人民银行办公厅关于进一步加强反洗钱和反恐怖融资工作的通知	部门规范性文件	2018-07-26
中国人民银行办公厅关于加强特定非金融机构反洗钱监管工作的通知	部门规范性文件	2018-07-13
中国人民银行关于印发《非银行支付机构反洗钱现场检查数据接口规范（试行）》的通知	部门规范性文件	2017-12-29
中国人民银行关于印发《银行业金融机构反洗钱现场检查数据接口规范（试行）》的通知	部门规范性文件	2017-12-29
中国人民银行、民政部关于印发《社会组织反洗钱和反恐怖融资管理办法》的通知	部门规范性文件	2017-11-17
中国人民银行关于加强反洗钱客户身份识别有关工作的通知	部门规范性文件	2017-10-20
住房和城乡建设部、人民银行、银监会关于规范购房融资和加强反洗钱工作的通知	部门规范性文件	2017-09-29
中国人民银行关于加强贵金属交易场所反洗钱和反恐怖融资工作的通知	部门规范性文件	2017-09-26
国务院办公厅关于完善反洗钱、反恐怖融资、反逃税监管体制机制的意见	国务院规范性文件	2017-08-29
中国人民银行关于印发《法人金融机构反洗钱分类评级管理办法（试行）》的通知	部门规范性文件	2017-01-03
中国人民银行关于印发《反洗钱数据报送工作数字证书管理规程》的通知（2016 修订）	部门规范性文件	2016-07-01
中国人民银行办公厅关于“三证合一”登记制度改革有关反洗钱工作管理事项的通知	部门规范性文件	2016-04-22
公安部、中国人民银行关于建立涉毒反洗钱工作机制的通知	部门规范性文件	2016-04-22
中国人民银行办公厅关于落实《金融机构反洗钱监督管理办法（试行）》有关事项的通知	部门规范性文件	2014-12-17
中国证券业协会关于发布《证券公司反洗钱工作指引》的通知（2014 修订）	行业规定	2014-04-28
中国人民银行关于金融机构在跨境业务合作中加强反洗钱工作的通知	部门规范性文件	2012-08-19
中国人民银行关于加强跨境汇款业务反洗钱工作的通知	部门规范性文件	2012-08-12
中国人民银行关于加强金融从业人员反洗钱履职管理及相关反洗钱内控建设的通知	部门规范性文件	2012-07-18
中国人民银行关于印发《报告机构反洗钱报送主体资格申请及机构信息变更管理规程（试行）》的通知	部门规范性文件	2012-06-29

（续表）

合规义务	效力级别	实施日期
中国人民银行关于印发《支付机构反洗钱和反恐怖融资管理办法》的通知	部门规范性文件	2012-03-05
中国保险监督管理委员会关于报送保险业反洗钱工作信息的通知	部门规范性文件	2011-10-01
中国保险监督管理委员会办公厅关于召开贯彻落实《保险业反洗钱工作管理办法》视频会议的通知	部门规范性文件	2011-10-09
中国保险监督管理委员会关于印发《保险业反洗钱工作管理办法》的通知	部门规范性文件	2011-10-01
中国人民银行关于印发《中国人民银行反洗钱奖励办法》的通知	部门规范性文件	2010-08-20
中国保险监督管理委员会关于加强保险业反洗钱工作的通知	部门规范性文件	2010-08-10
中国人民银行、最高人民检察院、公安部等关于印发《反洗钱信息查询规定（试行）》的通知	部门规范性文件	2010-01-15
中国 2008 — 2012 年反洗钱战略	部门规范性文件	2009-12-30
中国期货业协会关于发布《期货公司反洗钱客户风险等级划分标准指引》的通知	行业规定	2009-12-22
中国人民银行办公厅关于加强银行卡业务反洗钱监管工作的通知	部门规范性文件	2009-08-03
中国人民银行关于印发《银行卡组织和资金清算中心反洗钱和反恐怖融资指引》的通知	部门规范性文件	2009-04-01
中国人民银行关于进一步加强金融机构反洗钱工作的通知	部门规范性文件	2008-12-30
中国人民银行关于加强代理国际汇款业务反洗钱工作的通知	部门规范性文件	2008-06-02
中国人民银行办公厅关于印发《中国人民银行分支机构反洗钱可疑交易报告数据查询操作规程（试行）》的通知	部门规范性文件	2008-05-22
中国期货业协会会员单位反洗钱工作指引	行业规定	2008-05-19
中国人民银行关于印发《银行业反洗钱数据报送检查校验规则（试行）》的通知	部门规范性文件	2007-08-06
中国人民银行关于印发《中国人民银行反洗钱调查实施细则（试行）》的通知	部门规范性文件	2007-05-21
中国证券监督管理委员会关于做好大额交易和可疑交易报告及相关反洗钱工作的通知	部门工作文件	2007-04-25
中国人民银行关于证券期货业和保险业金融机构严格执行反洗钱规定防范洗钱风险的通知	部门规范性文件	2007-01-30
中国人民银行关于金融机构严格执行反洗钱规定防范洗钱风险的通知	部门规范性文件	2007-01-30
中华人民共和国反洗钱法	法律	2007-01-01

（续表）

合规义务	效力级别	实施日期
金融机构反洗钱规定（2006）	部门规章	2007-01-01
中国人民银行办公厅关于印发《中国人民银行反洗钱监督检查及案件协查档案管理办法（试行）》的通知	部门规范性文件	2006-07-10
中国人民银行关于分支行反洗钱工作的指导意见	部门规范性文件	2005-03-11
中国人民银行印发《关于违反反洗钱规定行为的处罚指导意见》的通知	部门规范性文件	2004-11-19

18.4.4 质量安全领域的合规义务类文件

质量安全领域的合规义务类文件如表 18-4 所示。

表 18-4 质量安全领域的合规义务类文件

合规义务	效力级别	实施日期
中华人民共和国农产品质量安全法（2022 修订）	法律	2023-01-01
食品相关产品质量安全监督管理暂行办法	部门规章	2023-03-01
维修单位的质量安全管理体系	部门规范性文件	2022-06-07
国家药监局综合司关于进一步加强新冠病毒检测试剂质量安全监管工作的通知	部门工作文件	2022-06-07
市场监管总局关于加强固体饮料质量安全监管的公告	部门规范性文件	2022-06-01
国家药监局综合司关于全面加强医疗器械质量安全风险会商工作的通知	部门工作文件	2022-05-26
市场监管总局办公厅关于印发《化工产业转移承接地危险化学品质量安全和相关特种设备安全隐患专项排查治理实施方案》的通知	部门工作文件	2022-04-29
国家药监局综合司关于化妆品质量安全负责人有关问题的复函	部门工作文件	2022-04-27
粮食和储备局关于印发粮食质量安全风险监测管理暂行办法的通知	部门规范性文件	2022-04-01
市场监管总局 国务院国资委 国家能源局关于全面加强电力设备产品质量安全治理工作的指导意见	部门规范性文件	2022-03-25
市场监管总局关于印发《2022 年重点工业产品质量安全排查治理专项动工作方案》的通知	部门工作文件	2022-03-16
市场监管总局关于印发《全国重点工业产品质量安全监管目录（2022 年版）》的通知	部门工作文件	2022-03-15
国家药监局综合司关于做好新冠病毒抗原检测试剂质量安全监管工作的通知	部门工作文件	2022-03-12

（续表）

合规义务	效力级别	实施日期
市场监管总局办公厅关于印发《特种设备超期未检专项整治行动方案》《电梯质量安全提升行动方案》《“黑气瓶”整治巩固提升行动方案》的通知	部门工作文件	2022-02-16
国家铁路局关于印发《2022 年铁路专用设备产品质量安全监管工作重点》的通知	部门工作文件	2022-01-30
农产品质量安全监测管理办法（2022 修订）	部门规章	2022-01-07
铁路建设工程质量监督管理规定（2021 修正）	部门规章	2021-12-23
国家铁路局关于修订《铁路建设工程质量安全监督机构和人员考核管理办法》的通知	部门规范性文件	2021-11-19
农业农村部关于加强乡镇农产品质量安全网格化管理的意见	部门规范性文件	2021-08-23
市场监管总局关于加强酱油和食醋质量安全监督管理的公告	部门规范性文件	2021-06-23
中国质量奖管理办法（2021）	部门规章	2021-05-01
市场监管总局关于开展肉制品质量安全提升行动的指导意见	部门规范性文件	2021-01-19
市场监管总局关于印发《乳制品质量安全提升行动方案》的通知	部门工作文件	2020-12-20
麻类纤维质量监督管理办法（2020 修订）	部门规章	2020-10-23
国家铁路局关于印发《铁路工程运架梁质量安全监督检查要点》的通知	部门工作文件	2020-10-19
市场监管总局办公厅关于开展电线电缆和防爆电气产品质量安全专项整治的通知	部门工作文件	2020-09-29
市场监管总局办公厅关于印发《餐饮质量安全提升行动方案》的通知	部门工作文件	2020-09-08
中国绿色食品发展中心关于印发《中国绿色食品发展中心绿色食品质量安全突发事件应急预案》的通知	部门工作文件	2020-09-02
国家卫生健康委办公厅关于进一步加强产科专业医疗质量安全管理的通知	部门工作文件	2020-07-23
市场监管总局办公厅关于开展危险化学品及其包装物和车载罐体产品质量安全隐患排查的通知	部门工作文件	2020-05-22
中华人民共和国住房和城乡建设部工程质量安全监管司关于印发《住房和城乡建设部工程质量安全监管司 2020 年工作要点》的通知	部门规范性文件	2020-04-08
市场监管总局关于加强冷藏冷冻食品质量安全管理的公告	部门规范性文件	2020-03-16
交通运输部关于做好疫情防控期间公路水运工程复工开工质量安全工作的通知	部门规范性文件	2020-03-06
食盐质量安全监督管理办法	部门规章	2020-03-01

（续表）

合规义务	效力级别	实施日期
产品质量监督抽查管理暂行办法	部门规章	2020-01-01
市场监管总局关于加强调味面制品质量安全监管的公告	部门工作文件	2019-12-10
水利工程质量检测管理规定（2019 修正）	部门规章	2019-05-10
建设工程质量管理条例（2019 修订）	行政法规	2019-04-23
市场监管总局、国家能源局关于加强电站锅炉范围内管道材料质量安全风险防控的通知	部门工作文件	2019-01-30
国家铁路局关于印发《铁路建设工程质量安全监督证管理办法》的通知	部门规范性文件	2019-01-01
中华人民共和国产品质量法（2018 修正）	法律	2018-12-29
国家林业和草原局关于加强食用林产品质量安全监管工作的通知	部门工作文件	2018-12-24
中华人民共和国农产品质量安全法（2018 修正）	法律	2018-10-26
通信建设工程质量监督管理规定	部门规章	2018-07-01
国务院办公厅关于推进奶业振兴保障乳品质量安全的意见	国务院规范性文件	2018-06-03
国家铁路局关于加强铁路专用设备产品运用质量安全监管工作指导意见	部门规范性文件	2018-03-14
国家铁路局关于进一步加强地方铁路工程质量安全监督工作的通知	部门规范性文件	2018-03-06
国家铁路局关于印发《铁路专用设备产品质量安全监督管理办法》的通知	部门规范性文件	2018-03-01
国务院办公厅关于加强电梯质量安全工作的意见	国务院规范性文件	2018-02-01
国务院关于加强质量认证体系建设促进全面质量管理的意见	国务院规范性文件	2018-01-17
农业部办公厅关于印发《农产品质量安全例行监测预算定额标准》的通知	部门规范性文件	2018-02-09
公路水运工程质量监督管理规定	部门规章	2017-12-01
棉花质量监督管理条例（2017 修订）	行政法规	2017-10-07
铁路局关于印发《铁路专用设备产品质量安全投诉举报处理办法》的通知	部门规范性文件	2017-10-01
国务院食品安全办等 14 部门关于提升餐饮业质量安全水平的意见	部门规范性文件	2017-09-21
国务院关于完善进出口商品质量安全风险预警和快速反应监管体系切实保护消费者权益的意见	国务院规范性文件	2017-09-14
药物非临床研究质量管理规范（2017）	部门规章	2017-09-01

（续表）

合规义务	效力级别	实施日期
农业部办公厅关于切实加强蛋禽养殖质量安全管理工作的通知	部门规范性文件	2017-08-21
铁路专用设备产品质量安全监管约谈暂行办法	部门规范性文件	2017-06-08
工业和信息化部办公厅关于加强食盐质量安全管理工作的通知	部门规范性文件	2017-05-04
国家食品药品监管总局关于进一步加强茶叶质量安全监管工作的通知	部门规范性文件	2017-04-01
医疗质量管理办法	部门规章	2016-11-01
粮食质量安全监管办法（2016 修订）	部门规章	2016-10-08
道路运输服务质量投诉管理规定（2016 修正）	部门规章	2016-09-02
药品经营质量管理规范（2016 修正）	部门规章	2016-07-13
国家食品药品监管总局关于食用农产品市场销售质量安全监督管理有关问题的通知	部门规范性文件	2016-06-13
交通运输部关于印发公路水运建设工程质量安全督查办法的通知	部门规范性文件	2016-05-10
铁路建设工程质量安全监管暂行办法（2016）	部门规范性文件	2016-03-15
食用农产品市场销售质量安全监督管理办法	部门规章	2016-03-01
医疗器械使用质量监督管理办法	部门规章	2016-02-01
交通运输部关于印发公路水运工程建设质量安全违法违规行为信息公开工作规则的通知	部门规范性文件	2016-01-01
国家食品药品监管总局关于白酒生产企业建立质量安全追溯体系的指导意见	部门规范性文件	2015-09-09
商品煤质量管理暂行办法	部门规章	2015-01-01
电信服务质量监督管理暂行办法（2014 修正）	部门规章	2014-09-23
住房和城乡建设部关于印发《建筑施工项目经理质量安全责任十项规定（试行）》的通知	部门规范性文件	2014-08-25
农业部关于印发《农业部农产品质量安全风险评估实验站管理规范》的通知	部门规范性文件	2014-01-15
国务院办公厅关于加强农产品质量安全监管工作的通知	国务院规范性文件	2013-12-02
商务部办公厅关于做好婴幼儿配方乳粉质量安全有关工作的通知	部门规范性文件	2013-10-12
国务院办公厅转发食品药品监管总局等部门关于进一步加强婴幼儿配方乳粉质量安全工作意见的通知	国务院规范性文件	2013-06-16
农业部办公厅关于贯彻落实《农产品质量安全监测管理办法》的通知	部门规范性文件	2012-08-27

（续表）

合规义务	效力级别	实施日期
住房和城乡建设部工程质量安全监管司关于报送贯彻落实《房屋市政工程生产安全和质量事故查处督办暂行办法》等文件情况的函	部门规范性文件	2011-11-09
卫生部关于印发《医疗质量安全事件报告暂行规定》的通知	部门规范性文件	2011-04-01
产品质量监督试行办法（2011 修订）	行政法规	2011-01-08
卫生部关于印发《医疗质量安全告诫谈话制度暂行办法》的通知	部门规范性文件	2011-01-07
国家食品药品监督管理局关于进一步加强疫苗质量安全监管工作的通知	部门规范性文件	2010-12-31
国家质检总局、工业和信息化部关于印发《关于生产企业全面落实产品质量安全主体责任的指导意见》的通知	部门规范性文件	2010-11-18
武器装备质量管理条例	行政法规	2010-11-01
国务院办公厅关于进一步加强乳品质量安全工作的通知	国务院规范性文件	2010-09-16
房屋建筑和市政基础设施工程质量监督管理规定	部门规章	2010-09-01
铁道部办公厅关于印发《铁路工程质量安全监督机构及监督人员考核办法》的通知（2010 修订）	部门规范性文件	2010-08-05
中国粮食行业协会关于印发《放心粮油示范加工企业和示范主食厨房质量安全管理规则》的通知	行业规定	2010-07-09
中国粮食行业协会关于发布《放心粮油示范企业质量安全诚信公约》的通知	行业规定	2010-07-09
农业部办公厅关于印发《农业部饲料质量安全监测工作规范（修订）》的通知（2010）	部门规范性文件	2010-03-16
商务部办公厅关于贯彻落实《加强猪肉质量安全监管工作的意见》的通知	部门规范性文件	2009-10-09
国家质量监督检验检疫总局关于印发《乳制品生产企业落实质量安全主体责任监督检查规定》的通知	部门规范性文件	2009-10-01
食品生产加工小作坊质量安全控制基本要求（GB/T 23734 — 2009）	部门规范性文件	2009-09-01
国家质量监督检验检疫总局关于印发《进出境水生动物质量安全监测工作规范》的通知	部门规范性文件	2009-09-09
国家质量监督检验检疫总局关于进一步加强电热毯质量安全监管的通知	部门规范性文件	2009-08-06
国家质量监督检验检疫总局关于印发《关于进一步加强产品质量安全风险信息管理工作的指导意见》的通知	部门规范性文件	2009-05-24
乳品质量安全监督管理条例	行政法规	2008-10-09

（续表）

合规义务	效力级别	实施日期
农业部农产品质量安全中心关于印发《无公害农产品质量与标志监督管理规范》的通知	部门规范性文件	2008-09-05
农产品质量安全检测机构管理办法	部门规范性文件	2008-01-12
国家质量监督检验检疫总局关于印发《涉及人身健康和安全的产品质量安全整治实施细则》的通知	部门规范性文件	2007-08-31
林木种子质量管理办法	部门规章	2007-01-01
农业机械质量调查办法	部门规章	2006-11-01
建设部工程质量安全监督与行业发展司关于转发天津市建设管理委员会《关于建立建设工程重大安全事故、重大安全隐患约谈制度的通知》的通知	部门规范性文件	2005-10-27
建设部办公厅关于加强大型公共建筑质量安全管理的通知	部门规范性文件	2004-06-12
水产养殖质量安全管理规定	部门规章	2003-09-01
对外贸易经济合作部、建设部关于印发《关于对外承包工程质量安全问题处理的有关规定》的通知	部门规范性文件	2002-12-01
国务院办公厅关于加强基础设施工程质量管理的通知	国务院规范性文件	1999-02-13
电力工业部水电建设施工设备质量安全管理办公工作规定	部门规章	1998-02-21

18.4.5　知识产权领域的合规义务类文件

知识产权领域的合规义务类文件如表 18-5 所示。

表 18-5　知识产权领域的合规义务类文件

合规义务	效力级别	实施日期
最高人民法院关于第一审知识产权民事、行政案件管辖的若干规定	司法解释	2022-05-01
国家知识产权局公告第 467 号——关于发布《商标注册申请快速审查办法（试行）》的公告	部门规范性文件	2022-01-14
国家知识产权局关于印发《商标一般违法判断标准》的通知	部门规范性文件	2022-01-01
最高人民法院关于审理申请注册的药品相关的专利权纠纷民事案件适用法律若干问题的规定	司法解释	2021-07-05
中华人民共和国专利法（2020 修正）	法律	2021-06-01
中华人民共和国著作权法（2020 修正）	法律	2021-06-01

（续表）

合规义务	效力级别	实施日期
最高人民法院关于审理侵害知识产权民事案件适用惩罚性赔偿的解释	司法解释	2021-03-03
最高人民法院关于审理侵犯专利权纠纷案件应用法律若干问题的解释（二）（2020 修正）	司法解释	2021-01-01
最高人民法院关于产品侵权案件的受害人能否以产品的商标所有人为被告提起民事诉讼的批复（2020 修正）	司法解释	2021-01-01
最高人民法院关于商标法修改决定施行后商标案件管辖和法律适用问题的解释（2020 修正）	司法解释	2021-01-01
最高人民法院关于审理商标民事纠纷案件适用法律若干问题的解释（2020 修正）	司法解释	2021-01-01
最高人民法院关于审理涉及驰名商标保护的民事纠纷案件应用法律若干问题的解释（2020 修正）	司法解释	2021-01-01
最高人民法院关于人民法院对注册商标权进行财产保全的解释（2020 修正）	司法解释	2021-01-01
最高人民法院关于审理商标授权确权行政案件若干问题的规定（2020 修正）	司法解释	2021-01-01
最高人民法院关于审理注册商标、企业名称与在先权利冲突的民事纠纷案件若干问题的规定（2020 修正）	司法解释	2021-01-01
最高人民法院关于审理著作权民事纠纷案件适用法律若干问题的解释（2020 修正）	司法解释	2021-01-01
最高人民法院关于审理植物新品种纠纷案件若干问题的解释（2020 修正）	司法解释	2021-01-01
实施国际著作权条约的规定（2020 修订）	行政法规	2020-11-29
最高人民法院关于知识产权民事诉讼证据的若干规定	司法解释	2020-11-18
最高人民法院关于加强著作权和与著作权有关的权利保护的意见	司法解释	2020-11-16
国家市场监督管理总局关于在香港特别行政区知识产权署提出的首次申请的优先权的规定（2020 修订）	部门规章	2020-10-23
国家市场监督管理总局关于禁止滥用知识产权排除、限制竞争行为的规定（2020 修订）	部门规章	2020-10-23
最高人民法院关于涉网络知识产权侵权纠纷几个法律适用问题的批复	司法解释	2020-09-14
最高人民法院关于审理专利授权确权行政案件适用法律若干问题的规定（一）	司法解释	2020-09-12

（续表）

合规义务	效力级别	实施日期
最高人民法院 最高人民检察院关于办理侵犯知识产权刑事案件具体应用法律若干问题的解释（三）	司法解释	2020-09-14
中共中央办公厅 国务院办公厅印发《关于强化知识产权保护的意见》	党内法规制度	2019-11-24
中华人民共和国商标法（2019 修正）	法律	2019-11-01
关于商标电子申请的规定	部门规范性文件	2019-09-01
国家知识产权局商标局关于调整商标注册收费标准的公告	部门规范性文件	2019-07-01
最高人民法院关于审查知识产权纠纷行为保全案件适用法律若干问题的规定	司法解释	2019-01-01
中华人民共和国知识产权海关保护条例（2018 修订）	行政法规	2018-03-19
工商总局关于发布《商标评审案件口头审理办法》的公告	部门规范性文件	2017-05-04
国家知识产权局关于修改《关于规范专利申请行为的若干规定》的决定（2017）	部门规章	2017-04-01
商标网上申请暂行规定	部门规范性文件	2017-03-10
专利行政执法办法（2015 修正）	部门规章	2015-07-01
用于专利程序的生物材料保藏办法	部门规章	2015-03-01
最高人民法院关于修改《最高人民法院关于审理专利纠纷案件适用法律问题的若干规定》的决定（2015）	司法解释	2015-02-01
驰名商标认定和保护规定（2014 修订）	部门规章	2014-08-02
中华人民共和国植物新品种保护条例（2014 修订）	行政法规	2014-07-29
中华人民共和国商标法实施条例（2014 修订）	行政法规	2014-05-01
著作权集体管理条例（2013 修订）	行政法规	2013-12-07
中华人民共和国著作权法实施条例（2013 修订）	行政法规	2013-03-01
最高人民法院关于做好涉及网吧著作权纠纷案件审判工作的通知	司法解释	2010-11-25
国家知识产权局关于台湾同胞专利申请的若干规定	部门规章	2010-11-22
国家知识产权局关于专利电子申请的规定	部门规章	2010-10-01
中华人民共和国专利法实施细则（2010 修订）	行政法规	2010-02-01
最高人民法院关于审理侵犯专利权纠纷案件应用法律若干问题的解释	司法解释	2010-01-01
最高人民法院 最高人民检察院关于办理侵犯知识产权刑事案件具体应用法律若干问题的解释（二）	司法解释	2007-04-05

（续表）

合规义务	效力级别	实施日期
最高人民法院 最高人民检察院关于办理侵犯著作权刑事案件中涉及录音录像制品有关问题的批复	司法解释	2005-10-18
最高人民法院 最高人民检察院关于办理侵犯知识产权刑事案件具体应用法律若干问题的解释	司法解释	2004-12-22
国防专利条例	行政法规	2004-11-01
集体商标、证明商标注册和管理办法（2003）	部门规章	2003-06-01
最高人民法院关于开展涉及集成电路布图设计案件审判工作的通知	司法解释	2001-11-16
高等学校知识产权保护管理规定	部门规章	1999-04-08
中华人民共和国专利局发布专利广告暂行管理办法	部门规章	1998-02-27
工商行政管理机关查处商标违法案件监控规定	部门规章	1997-08-01
烟草制品商标使用管理规定	部门规章	1996-08-23
中医药专利管理办法（试行）	部门规章	1995-09-05
专利申请费用减缓办法	部门规章	1994-08-15

结 语

合规管理工作是伴随着企业管理而产生的。企业管理是一门复杂的学科，合规管理工作也同样如此。合规工作触及企业管理的方方面面，是企业的帮手、企业的朋友、企业的支持者。

合规人员的工作是复杂的、精细的，甚至烦琐的，但是是有重大意义的。我敬佩很多资深的合规人员，以自身专业的知识顶着巨大的压力，帮助员工、帮助企业做出了一次次有价值的决策，他们是值得尊敬的。要知道守住底线和获取商业价值本身就是存在矛盾的，在此之间找到恰当的平衡点更是难上加难。做好合规工作不容易！

庆幸的是，我们看到了合规行业正在大踏步向前发展，有从业多年的资深合规人员为行业引路，更有以优秀合规管理著称的企业为我们提供标杆。作为合规人员，我们要汲取优秀的经验，守住心中的信念，为企业、为行业、为整个社会贡献我们的力量！

感谢为本书作序的宋伟教授、金勇军教授，感谢为本书撰写推荐语的罗彬总、张菁总和诸宁总；同时感谢我的团队成员范勇、高飞、刘菊对本书的支持，感谢我的先生高固对我的支持！